하나님의 생각, 사람의 생각

저자 약력

한양공대와 대학원에서 전자공학을 공부한 후, 도미하여 매사추세츠대학(Amherst)에서 컴퓨터 공학 박사과정을 공부하던 중 오랫동안 거부하던 목회자로서의 소명을 더 이상 피할 수 없어 보스턴 북부의 고든콘웰신학대학원에 입학하여 본격적인 신학수련을 시작했고, 풀러신학교에서 목회신학으로 박사학위를 받았다. 미국과 한국의 개척교회부터 초대형교회까지 여러 형태의 교회에서 13년간 목회를 한 후 현재는 백석대학교 신학대학원에서 실천신학 교수로 2002년부터 계속 봉직하며, 설교학, 목회신학, 리더십, 소그룹 사역 등의 과목을 가르치고 있다.

저서로는 『성령 충만과 증인 공동체』(사도행전 강해 1), 『사도가 사는 방식, 우리가 사는 방식(사도행전 강해 2),』, 『요한계시록에서 보는 새로운 시작』-요한계시록 귀납적 강해, 『조금 불편한 사랑 - 갈라디아서 귀납적 강해』, 『삶의 변화를 일으키는 귀납적 강해설교』, 『삶의 변화를 일으키는 변혁적 기독교 리더십』, 『건강한 목회를 통해 세워가는 건강한 교회』, 그리고 『소그룹과 셀 사역 그리고 셀 교회로의 전환』 등이 있다.

하나님의 생각, 사람의 생각—김덕수 목사의 사도행전 강해 3

초판 인쇄 2018년 9월 10일
초판 발행 2018년 9월 14일
지 은 이 김 덕 수
펴 낸 이 변 선 웅
펴 낸 곳 그물
출판등록 2012년 2월 8일 제312-2012-00006호
서울특별시 서대문구 통일로25길 30, 102동 1502호(홍제동 한양아파트)
http://wsun1940.blog.me
전화 070 8703 1363
팩스 02 725 1363
ISBN 979-11-86504-06-2 03230
값 18,000원

김덕수 목사의 사도행전 강해 **3**

하나님의 생각, 사람의 생각

김덕수

그물

머리말: 땅 끝, 세계의 중심에서 복음을 외치다

사도행전 강해 1권은 『사도행전』 1장부터 8장까지를 다뤘다. 『사도행전』의 시작은, 복음서 마지막 부분에서 "내 아버지께서 약속하신 것을 너희에게 보내리니 너희는 위로부터 능력으로 입혀질 때까지 이 성에 머물라"(눅 24:49)는 명령을 이어받아, "오직 성령이 너희에게 임하시면"(행1:8 전반부)으로 연결된다. 그럼 이렇게 약속된 성령을 받으면, 즉 위로부터 능력이 입혀지면(사도행전 2장) 그 결과가 무엇인가? 역사적 접근을 하고 싶은 사람은 2장에서 교회가 형성되었다는 주장을 하고, 신비주의적 접근을 하는 사람은 성령을 받아 방언을 하고 성령의 권능으로 기적을 일으키는 것으로 연결시키고 싶어 한다. 이어지는 『사도행전』 3장에서 성전 미문 앞에서 구걸하던 앉은뱅이를 일으킨 사건 때문이다. 강해 1권에서는 그러나 그 사건의 구속사적 의미를 보여주고, 성령을 받고 권능을 받으면 무능력한 우리를 영광스런 복음의 담대한 증인이 되게 하셔서 하나님 백성 공동체를 세워간다는 것이 사도행전 전반부의 핵심임을 보여주려고 했다. 그래서 책 제목도 『성령 충만과 증인 공동체』로 한 것이다.

강해 2권은 9장부터 18장까지를 다루며, 성령 충만을 입은 사도들이 이방인까지 포함한 새 이스라엘을 어떻게 형성했는지 분투 과정을 따라가며 교훈을 얻었다. 그것은 예루살렘과 온 유대에서 시작해서 사마리아까지(1:8) 차츰 지경을 넓혀가며 교회를 세워가는지 보여주는, 사도행전의 흐름도 알 수 있었을 것이다. 그 가운데 성경은 복음의 증인들이 사는 방식이 오늘날 우리가 사는 방식과 얼마나 다른지 보여주며, 우리는 지금 어떤 삶을 추구해야 하는가를 대조하기에 책 제목을 『사도가 사는 방식, 우리가 사는 방식』이라고 했던 것이다.

이제 『사도행전』 19장부터 28장까지를 다룬 마지막 3권은 그렇게 다른 삶의 방식과 헌신, 그리고 하나님의 은혜로운 역사로 말미암아 사마리아를 넘어 땅 끝까지 복음이 전파되고 교회가 확장되어 가는 과정을 보여줄 것이다. 결국 마지막 28장에 가서는 바울이 당시의 땅 끝인 로마에 가서 복음의 증인으로서의 삶을 사는데, 그 어느 것도 막지 못하여 결국 말씀이 승리함을 증언하면서 열린 엔딩으로 맺는다. 그 당시 땅 끝인 로마는 경제 정치 문화 예술의 측면에서 볼 때 세상의 중심이기도 했다. 그래서 3권은 우리 그리스도인들에게는 땅 끝이지만, 세상 사람들에게는 세상의 중심에서 복음이 어떻게 전파되었는지를 이야기하며 우리도 오늘 우리 그리스도인들에게는 땅 끝이지만 세상 사람들의 중심지로 들어가서 세상의 헛된 소망이 아니라, 하나님 나라와 부활 공동체란 참된 소망을 보여줘야 함을 역설하고 있다. 그래서 '우리의 땅 끝, 세상의 중심에서 소망을 외치다'를 제목으로 하려고 했다. 그러나 독자들이 왜 이런 제목으로 출간되었는지 책을 읽기 전에, 제목만으로 쉽게 파악하지 못할 수도 있겠다 싶어서 오랜 출판 경험과 노련미를 갖춘 변선웅 편집자님의 제안에 따라 『하나님의 생각, 사람의 생각』으로 하기로 결정했다.

모든 기독교인들은 사도행전적 교회를 회복해야 하고, 『사도행전』에 나타난 원시 공동체의 모습으로 돌아가야 한다고 말을 한다. 그러나 현실적으로는 하나님 믿는 삶을 사람의 생각으로 종교 활동으로 만들어 버리는 함정에 빠지고 만다. 『사도행전』 후반부에는 그런 사건들의 사례를 계속 보여주는데, 여전히 그런 사건의 교훈을 얻지 못하는 것이 우리 모두의 어리석음일 것이다. 우리의 경험과 신념과 확신이란 사람의 생각 대신, 하나님께서 원하셨던 것이 무엇인지, 예수님의 심장을 품고 하나님의 생각을 품는다면 우리는 한국 교회를 이렇게 만들지 않았을 것이고, 예수님에 대한 신앙이 이런 1세기에 보던 서기관과 바리새인과 제사장의 종교 활동으로 전락되지는 않았을 것이다.

바라건대, 이 강해집을 통해 하나님께서 어떻게 일해 오셨고, 지금도 어떻게 일하시며, 무엇을 하시기 원하고, 어떤 방법으로 하시기 원하시는지 발견했으면 좋겠다. 필자는 본문의 흐름을 따라 원 의도를 보여주는 강해를 하려고 노력했고, 본문의 메시지가 오늘을 사는 우리에게 어떤 의미를 주며 우리의 삶을 어떻게 변화시키고자 하는지 구체적 적용점을 찾으려고 고민하고 노력했다.

제한된 시간, 짧은 지면에 『사도행전』이 말하고자 하는 모든 것을 다 담을 수는 없다. 예를 들자면, 기독교 문화에 속해 있으나 구원받지 못한 사람들에게 설교하는 것과, 비기독교적인 문화에 있는 이방인이나 불신자에게 설교할 때 어떤 차이가 있어야 하는지?(이것은 사도행전 17장 강해에서 잠시 언급했다.) 복음서는 예수님을 구원자로서의 메시아에 대한 강조에서 시작했지만, 사도행전에서는 이방인에게 복음을 전하면서 왜 만유의 주재로 소개하고, 유대인이나 헬라인 모두에게 주(Lord)와 심판자로 소개하는지? 십자가의 대속적 죽음보다는 부활의 소망의 메시지를 더 강조하고 하나님 나라로 대표되는 종말론적 삶의 공동체를 세상 속에 실현하는 모습을 보이려고 했는지 등에 관한 『사도행전』의 신학을 논하는 것은 이 강해집의 목적이 아니기 때문에 다 말하지 않은 것뿐이다. 그러나 각 본문의 핵심적 흐름과 메시지는 놓치지 않으려고 노력했고, 각 메시지마다 요지가 무엇인지 분명히 밝히려고 아웃라인 구조를 분명히 했다. 그리고 본문이 말하는 바가 무엇인지 관찰하고 설명하고 적용점을 찾는 귀납적 전개를 했기에, 모든 요지는 각 단락의 마지막 부분에 나온다. 각 요지 앞의 화살표는 이런 이유로 그 앞부분을 가리키고 있음을 주지하며 읽으면 좋을 것이다.

아무쪼록 하나님 백성의 가족 공동체인 교회가 어떻게 만들어졌고, 우리에게 어떻게 도달하게 되었는지를 깨닫기를 고대한다. 또한 그 가운데 성령께서 어떻게 역사하셨는지를 발견하고 우리 모두 ㅊㄷ그 일에 헌신하여 하나님의 그 크신 세상 구원의 경륜이 오늘도 우리를 통해서 계속 확장되기를 간절히 기도한다.

2018년 8월

방배동 백석대학교 신학대학원 비전센터에서

김덕수 목사

차 례

오직 주의 말씀만이 높아지기를

(행 19:1-20)

같은 목적을 가지고 살지만 서로 엇갈리는 인생이 있다. 『사도행전』 18장 19절을 보면 바울은 2차 선교 여행의 후반에 에베소에서 잠시 사역을 하다가 21절처럼 하나님의 뜻이면 돌아오리라 하고 배를 타고 에베소를 떠났다. 그 사이 18장 24절에서 본 것처럼 아볼로라는 뛰어난 잠재력을 가진 말씀의 일꾼이 에베소에 왔다. 그는 바울의 동역자인 브리스길라와 아굴라에게 신학 훈련과 목회 훈련을 받고 훌륭한 사역자로 무장된 후 고린도에 가서 큰 영향을 끼치며 사역을 했다. 그러나 그때는 1절처럼 바울이 고린도를 떠나 없을 때다. 이제 바울은 갈라디아와 프리기아 위쪽 지역을 거쳐 다시 에베소에 돌아왔다. 이처럼 아볼로는 바울이 에베소를 떠나자 그곳에 가서 사역했고, 다시 바울이 고린도를 떠났을 때 그곳에 가서 사역을 한 것이다. 에베소와 고린도를 사이에 두고 두 사람의 발걸음은 묘하게도 서로 엇갈렸다.

1아볼로가 고린도에 있을 때에 바울이 윗 지방으로 다녀 에베소에 와
서 어떤 제자들을 만나 2이르되, 너희가 믿을 때에 성령을 받았느냐? 이
르되, 아니라. 우리는 성령이 계심도 듣지 못하였노라. 3바울이 이르되,

그러면 너희가 무슨 세례를 받았느냐? 대답하되, 요한의 세례니라.(19장)

1절의 "아볼로가 고린도에 있을 때에"란 부분은, 같은 시기에 바울은 무엇을 하고 있었는지를 다루겠다는 말이기도 하다. 그 기간에 바울은 갈라디아와 프리기아 위쪽 지역을 거쳐 터키 북부 지역에서 남서부 해안 지역인 에베소에 이르렀다. 18장 22-23절에서 에베소 유대인들이 바울의 강해를 듣고 감동을 받아 계속 머물며 더 가르쳐달라고 했지만 떠났었는데, 그때 "하나님의 뜻이면 다시 돌아올 것이라"던 말대로 그는 에베소에 다시 들렀다. 그곳에 머물며 쓴 책들이 『갈라디아서』와 『고린도전서』와 지금은 분실된 제3의 고린도서(고후 5:9)다. 에베소는 수많은 사람들이 모여든 소아시아의 가장 큰 상업도시라 사역의 기회가 많았다.

바울은 약속대로 에베소로 돌아왔다. 그곳에서 바울은 한 그룹의 사람들을 만났다. 성경은 그들을 "어떤 제자들"이라고 부른다. 구원받고 십자가와 부활의 길을 따르는 제대로 된 제자가 아닌 어떤 초보적 상태에 있다는 뜻이다.

바울은 그들에게 기독교 신앙에 매우 중요한 본질적 질문을 던졌다. "믿을 때에 성령을 받았느냐"(2절)는 것인데, 요즘 식으로 말하자면 성령으로 거듭났느냐는 질문이다. 돌아온 대답은 놀랍게도 "성령이 계심도 듣지 못했다"는 것이었다. 『사도행전』의 앞 부분(2:38)에서는 오순절 성령 강림 후 계속해서 성령님에 대해 언급해 왔다. 그런데 성령이 계심도 듣지 못했다는 것은 브리스길라와 아굴라 부부는 물론 아볼로와도 만나고 배운 적이 없는 사람들이며, 그들의 신앙이 사도적 신앙과 관계없이 세례 요한의 정신을 따르던 제자들이거나 초기 아볼로가 그랬듯이 예수에 대해서는 알지만 도의 초보에 머물던 사람들이란 말이다.

그곳 에베소는 아볼로가 브리스길라와 아굴라에게 부활 복음과 기독론으로 신학 훈련을 받고 고린도로 건너가서 성령의 나타남과 능력의 목회, 즉 하나님의 은혜에 의한 목회로 큰 영향을 끼치기 전에 초기에 사역하던 곳이다. 즉 아볼로가 에베소에 있을 때 그는, 18장 25절이 말하듯, 예수가 누구인가와 요한의 세례만 가르쳤던 것을 여러분은 기억할 것이다. 아마도 바울이 오기 전부터 아볼로를 비롯한 요한의 제자들이 와서 유대교인들을 일깨우고 있었던 것 같다.

2절의 질문에서 "믿을 때에"란 개역개정은 아주 잘된 번역인데, 사도는 너희가 믿고 '나서' 성령을 받았느냐고 질문한 것이 아니라, 믿을 '때에' 성령으로 거듭난다는 성경의 일관성 있는 가르침을 기초로 해서 물은 것이다.

그런데 3절은 성령을 받았느냐는 질문을 갑자기 세례[1]와 연계시킨다. 그럼 무슨 세례를 받았느냐는 질문이 이어지고 요한의 세례라는 답이 돌아왔다. 이것은 18장에서 아볼로의 신학적 한계를 지적할 때, 그가 예수에 대해 자세히 가르치기는 하나 요한의 세례밖에 몰랐다는 내용과 연결시키려는 것이다. 그래서 그 문제 해결을 위해 브리스길라와 아굴라가 어떻게 아볼로에게 신학 훈련과 사역 훈련을 시켰는지가 18장 내용이라면, 19장은

---

1) 사실 2, 3절의 앞뒤 없이 불쑥불쑥 던지는 질문을 현대 교리에 따라 정리해 말하자면, '너희가 성령을 받아 거듭나서 세례를 받았느냐?'는 것이다. I. H. Marshall의 지적처럼, 이것은 회심과 성령 세례 관계를 다루는 구절이 아니다. 물론 그들이 회심했지만, 아직 성령 세례를 못 받은 기독교인이란 이야기도 아니다. 바울의 질문은 예수에 대한 교리 이해나 세례란 종교 의식을 뛰어넘어 그리스도의 참 제자가 되었는가를 확인하는 것이다. 구원받는다는 것은 단지 신론, 기독론, 구원론 교리를 알고 동의하는 것에 있지 않음을 나는 '구원받는 믿음' 시리즈를 통해 이미 설명했었다.

바울이 만난 "어떤 제자"라는 무리들의 동일한 문제를 다시 지적하며, 이번에는 바울의 신학적 목회적 해결은 무엇이었는지를 다루는 부분이다.[2)]

그리고 2절에서, "믿을 때에 성령을 받았느냐"는 질문은, 성령을 받지 않았다면 구원 받은 그리스도인이 아니라는 것을 전제로 한 것이다. 성경은 거듭난 사람은 다 성령을 받았다고 말하기 때문이다.[3)] 『로마서』 8장 9절 후반부를 보면, "누구든지 그리스도의 영이 없으면 그리스도의 사람이 아니라"고 한다. 그래서 성령에 대해 들어본 적도 없다는 그들에게,

> [6]바울이 그들에게 안수하매 성령이 그들에게 임하시므로 방언도 하고 예언도 하니

라는, 사도가 안수하자 성령이 임하는 6절의 사건은, 오늘 본문과 『사도행전』 8장에만 나오며, 성경 전체에 다시 안 나오는 독특한 현상이다. 회개하고 예수를 믿으면 자연스럽게 따라오는 것이 성령을 받고 세례를 받는 것이 성경의 일반적 형태이기 때문이다.

『사도행전』 8장에서는 사마리아에 복음을 전하러 갔을 때, 그들은 주 예수의 이름으로 세례는 받았지만 성령 받는다는 것이 무엇인지도 모르고 받

---

2) 본문은 구원에 대한 과정이나 그에 관련된 신학이 정립되기 전이고, 이방 지역인 소아시아에 복음이 전해질 때 요한의 세례만 알고 기독교의 본질이 정립되기 전의 특수 상황에서 어떻게 기독교 신앙과 교회가 정립되어 가는가를 보여주는 것이므로 전형적인 구원의 경험과 순서가 다르다. 그러므로 이 사건을 기독교 신앙의 어떤 표준이나 기준점으로 삼으면 안 된다. 다른 말로 사도의 안수와 성령 임함의 관계나, 성령이 임하자 방언과 예언하는 것이 이 본문에서 핵심이 아니라는 말이다.

3) 행 11:17, 롬 8:9, 고전 12:3, 갈 3:2, 벧전 1:2, 요일 3:24, 4:13.

은 적도 없었으므로 사도 베드로와 요한이 기도하고 안수를 했었다. 그때 성령이 임하는 것을 본 시몬이라는 마술사가 돈을 낼 테니 자기도 안수하면 성령을 받는 일이 일어나게 해달라고 했다. 이 상황은 오늘 본문 『사도행전』 19장의 요한의 세례만 알고 성령이 뭔지도 모르는 사람들 이야기와, 본문 후반인 14-15절에 유대인 마술사가 자기도 예수의 이름으로 귀신을 쫓아내겠다고 한 것과 유사한 상황이다. 두 사건의 공통점은, 요한의 세례나 예수의 이름으로 세례를 받았더라도 도대체 성령 받는다는 것이 무엇인지 모르는 이방인 세계에 『사도행전』 1장 8절의 "성령이 임하면"이란 약속이 성취됨을 보여주는 것이다.

그러므로 6절에서 사도가 안수하자 성령이 임하고 그들이 방언을 했다는 것도 신사도 운동이 주장하듯 사도가 성령을 받게 해주는 능력을 갖고 있다는 이야기가 아니라, 『사도행전』 2장의 오순절에 성령이 임한 사건의 재현을 보여주는 것이다. 전에 『사도행전』 8장을 강해하며 사마리아인에게 베드로와 요한이 안수할 때 성령이 임한 것이 이제 유대인만이 아니라 사마리아인도 하나님 백성 공동체란 교제에 들어온 것을 상징하는 것이라 했다.[4] 마찬가지로 본문에서 에베소 사람들에게 사도 바울의 안수로 성령이 임한 것은 사마리아 사람들에 이어 이제 이방인들도 성령을 받고 하나님 백성 공동체인 새 이스라엘의 교제권에 연합되었음을 보여주는 것이다. 따라서 오늘 본문이 말하는 핵심은 하나님 백성이 되고 그리스도인이란 정체성을 갖게 하는 결정적 요소는 성령을 받는 것이란 점이다.

4) 『사도행전』 2장 오순절에 성령이 임하고 방언했던 사건이 다시 반복되는 사건이 아니듯, 행전 8장과 19장의 이런 하나님께서 보내신 종을 통해 성령이 임하고 방언과 예언을 하는 사건도 반복되는 표준적 행위가 아닌 것이다.

✎ 그리스도인 정체성 결정의 첫 번째 기준은 성령이다(3,6).

그런데 본문 앞부분, 특히 2절은 너희가 성령을 받았느냐고 물었을 때 그들은 "우리는 성령이 계심도 듣지 못했다"고 했고, 바울의 이어지는 질문은 그럼 무슨 세례 혹은 어떤(*eis ti*) 세례를 받은 것이냐라는 것이었다. 그것은 세례의 본질에 대한 질문이었는데, 돌아온 대답은 엉뚱하게도 누구의(*eis tina*) 세례 혹은 누가 준 세례를 받았느냐는 질문에나 맞는, '요한의' 세례를 받았다는 답이 돌아왔었다.[5] 그러자,

> 4바울이 이르되, 요한이 회개의 세례를 베풀며 백성에게 말하되, 내 뒤에 오시는 이를 믿으라 하였으니, 이는 곧 예수라 하거늘, 5그들이 듣고 주 예수의 이름으로 세례를 받으니.

요한의 세례는 14절이 말하듯 자신이 죄인임을 인정하고 회개하고 받는 회개의 세례가 그 특징이다. 아볼로는 요한의 세례의 의미는 물론, 요한이 그 뒤에 오시리라 예언했던 분 예수에 대한 것도 가르쳤지만, 십자가와 부활의 복음을 온전히 알지 못한 것이 한계였다. 바울이 만난 이 사람들의 한계도 회개와 요한의 세례까지밖에 모른다는 점이었다. 바울은 4절처럼 그들의 신앙의 기초인 요한의 세례가 원래 가리키던 것이 무엇인지를 일깨우며 거기서 출발하여 예수의 복음을 전한다. 즉 회개의 세례를 전파하며 요한이

5) 아볼로는 요한의 세례와 요한이 그 뒤에 오시리라 예언했던 분, 예수에 관한 것까지 가르쳤으나 십자가와 부활의 복음을 온전히 알지 못한 것이 한계여서 브리스길라와 아굴라에게 배웠지만, 바울이 만난 이 사람들은 회개와 요한의 세례까지밖에 몰랐다.

자신 뒤에 오시리라고 했던 분에 대해 가르쳤던 그 분이 예수임을 증거했다. 그러자 5절처럼 그들이 듣고 믿어, "예수의 이름으로" 세례를 받았다.[6)]

문제는 대부분의 종교인들은 세례 자체의 의미보다, 자신들에게 세례 준 사람이 누구인가를 더 중시한다는 것이다. 예를 들어 어떤 큰 교회의 유명 목사님이 준 세례든, 작은 교회의 무명의 목사님이 준 세례든 그것은 예수의 이름으로 받은 것이란 사실이 중요하다. 그런데도 사람들은 나는 어느 목사님에게 세례를 받았다고 생각한다. 그런 것이 종교성이다. 이 증상은 우리들만의 문제가 아니라 초대교회 때부터 계속된 문제다. 그래서 바울은 "그리스보와 가이오, 스데바나 가족 외에는 세례를 베풀지 않았는데, 아무도 내 이름으로 세례를 받았다 말하지 못하게 하려 함"(고전 1:14-16)이라고 했다. 바울은 사람들이 예수의 이름이 아니라 바울의 이름, 사도의 이름으로 세례 받았다는 그 자부심을 애초부터 갖지 못하게 하려고 다른 사람들에게 세례를 주라고 했던 것이다.

우리는 그런 유치한 신앙을 갖고 있지 않다고 말하고 싶을 것이다. 과연 그럴까? 여러분은 왜 열심히 공부하고, 좋은 대학을 나오며, 학위를 받고, 혹은 출세하려고 그렇게 애를 쓰는가? 돈 때문도 있지만, 부인하고 싶을지 몰라도 제가 지금까지 본 바에 의하면, 모든 인간은 본질적으로 자신의 이름을 높이고 싶어 한다. 그게 안 되면 얼마 전 뉴스에도 보도되었듯, 일본의 국보인 세계문화 유산에라도, 중국의 만리장성에라도 자기 이름을 새겨 놓아 물의를 일으켰다. 중국 사람들도 이집트 룩소르 신전에 똑같은 낙서

6) 요한의 세례도 세례인데 그들에게 예수의 이름으로 세례를 줬다고 재세례파라고 하면 안 된다. 예수님을 믿는 믿음에 근거해 받은 이 세례가 처음 받은 진정한 세례이기 때문이다.

를 했다.

이것은 바벨탑을 쌓는 것과 같은 우리의 죄성(罪性)에서 나온 것인데, 초기에는 단순히 나를 알아주기만 바란다. 그런데 나중에는 자기 이름을 알리고 싶어 하고, 자기 이름으로 행하고 싶어 한다. 자기의 이름으로 행한다는 것은 자기의 권력과 힘으로 같은 피조물인 인간을 지배하고 통제하고자 하는 욕망이다. 이 모든 것은 다 자신이 하나님처럼 되고 싶어 하는 죄성에서 나온 것이다.[7] 이처럼 예수의 이름보다 우리 자신의 이름을 높이려는 것은 우리의 죄성의 발로(發露)다. 이에 반해 5절은 기독교의 중요한 본질을 제시한 것이다. 자신의 이름을 높이려는 명성이나 욕구라는 우리 인간의 죄성에 반하는 삶이 바로, 본문이 말하는 "예수의 이름으로" 행하는 것이다. 이것이 참된 신앙의 본질이다. 즉,

☞ 그리스도인 정체성의 두 번째 기준은 예수의 이름이다(5).

본문 전반부 1-10절은 이방 땅에 예수님이 전해졌을 때 어떤 결과가 나오는지를 신학적으로 설명하고, 11-20절은 그것이 삶의 현장에서 실제적으로 무엇을 의미하는지를 실증해주는 부분이다. 특히 전반부 4-5절은 기독교의 또 다른 핵심 사항을 "예수의 이름"이라고 했는데, 성령의 능력과 예수의 이름이란 이 두 가지 기독교의 본질이 우리 인간의 종교성을 만나면 어떻게 부정적으로 나타나는가를 보여주는 것이 본문 후반부다. 11절을 보자.

> 11하나님이 바울의 손으로 놀라운 능력을 행하게 하시니,[8] 12심지어

7) 하나님의 축복 명령인 다스림은 지배와 통제가 아니다. 다른 사람들을 이롭게 하고 번성케 해주는 것이다. 이것이 다스림에 대한 성경적 정의다.

사람들이 바울의 몸에서 손수건이나 앞치마를 가져다가 병든 사람에게 얹으면 그 병이 떠나고 악귀도 나가더라. [13]이에 돌아다니며 마술하는 어떤 유대인들이 시험 삼아 악귀 들린 자들에게 주 예수의 이름을 불러 말하되 내가 바울이 전파하는 예수를 의지하여 너희에게 명하노라 하더라. [14]유대의 한 제사장 스게와의 일곱 아들도 이 일을 행하더니, [15]악귀가 대답하여 이르되, 내가 예수도 알고 바울도 알거니와, 너희는 누구냐 하며, [16]악귀 들린 사람이 그들에게 뛰어올라 눌러 이기니, 그들이 상하여 벗은 몸으로 그 집에서 도망하는지라.(19장)

12절 사건은 『마가복음』 5장 27-29절에서 혈루증 앓던 여인이 예수님의 옷깃만 만져도 낫겠다고 생각하고 접근해서 만지고 나았던 사건과 같은 유형이다. 『사도행전』 5장 15절에서는 예수님에게 나타났던 그 능력이 사도 베드로의 사역에서 나타났음을 보여줬다. 이제는 그 능력이 사도 바울의 이방인 선교 사역에서도 동일하게 나타났다는 것을 보여주려는 것이 본문이다.

그런데 사도 바울은 사도 베드로와 요한과 방불한 정도가 아니다. 15절에서 귀신이 "내가 예수도 알고 바울도 알거니와"라고 한 것을 소개하며, 바울의 이름을 심지어 예수의 이름과 함께 올려놓을 정도로 『사도행전』 19장은 사도 바울의 위대함을 강조한다.

문제는 13-16절에서 보듯, 마술하는 유대인들이나 유대 제사장 스게와

8) 눅 11:20 "그러나 내가 만일 하나님의 손을 힘입어 귀신을 쫓아낸다면 하나님의 나라가 이미 너희에게 임하였느니라"는 말씀을 보면, 성령의 능력은 하나님의 손으로 묘사된다. 그런데 성령의 역사 즉 하나님의 능하신 손이 어떻게 나타났는가? 자신의 종인 바울의 손을 통해 나타낸다는 것이다. 그러자 어떤 일이 벌어졌는가?

(로마식 이름으로 스캐바다)의 일곱 아들들의 행태를 통해 예수의 이름을 빙자해서 자신을 그 반열에 올려놓으려 하는 종교인들의 근원적 욕망을 보인다[9]는 점이다. 그것은 바울이 전파하는 예수의 이름으로 귀신을 제어해 보려는 욕심이다. 그러나 귀신들린 사람에게 예수의 이름으로 축귀의식(逐鬼儀式)을 행하다가 귀신이 "내가 예수도 알고 바울도 아는데 너희는 누구냐?" 하고 귀신이 덤벼드는 바람에 엄청 당하고 쫓겨난 것이다.[10] 성령의 권능과 예수의 이름을 욕심으로 쓰다가 당한 사건이다. 이런 유의 신앙생활은 영적이라고 보지 않고, 그런 식으로 기적을 추구하는 종교 장사꾼들을 13절은 마술사라고 부른다.

---

9) 14절에서 로마식 이름인 스캐바/스게와를 유대의 한 제사장이라고 한 것은 유대인으로서 에베소에서 로마제국 신전의 제사를 관장하는 제사장이란 뜻이지 소아시아 에베소에 무슨 유대교 성전이 있어서 유대교 제사장 일을 했다는 뜻은 아니다. 유대인으로서 이방종교의 제사장직을 했으니 그 자식 일곱도 어련했겠는가?

10) 이 사건에서 우리는 몇 가지 교훈을 얻게 된다. 첫째로, 스케바는 유대인 신앙인으로서 자손들에게 바른 신앙의 모본을 보여주지 못했으니 자식들이 이런 꼴을 당하게 된 것이다. 부모가 자식들에게 바른 신앙의 유산을 남겨줘야 한다. 그게 돈보다 집과 빌딩과 사업체 남겨주는 것보다 귀한 유산임을 기억하기 바란다. 둘째로, 13절을 보면 바울이 귀신 쫓는 것을 따라한 사람들의 문제는 '바울이 전파하는 예수를 의지하여' 한 것이다. 예수의 이름은 그리스도인이 자신의 믿음으로 불릴 때 능력이 되는 것이지, 이들이 한 것처럼 자신은 믿지 않으면서 사도가 의지하는 예수의 이름으로 명하는 것은 아무 의미가 없는 마술사의 주문에 불과하다는 것이다. 당시에는 귀신을 쫓아내기 위해서는 더 강한 존재의 힘을 필요로 한다고 생각했는데, 그것이 그 신의 이름을 부르는 것이다. 그것이 축사의식의 한 방법이었고, 그래서 예수의 이름을 부른 것이다. 그런데 오히려 귀신한테 크게 당한 것을 보면 아무리 예수의 이름으로 행한다고 해도, 그에 합당한 믿음이 없다면 안 된다. 셋째 교훈은 이방 문화 속에서는 신앙이 있다는 유대인들이나 심지어 제사장마저 마술과 사술에 젖게 되고, 유대 제사장 가문마저 하나님의 일을 흉내 내며 종교 직업을 수행하고 산다는 사실을 알고 조심해야 한다는 것이다. 넷째로 15-16절에서 악령도 예수와 바울을 안다는 것, 바울의 축사와 달리 그들의 거짓된 능력 행함의 실패는 기독교의 진정성을 보여준다.

그럼 구원받은 신앙의 핵심인 성령 받고, 예수의 이름으로 세례 받고, 예수의 이름으로 사는 사람이 되게 하려면 어떻게 해야 하나? 지금까지 부정적 측면을 살펴보았다면 이제 긍정적 대안과 해결책이 무엇인가 알아보자.

앞의 2-3, 6절에서 성령을 받았는가란 확인과 예수의 이름으로 세례 받고, 사도의 안수로 성령이 임하고 방언과 예언을 하게 된 사건에서 중요한 것은,[11] 새 이스라엘 공동체의 형성이다. 예루살렘과 온 유대와 사마리아에 이어 이제 소아시아 에베소 지역의 이방인들도 사도 바울을 통해 성령을 받음으로써 바울이 그리스도의 열두 제자와 같은 사도로 세워졌음을 성경은 강조한다.

『사도행전』 19장 7절을 보면 "모두 열두 사람쯤 되니라"고 한다. 바울이 안수해서 성령이 임하고 방언도 하고 예언한 사람들의 숫자가 정확히 열둘은 아닌 것 같은데, 굳이 "열두 사람쯤 되었"다고 한 것은 이스라엘 회복을 위한 예수님의 12제자와 같이 상징적 의미를 안고 있기 때문이다.

이것은 『사도행전』 10장의 '고넬료 사건' 후 사도 베드로의 이방 사역의 시작 선언에 이어, 『사도행전』 19장에 이르러 이방의 중심지 에베소에서도 사도 바울에 의한 이방 사역의 결과 성령이 임하고 12명의 이방 제자들과 함께 새 이스라엘 형성을 위한 하나님 나라의 일이 시작됨을 보여준 것이다. 이 점은 이어지는 8절의 용어를 잘 살펴보면 더욱 분명해진다.

[8]바울이 회당에 들어가 석 달 동안 담대히 하나님 나라에 관하여 강론

11) 성령을 세례 전에 받는 것이냐 후에 받는 것이냐, 성령은 사도가 안수해야 받는 것이냐와 같은 절차적 문제가 아니라, 이 구절의 핵심은, 유대인으로만이 아니라 이방인들이 들어간 새로운 이스라엘 공동체가 형성되기 시작했다는 것이 강조점이다.

하며 권면하되, [9]어떤 사람들은 마음이 굳어 순종하지 않고 무리 앞에서 이 도를 비방하거늘, 바울이 그들을 떠나 제자들을 따로 세우고 두란노 서원에서 날마다 강론하니라.(19장)

에베소에서 12제자를 얻은 것은 전도자 바울에게 큰 힘이 되었던 것 같다. 그래서 바울은 다시 회당에 들어가 석 달 동안 복음을 담대히 선포했다. 여기서 중요한 것은 복음을 '하나님 나라에 관한 것'으로 신학적 표현을 한 것이다. 그런데 하나님 나라에 대한 신학을 강론하며 '권면'했다는 우리 개역의 원 의미는 영어 성경들이 'arguing/reasoning persuasively'라고 잘 번역한 것과 같이 강론만 한 것이 아니라 이성적 설득을 하려 했다. 그것은 아테네 아레오파고와 에베소 초기와 고린도 초기 사역에 바울이 하던 것처럼 설교를 이성적 논리적 설득 작업으로 수행한 것이었다. 그 당시 결과는 어떠했는가? 매번 열매는 별로 없고, 심한 반박에 부딪혔었다. 그렇다면 8절에서 다시 하나님 나라의 신학에 대해 세 달 간 논쟁하고 설득한 결과는 무엇일까? 예측 가능하다. "어떤 사람들은 마음이 굳어 순종하지 않고 무리 앞에서 이 도를 비방"(19:9전반부)한 것이었다. 제가 계속 강조했듯이, 이 방식은 항상 똑 같은 저항을 받게 된다.

반면, 18장 4-6절의 고린도 초기 사역의 실패 후 18장 11절에서 전략을 바꿔 1년 6개월을 지속적으로 말씀을 강해했을 때, 그리고 브리스길라와 아굴라에게 배운 아볼로도 18장 26절에서 성경을 펴서 기독론적 복음을 강해하고 27절처럼 은혜에 의한 사역을 할 때 열매를 거두게 되었다고 성경은 강조한다. 이것은 『사도행전』에서 계속 반복되는 교훈이다. 즉 바울이 석 달 동안이나 회당에 가서 하나님 나라에 대해 지속적으로 논쟁과 설득을 했지만, 9절 전반부처럼 불순종과 비방과 저항을 겪고 다시 회당을 떠나게 된다.

비로소 사도 바울은 다시 사역 방식을 바꾸는데, 8절의 '권면'이란 이성적 논리적 설득(*peitho*)을 하지 않고, 즉 이성적 논리적 설득이란 힘을 빼고 깊은 말씀 강론에만 착념한다(9절). 그러한 일을 얼마나 했나? 석 달이 아니다. 19장 10절처럼, 고린도에서의 1년 6개월도 아니다. 더 긴 기간 2년을 에베소에서, 그것도 매일 강론을 한 것이다.[12] 심지어 20장 31절에서 에베소를 떠나며 그 지역 가정교회 지도자들을 모아놓고 한 고별 설교에서는 "내가 삼 년이나 밤낮 쉬지 않고 눈물로 각 사람을 훈계"했다고 한다. 변화된 바울의 말씀 강해의 기반은 눈물로 각 사람을 교훈하는 목양적 사역이었다.

이때 유대인만이 아니라 이방인을 포함한 새 이스라엘을 형성하는 하나님 나라를 세우기 위해서, 사도는 한 가지 더 특단의 조치를 취한다. 18장 26절에서 바울의 동역자인 브리스길라와 아굴라가 아볼로를 따로 데려다가 복음의 일꾼으로 무장하도록 한 것에 이어, 이제 19장에서는 바울에 의해 어떤 제자들이 어떻게 참된 제자와 교회로 세워지는가를 보여주는데, 그것은 오늘날 교회가 교단의 우산을 벗어나는 것 못지않은 결단이다:

> 9절 후반절 그들을 떠나 제자들을 따로 세우고.

지금까지 유대인의 회당과 연계했던 사역 방식을 접고 그곳을 떠나, 즉

---

12) 서방사본을 통해 우리는 당시 노동자들이 쉬는 무더위 즉 11시에서 오후 4시 사이에 그 강해가 이루어졌을 것으로 추정한다.

그리스도인들을 따로 데리고 나와서 그 지역의 학교에 해당하는 두란노서원 혹은 튀란누스/튀란노란 사람의 강당으로 들어가 제자들을 굳건히 세우는 일을 했다는 것이다. 사도 바울은 지금 목회적으로 굉장히 중요한 전략 수정을 행한 것이다. 그것은 회당에서 유대인과 제자들을 섞어놓고 이것도 아니고 저것도 아닌 사역을 할 게 아니라, 그리스도인 제자들만 분리해서 따로 세워 본격적으로 훈련시키는 전략으로 수정한 것이다. 이것은 오늘날에도 교회를 세우거나 교회 일꾼을 세울 때 매우 중요한 전략이다. 구도자와 초신자와 일꾼 후보가 함께 해야 할 부분이 있지만, 본격적인 일꾼 훈련을 위해서는 제자들을 따로 세워 일정 기간 깊이 있고 강도 높은 훈련을 시켜야[13] 한다. 일꾼 훈련을 위해서만이 아니라, 하나님의 일을 위해서도 사람을 '따로 세우는' 것은 중요하다. 13장 3절에서도 "성령이 이르시되, 내가 불러 시키는 일을 위하여 바나바와 사울을 따로 세우라"고 하셨던 것을 잊지 말기 바란다.

앞 장에서도 언급한 것처럼, 예수님도 생애 후반부에는 12제자를 세우는 데 집중했듯이, 성령의 인도하심에 따라 사도 바울 사역의 핵심도 갈수록

13) 그것이 18:23에서 봤던 제자를 굳건하게 했던 브리스길라와 아굴라의 일꾼 훈련 사역이었다. 그것이 사도 바울 팀의 주된 사역 방식이라고 했는데, 과연 그러한가 확인해 보자. "14:21b 루스드라와 이고니온과 안디옥으로 돌아가서 22제자들의 마음을 굳게 하여 이 믿음에 머물러 있으라 권하고, 14:28 (안디옥에서) 제자들과 함께 오래 있으니라. 15:32 유다와 실라도 선지자라 여러 말로 형제를 권면하여 굳게 하고, 15:36 며칠 후에 바울이 바나바더러 말하되 우리가 주의 말씀을 전한 각 성으로 다시 가서 형제들이 어떠한가 방문하자. . . . . 41 수리아와 길리기아로 다니며 교회들을 견고하게 하니라. 16:4 여러 성으로 다녀갈 때에. . . . 규례를 그들에게 주어 지키게 하니, 5 이에 여러 교회가 믿음이 더 굳건해지고 수가 날마다 늘어가니라. 17장에서 데살로니가와 베뢰아의 강론 이야기 후, 18:23 얼마 있다가 떠나 갈라디아와 브루기아 땅을 차례로 다니며 모든 제자를 굳건하게 하니라"로 이어진 것이다.

따로 제자를 세우고 말씀을 강론하며 훈련시키는 사역 방식으로 집중된다. 물론 예수님이나 사도 바울이 일꾼 훈련에 집중했다고 전도를 하지 않거나 대중 사역을 안했다는 말은 아니다.

이런 사역 방식은 사실 19장에 이르러 처음 나온 것이 아니다. 이미 11장에서도 슬며시 언급한 적이 있다.

> [25]바나바가 사울을 찾으러 다소에 가서, [26]만나매 안디옥에 데리고 와서, 둘이 교회에 일 년 간 모여 있어 큰 무리를 가르쳤고, 제자들이 안디옥에서 비로소 그리스도인이라 일컬음을 받게 되었더라.(11장)

안디옥교회를 든든히 세워 제자들이 비로소 그리스도인이라 일컬음을 받게 된 것도, 하나님의 큰일을 위해 일꾼을 세울 때도, 에베소교회가 제대로 세워질 때도 공통점은 '따로 세워 지속적으로 말씀 훈련'을 했던 것이다. 그럼 본문의 세 번째 요점은 무엇일까?

☞ 변화된 공동체를 세우기 위해서 제자들을 따로 세워 지속적 훈련을 해야 한다(9).

이제 마지막으로 하나님의 권능으로 예수님을 제대로 만나거나, 복음에 지속적으로 노출되고 말씀 강해로 훈련받게 되면 어떤 일이 벌어지는가를 보자.

성령의 역사로 귀신이 나가는 것을 보자 마술사 같은 유대 종교인들이 예수의 이름을 빙자해 귀신을 쫓아내려다가 오히려 큰 봉변을 당한 사건이 12-16절이었다. 그 일을 겪은 에베소 사람들은 놀랍게도 17절에서 보듯 두려워 떨며 예수의 이름을 높이게 된다. 그런데 예수님의 이름을 높인다는 것의 진실성은 무엇으로 증명되는가? 17-18절을 보자.

17에베소에 사는 유대인과 헬라인들이 다 이 일을 알고 두려워하며 주
예수의 이름을 높이고, 18믿은 사람들이 많이 와서 자복하여 행한 일을
알리며.

믿음 없는 기적의 장사꾼들이 귀신한테 된통 당한 사건을 듣고 두려워하며 회개와 자복이 일어난 것이다. 그러면 이런 회개의 진실성은 어떻게 알 수 있는가?

19또 마술을 행하던 많은 사람이 그 책을 모아 가지고 와서 모든 사람
앞에서 불사르니 그 책 값을 계산한즉 은 오만이나 되더라.

그들은 지금까지 잘못되었던 삶을 돌이켜 변화된 삶으로 진정한 회개를 증명했다. 심지어 사특한 마술을 하던 사람들은 많은 사람들 앞에서 자신들의 생업과 수입의 근원인 은 오만이나 되는 주술서를 불태워 버린다. 이것이 그들의 회심의 진정성을, 구원받는 믿음의 증거를 보여주는 예다. 이것이 능력 있는 교회의 모습이다. 회심은 이런 삶의 변화로 증명된다. 한국교회의 문제는 무엇인가? 밤낮 예배만 잘 드리지, 삶은 달라지지 않은 것이다. 변화 없는 성도들!

그런데 사실 이것은 간단한 이야기가 아니다. 하루 임금을 그냥 단순히 은 한 냥이라고 치자. 그러면 은화 5만 냥이면 적어도 노동자가 5만 일 이

상 일해야 모을 수 있는 엄청난 액수다. 하루 임금 5만 원 일용직으로 계산해도 25억이고, 월 300만 원 받는 사람이라면 하루 15만 원 꼴이니까 75억 원어치 이상 되는 자산인데, 그것을 불태워버리고 주님을 따른 것이다. 오늘날 신앙 좋은 척하지만, 수십억 재산을 불태워버리고 주님을 따르는 게 쉬울까?

요즘은 예수 믿고 마음의 평안을 얻고 축복받는 종교인은 많아졌지만, 그 예수로 말미암아 인생에서 자신의 가장 귀한 것을 드린, 소위 유턴(U-Turn)한 변화를 보여주는 제자들을 보기가 힘들어졌다. 그러나 성경이 보여주는 것은 삭개오나 마술사의 경우나 여전히 동일하다.

그리스도인 정체성의 확실한 표지는 변화된 삶이다(17-19).

사람들은 이전보다 더 유명해져서 이름을 날리고, 성공해서 더 좋은 전자 제품, 더 좋은 차, 더 큰 집, 더 많은 돈을 위해 하나님의 능력을 고대하지만, 하나님께서 사도 바울을 통해 성령의 능력을 행하신 목적은 무엇인가? 본문 후반의 결론 부분을 보자.

> [20]이와 같이 주의 말씀이 힘이 있어 흥왕하여 세력을 얻으니라.(19장)

하나님의 목적은 성령의 역사와 기적에 사람들이 놀라고 내가 유명해지는 것이 아니다. 오직 주의 말씀만이 흥왕해져야 하는 것이다.

이처럼 모든 기적과 성령의 역사는 단 한 가지 목적, 하나님 말씀이 힘있게 전파되어 세상에 대한 영향력을 확대해 가게 하기 위함이다.

본문 전반부의 결론도 무엇이었나? 2-3년에 걸친 지속적 말씀 강해, 그

리고 제자들을 따로 세워 군건히 세우는 사역의 결과도 결국,

> [10]두 해 동안 이같이 하니 아시아에 사는 자는 유대인이나 헬라인이나 다 주의 말씀을 듣더라.(19장)

이것이 말씀의 승리다.[14] 전반부 결론 10절이나 후반부 결론 20절은 똑같이 내 이름이 아니라 예수의 이름이, 하나님 말씀이 흥왕해 세력을 얻는 것이다.

주님의 말씀이 흥왕하고 세력을 얻어가는 것, 그것이 우리 인생의 목표가 되었으면 좋겠다. 그것은 『사도행전』 전체에 반복되는 패턴이기도 하다. 『사도행전』 12장 1절에서 헤롯이 교회 지도자 야고보를 참수하고, 베드로를 투옥했지만 하나님은 천사를 보내 그를 꺼내 놓는다. 그리고 왕복을 입고 단상에 앉아서 영광을 취하는 헤롯을 하나님께서 치셔서 죽게 한 후, 성경은 "하나님의 말씀은 흥왕하여 더하더라"(12:24)고 그 단락을 마무리 했었다. 『사도행전』 13장 6절에서 바예수라 하는 마술사 사건에 이어, 비시디아 안디옥 전도 얘기를 마치며 13장 44절에서 온 시민이 거의 다 하나님의 말씀을 듣고자 하여 모이고, 유대인들이 시기와 비방이 이어지지만, 13장 49절도 "주의 말씀이 그 지방에 두루 퍼지니라"로 마무리된다. 성경은 이처럼 수많은 핍박과 방해에도 불구하고 말씀의 승리를 반복 강조한다. 그것이 복음의 길이고 하나님 나라의 길이다. 그래서 9절은 복음을 살아가

---

14) 여기서 누가는 잘 쓰던 과장법처럼 모두 구원 받고 세례 받았다고 하지는 않는다. 중요한 것은 지속적으로 복음을 강해하고, 모두에게 복음을 전하는 것이지 모두를 우리가 구원받게 하는 것이 아니다. 우리는 우리의 최선을 다해 말씀을 강론하면 되고, 그 결과 구원은 하나님께서 하시면 되는 일이기 때문이다.

는 방식, '도'라고 표현한다. 예수님의 이름으로 살아내는 삶의 방식, 길, The Way가 복음이다.

성령으로 거듭나고 예수의 이름으로 사는 그 길을 통해, 내가 아니라 하나님 말씀이 흥왕하여 세력을 얻는 것을 보는 우리 모두가 되기를 바란다.

누가 하나님의 사람을 보호해 줄 것인가?

(행 19:21-41)

아무리 멋진 유럽 여행을 가도 일주일이 지나가면 집에 가고 싶은 생각이 슬슬 든다. 그 여행을 위해 오랫동안 준비하고 돈을 모았고, 공항에서 탑승권을 바꾸기 위해 줄을 서면서 그렇게 설레었건만, 여행한 지 일주일이나 열흘 쯤 지나면 편안한 집에서 쉬다가 맛있는 것 사먹으며 쉬고 싶어진다. 그러다가 여행을 마치고 집에 돌아온 지 한두 주 쯤 지나면, 다시 그 유럽의 저녁노을 지던 골목길과 거리의 카페에서 마시던 커피가 그리워진다. 그때 좀 더 잘 봐두고 맛있는 것 더 사먹고 올 걸 하는 생각도 든다. 이처럼 사람의 마음은 참 간사하다.

사도 바울은 다사다난했던 1차, 2차 선교 여행이란 긴 해외 여행을 마치고 이제 귀환할 예정이다. 바울도 빨리 집에 가고 싶은 마음이 들었을까? 궁금해진다.

아직 예루살렘에 돌아간 것이 아니다. 이제 돌아갈 예정을 밝히는 상황이다. 그런데 바울은 또 다른 여행 계획을 꿈꾸고 있다. 어떤 여행인가?

> 21 이 일이 있은 후에 바울이 마게도냐와 아가야를 거쳐 예루살렘에 가
> 기로 작정하여 이르되, 내가 거기 갔다가 후에 로마도 보아야 하리라 하

고.(19장)

2천 년 전 여행은 오늘날처럼 그렇게 좋은 이동 수단이 있던 것도 아니고, 특히 바울은 편안한 호텔과 맛있는 레스토랑 순례를 한 것도 아니었다. 두 차례에 걸친 사도의 여행은 관광도 아니었다. 오직 힘든 선교의 여정일 뿐이었다.

대개 한 주만 해외 출장을 다녀와도 "너무 피곤하니까, 이제 잠도 푹 자고 당분간 좀 쉬고 싶다"고 말하기 마련이다. 그런데 선교 여행에서 집으로 돌아가기도 전에, 바울은 로마 선교에 대한 꿈을 이야기한다. 다음 여정을 계획한다. 그것이 복음에 사로잡힌 사람의 모습이다.

본문의 배경을 보면, 지난 주 마지막 부분 20절은 매일 2년간 깊은 말씀 상해와 성령의 역사로 인해 사람들이 회개하고 삶을 바꾸고 변화되는 일이 일어난 결과, 주님의 말씀은 힘 있게 계속 퍼져나갔다고 한다(행 19:20). 원문대로 하면 "이렇게 해서 주님의 힘으로 말씀이 계속 퍼져나가 힘차게 자랐다"고 마무리되었다. 예수 그리스도의 복음이 힘 있게 전파되는 것을 보는 기쁨이 그를 또 길 위로 몰아낸 것일까?

한 자매가 이런 이야기를 했다. 이번에 왜 그렇게 출장이 많은지 모르겠다. 유럽 출장 다녀오고, 얼마 전에 일본 다녀와서 새로운 직장을 가게 됐는데, 다음 직장 발령도 안 받은 상태인데, 3박 5일 미국 출장을 다녀오라고 했다는 것이다. 그래서 여행 가방을 문간방에 놓고, 그냥 펼쳐 놓고 속옷만 꺼내서 세탁한 후 여행 가방에 집어넣고 그 가방 또 들고 나가게 생겼다고. 놀러 다니는 여행이 좋아서 그러는 사람 이야기는 들어봤어도, 회사 일로 그렇게 사는 이야기를 들으면 참 대단해 보인다. 그러다가 쓰러지면 어떻게 하나 걱정도 된다.

그런데 사도 바울은 오랜 기간 선교 여행을 다닌다. 그것도 복음 전한다고 모함 받고, 감옥에 갇히고, 맞고, 도망치고 하는 일의 반복인데, 오랜 만에 고향으로 돌아가는데 가기도 전에 로마에도 가서 복음을 전해야 한다는 것이다. 그러니 참으로 존경한다. 나 같은 일개 목사와는 차원이 다른 사람인 것 같다.

21절은 이런 일들이 성취되자 바울은 스스로에게 '이르되', 공동번역처럼 혼잣말로 했다는 정도로 읽는 것은 너무 약하다. 직역을 하면 '영을 통하여(피츠마이어, 영 안에서 NASB, in the Spirit NRSV)'이고, 현대식으로 바꾸면 로마에 가기로 '마음에 작정했다 혹은 결심했다는 것이다. 이 구절의 의미를 가장 강력하게 번역한 것은 NLT성경이나 FF Bruce나 I. H. Marshall 같은 학자의 번역인데, 성령은 바울로 하여금 그렇게 하도록 몰아쳤다(impelled by the Holy Spirit)는 것이 적절하다.

당시 몇 차례의 선교 여행을 마치고 빨리 귀환했다가 로마 선교를 갈 계획이면, 우선 예루살렘으로 직행하는 것이 상식적이다. 그런데 더 놀라운 것은 바울은 21절에서 보듯이 돌아가는 길에 다시 마게도냐와 아가야를 거쳐서, 이전에 세워놓은 교회들을 든든히 세우고 일꾼을 세우는 일을 하며 가겠다는 것이다. 그것이 성령 충만을 받았을 때 벌어지는 일이다.

성령에 사로잡힌 바울은 그렇게 힘들게 사역하고도 로마 선교를 또 가겠다는 것이다. 21절의 이 표현, '로마에도 가 봐야겠다', '로마를 볼 필요가 있다'는 말은 그것이 하나님의 구원 계획 성취를 위해 내가 반드시 해야 할 일이라는 뜻이다. 이 지엄한 하나님의 뜻을 나의 비전으로 수용하는 것, 그것이 바로 성령 충만한 삶이다. 성령을 받으면 병을 고치고 귀신 쫓는 것으로만 생각할 것이 아니라, 『사도행전』이 말하는 성령 충만은 증인이 되어 담대하게 복음을 전하거나, 하나님의 위대한 계획을 자신의 비전으로 삼는 다.

우리 인생에는 네 가지 일이 있다. 반드시 해야만 할 일이 있고, 하면 좋은 일이 있으며, 내가 하고 싶은 일이 있고, 전혀 할 필요가 없는 시간 낭비 같은 일이 있다. 대부분의 사람들은 별로 할 필요가 없는 일을 하며 시간을 낭비하고 있으며, 일부는 자신이 하고 싶은 일을 위해 시간과 돈과 정성을 들인다. 조금 나은 사람들은 하면 좋은 일을 위해 봉사도 하며 의미를 찾는다.

그러나 위대한 인물은 나를 이 땅에 보내신 소명을 위해 살고, 하나님께서 주신 사명을 위해 산다. 그 일은 나를 위해서만이 아니라 세상을 위해 반드시 내가 해야 할 일이다. 그것이 꼭 목회일 필요는 없다. 어떤 사람은 교육가로, 어떤 사람은 발명가로, 또 다른 사람은 기술자나 사업가로 혹은 예술가로 각각 이웃을 이롭게 하고 세상을 더 낫게 만드는 일에 보내진다. 특히 그리스도인으로서 우리 삶의 현장에서 하나님 나라가 이 땅에 임하도록 쓰임 받는 것보다 귀한 것은 없을 것이다. 사도 바울은 그 일을 찾은 것이다. 그래서 힘든 두 번의 선교 여행을 마치고 돌아가는 길에 또 다른 선교 여행을 꿈꾸고 있는 것이다. 그것은 자신의 꿈이 아니라, 하나님의 꿈을 자신의 비전으로 품은 것이기에 위대한 것이다.

당신은 어디에 시간과 정성과 재능과 물질을 사용하고 있는가? 그것에서 당신의 마음이 어디에 가 있는지를 알 수 있다.

하나님의 꿈을 나의 비전으로 품는 사람이 되자(21).

당시의 땅 끝이었던 로마에 가서 로마의 그리스도인 형제들을 보고 싶다는 사도의 마음은 고린도에서 로마인들에게 보낸 편지(롬 1:9-15)에서 잘 확인할 수 있다. 두 절만 보자.

> 9내가 그의 아들의 복음 안에서 내 심령으로 섬기는 하나님이 나의 증인이 되시거니와, 항상 내 기도에 쉬지 않고 너희를 말하며, 10어떻게 하든지 이제 하나님의 뜻 안에서 너희에게로 나아갈 좋은 길 얻기를 구하노라.(롬 1장)

로마를 향한 비전이 있지만, 그렇다고 사도는 지금 현재를 등한히 하지 않는다. 내일과 미래를 위하여 오늘을 아무런 대책 없이 사는 사람들이 있지만, 바울은 그런 사람이 아니었다. 현재 맡겨진 사역을 위해 누구를 어디에 보내고 나는 어디서 무엇을 할 것인가를 판단하여 매순간 최선을 다하는 모습을 22절에서 볼 수 있다.

> 22자기를 돕는 사람 중에서 디모데와 에라스도 두 사람을 마게도냐로 보내고 자기는 아시아에 얼마 동안 더 있으니라.(19장)

바울의 선교 사역은 나 홀로 선교가 아니었다. 항상 여러 명의 돕는 사람 혹은 봉사자 혹은 Assistant pastors들과 동행하는 팀 사역이었다. 동역자 중 디모데와 에라스도 두 사람은 마게도냐로 보내고, 바울 자신은 아시아의 에베소에 계속 더 머물기로 했다.

우리들의 삶에서도, 생각해보면 나를 돕는 귀한 사람들이 있다. 그런데 내 인생에서 가장 중요한 것이 무엇인지 우선 순위가 정해지면, 우리는 나의 시간과 물질과 재능뿐 아니라 내게 소중한 사람도 그 일을 위해 보낼 수 있다. 왜냐하면 그 일이 그만큼 중차대한 일이기 때문이다. 나 자신만을 위해 물질과 자원과 사람을 쓰지 않고 필요한 곳에 물질보다 귀한 사람마저 기꺼이 보낼 수 있는 것, 바울은 그것을 잘 감당해 냈다. 우리는 그것을 '조정'이라고 한다. 조정은 어려운 일이지만 리더십에서 매우 중요한 지도자의 본분이다.

지혜로운 지도자가 되기 위해서는 우리는 다음과 같은 것을 항상 물을 필요가 있다.

1. 당신의 삶을 조정하게 할 만한 그 일은 무엇인가?

2. 그렇게 인생을 조정하고 내 삶의 자원을 조정한 적이 있는가?

디모데와 에라스도는 바울의 인생과 사역에 매우 중요한 존재들이었다. 『사도행전』 20장 4절과 디모데 전후서를 보면 알 수 있다. 에라스도는 『로마서』 16장 23절을 보면 바울이 로마의 그리스도인들에게 인사를 전한 인물이다.

그 중요한 사람들을 보내고 나면 내 삶이 불편해지고 외로울 텐데도, 자신의 귀한 동역자들을 보내고 에베소 사역을 위해 바울 자신은 그곳에 그냥 남아 있었다. 그것은 내 영역을 지키려고 한 행동이 아니다. 그 시간 동안 바울은 또한 『고린도전서』를 집필한 것으로 알려져 있다.

3. 내 인생의 귀한 것들을 혹시 우리는 움켜쥐고 있지는 않은가?

4. 아니면 더 많은 자산과 사람을 나를 섬기게 하려고 끌어 모으고 있지는 않은가?

이 네 가지 질문에 잘 대답할 수 있다면 우리는 제대로 살고 있는 것이다. 그러나 이런 질문이 불편하다면 남들이 우리를 칭송할지 몰라도 실제로는 제대로 살고 있지 못한 것이고, 좋은 지도자라 말할 수 없다.

☞ 하나님의 비전을 위해 내 인생을 조정할 수 있는 사람이 되자(22).

[23]그때쯤 되어 이 도로 말미암아 적지 않은 소동이 있었으니.(19장)

그때 에베소에 바울이 전한 기독교로 인해 소동이 있었다. 본문 앞의 19장 전반부를 보면 마술사들이 회심하여 은 5만이나 되는 주술서를 다 불태우고 주님께 돌아온 사건이 있었는데, 그것이 끝이 아니었다.

[24]즉 데메드리오라 하는 어떤 은장색이 은으로 아데미의 신상 모형을 만들어 직공들에게 적지 않은 벌이를 하게 하더니, [25]그가 그 직공들과 그러한 영업하는 자들을 모아 이르되, 여러분도 알거니와 우리의 풍족한 생활이 이 생업에 있는데, [26]이 바울이 에베소뿐 아니라 거의 전 아시아를 통하여 수많은 사람을 권유하여 말하되, 사람의 손으로 만든 것들은 신이 아니라 하니, 이는 그대들도 보고 들은 것이라. [27]우리의 이 영업이 천하여질 위험이 있을 뿐 아니라, 큰 여신 아데미의 신전도 무시당하게 되고 온 아시아와 천하가 위하는 그의 위엄도 떨어질까 하노라 하더라.(19장)

바울이 전한 복음이 에베소 사회에 큰 영향을 끼치게 되자 에베소 도시의 수호 여신인 아르테미스 여신의 신전 모형을 제작하는 사람들은 자신들의 사업이 손해를 볼까봐 걱정이 되었다. 27절처럼 아데미 신은 에베소 사람들뿐 아니라 당시 온 아시아와 온 세계가 경배하는 여신이라고 여겨졌다. 아르테미스 여신은 로마신화에서는 디아나, 영어로는 다이아나인데, 아데미 여신 숭배는 고대 프리기아의 다산의 여신 키벨레와 페니키아의 아스타르테 숭배와 결합하여 풍요를 바라는 인간의 원초적 본능과 결합해 왕성해졌다. 즉 그리스 신화의 아데미 여신과 구약에 나오는 고대 근동 지역의 바알 숭배가, 그리스 로마 문화의 가면을 쓰고 에베소 지역에 나타난 것이었다. 그래서 에베소의 아데미 여신상은 풍요의 신인 바알 신상처럼 가슴에 많은 유방을 주렁주렁 달고 있는 모습으로 만들어져 많이 팔렸다.

그런데 기독교는 아데미 여신 숭배라는 이 우상숭배 풍속을 철저히 배격하는 신앙임을 그들도 분명히 파악할 수 있을 정도로 바울은 분명한 복음을 전한 것이다. 현대 목회자들은 교회 강단에서조차 그 부분을 선명하게 전하지 못해 기독교가 물욕에 가득찬 세상 사람들에게도 환영을 받고 있는데, 사도 바울은 아데미 우상을 팔아먹고 사는 사람들 앞에서 너무나도 분명하게 복음을 전한 것이다.

예를 들어 26절 후반부처럼 바울은 "사람의 손으로 만든 것들은 신이 아니라"고 그들의 잘못된 신앙을 정면으로 도전했다. 그것은 7장에서 성전 중심 종교성만 강화된 유대인들에게 스데반이 선포했던 것과 맥을 같이한 것이다. 그러니 이것은 아데미 여신상 모형을 은으로 만들어 주변 국가들(27 온 아시아와 천하)에서 온 사람들에게 팔아 먹고살던 경제 구조에 대한 위협이기에 매우 위험한 도전이었던 것이다. 오늘날처럼 기독교가 세상의 우상숭배와 구조적인 악에 대해 아무런 말을 하지 않고, 분명한 태도를 보여주지 않는 모습과는 사뭇 달랐다. 복음이 전해지면 세상은 뒤집히며(upside down), 그때는 갈등이 일어나기 마련이다. 그러나 분명한 복음 선포는 사람들과 세상에 변혁을 일으킨다.

오래 전 미국에서는 이런 일이 있었다. 그것을 우리는 Great Awakening (대각성운동)이라 부른다. '대각성운동이란 전도 집회란 뜻이 아니라, 초기 프린스턴대학 학장으로 초빙되었던 조나단 에드워즈 목사를 통해 276년 전 매사츄세츠 노스햄프턴(Northampton)과 근처 하트필드(Hatfield) 일대를 시발점으로 하여 영적 대부흥 운동이 일어난 것에서 유래한 용어다. 당시 만연하던 계몽주의의 유산으로 이성과 합리성에 근거한 지성주의 신앙에 물들어 있던 교회에, '진노하신 하나님의 손에 들리운 죄인들' 같은 설교를 통해 교인들이 통곡하고 회개하며 자발적 기도 운동을 시작했는데, 급기야 노스햄프턴 주민들이 회심하여 동네 술집이 문을 닫고 나아가 지역 사회가 변화된 놀라운 일이 미국 전체로 퍼져나갔던 역사에서 기인한 용어다. 조나단 에드워즈 목사님을 통해 보여준, 진정으로 성령으로 거듭난 증거는 이처럼 삶의 변화와 지역 사회의 변화로 증명되는 것이었다. 당시 이성적 신학자들이 이해할 수 없었던 성령의 역사와 삶의 변화로 이어진 진정한 회심을 이끌었던 조나단 에드워즈의 글과 저술로 인해 유럽 신학자들마저 그를 미국의 유일무이한 최고의 신학자로 꼽는다. 또한 그는 신학 논문만 저술한 것이 아니라, 스탁브릿지 선교를 통해 인디언 선교를 위해 애쓴 데이빗 브레이너드 전기 등을 통해 많은 선교사들을 불러일으키기도 했고, 목회와 교육 등 모든 면에 큰 영향을 끼쳤다. 그것이 진정한 신학자의 모습이다. 이전에 보지 못한 성령의 역사와 가장 깊은 신학적 통찰, 그리고 선교에 끼친 그의 영향을 보건대, 그는 역사상 가장 바울과 흡사한 인물이라고 나는 생각한다.

한 위대한 하나님의 종을 통해 선명한 복음이 선포되면 그것은 우상숭배적 삶을 통해 풍요를 구가하던 문화와 충돌을 초래한다. 25년 전 새뮤얼 헌팅턴은 문명의 충돌을 얘기했지만, 현재는 종교 충돌로 치달아가고 있지만 크게 봐서는 문화의 충돌로 개념을 확대해 이해할 수 있다. 2천 년간 기독교는 이런 문화충돌을 일으킨 것을 부인할 수 없고, 복음은 세상을 뒤바꿔 놓았다.

기독교 국가로서 미국의 정체성도 선명한 복음 선포를 통한 대각성운동이 초래한 종교 사회 변혁이었고,[1)] 이로 보건대 그리스도인 정체성의 참된 표지는 변화된 삶이다.

교회 역사를 보면 반복되는 패턴과 교훈이 있다. 복음이 흐릿하면 세상의 저항이 별로 없지만, 선명하게 복음을 전하면 반발도 분명하게 나타난다는 사실이다.

에베소 소요의 주범은 데메드리오였다. 25절에서 보듯, 은제 신상과 여신 모형 사업을 하는 길드 조합원들을 모아 놓고 선동을 하며 소동을 일으킨 이유는, 말은 27절 전반부에서 신전이 무시당하고 아데미 여신의 위엄이 떨어지기 때문이라고 그럴싸하게 둘러대지만, 성경은 그 실상은 24, 25, 27후반절에서 폭로했듯, 수입이 줄어들어서, 즉 돈 때문이었다. 그것 때문에 그들은 너무나 화가 났고 흥분했던 것이다. 그들은 에베소인들의 아르테미스는 위대하다고 소리쳤다. 28절 이하를 보자.

> [28]그들이 이 말을 듣고 분노가 가득하여 외쳐 이르되, 크다 에베소 사

1) 그때 하나님은 미국을 축복하셨었다. 그 신앙에서 떠난 이래 점차 파멸의 길로 치달아가고 있는데, 트럼프가 위대한 미국을 강조하지만 그 믿음을 회복하지 않는 한 다시 그 영광은 오지 않을 것이다. 분명한 것은 이것이다.

람의 아데미여 하니.(19장)

나도 설교를 하며 대충 듣기 좋은 얘기를 하면 다들 좋아하지만, 문제를 지적하고 자신들이 안주하고 있는 정치 경제 사회 문화적 삶의 터전 속에 자리 잡은 욕망과 문제점을 지적하면 미워하고 저항하는 것을 많이 본다. 주님은 9장 16절에서, 바울을 부르실 때도 그가 내 이름을 위하여 얼마나 많은 고난을 받을 것인지 말씀하셨다. 타협하지 않은 참된 복음의 일꾼은 그 일에서 면제되지 않는다. 그런 전형적인 사건이 에베소에서 벌어진 것이다.

29온 시내가 요란하여 바울과 같이 다니는 마게도냐 사람 가이오와 아리스다고를 붙들어 일제히 연극장으로 달려 들어가는지라.(19장)

32사람들이 외쳐 어떤 이는 이런 말을, 어떤 이는 저런 말을 하니, 모인 무리가 분란하여 태반이나 어찌하여 모였는지 알지 못하더라. 33유대인들이 무리 가운데서 알렉산더를 권하여 앞으로 밀어내니 알렉산더가 손짓하며 백성에게 변명하려 하나, 34그들은 그가 유대인인 줄 알고 다 한 소리로 외쳐 이르되, 크다 에베소 사람의 아데미여 하기를 두 시간이나 하더니.(19장)

데메드리오가 선동을 하자, 무리는 홍분하여 폭도가 되어 버린다. 바울 일행을 잡아 24,000명을 수용할 수 있는 언덕의 야외극장으로 달려갔다. 무슨 일이라도 벌일 기세였다. 그들은 홍분하여 얼마나 서로 자신들의 주장을 소리쳐댔는지, 서로 무슨 소리를 하는 것인지도 모르겠고, 군중심리로 모였는지 태반은 왜 우리가 여기 모였는지도 모를 정도였다.

당황한 유대인들은 26절에서 "손으로 만든 것은 신이 아니"라고 가르쳤던 바울과 그리스도인들은 자신들과 같은 유대교인들이 아니라고 변명을 하고 싶었는지 알렉산더를 내세웠지만, 에베소 사람들이 볼 때는 다 똑같은 유대인이라고 생각되기에 말할 기회를 주지 않고 더 큰 소리로 '에베소인들의 아데미 신은 위대하다'는 구호를 두 시간이나 외쳐댔다. 영화의 한 장면에서 볼 수 있는, 완전 난장판이었다.

✎ 하나님의 복음으로 세상을 뒤집을 수 있는 사람이 되자(23-29)

이 모든 사건의 원인이요 책임자인 바울은 수많은 사람들 사이에 잡혀온 형제들을 안타깝게 여겨 어떻게든 해보려고 한 것 같다.

> 30바울이 백성 가운데로 들어가고자 하나 제자들이 말리고, 31또 아시아 관리 중에 바울의 친구된 어떤 이들이 그에게 통지하여 연극장에 들어가지 말라 권하더라.(19장)

이 사건을 통해 우리는 바울의 태도가 달라졌음을 알 수 있다. 28-29절을 보면 경제적 손실을 입은 일부 에베소 사람들이 흥분하여 바울 일행을 붙잡아 연극장으로 끌고 갔다. 이런 위협이 있으면 대개 그리스도인들은 바울을 피난시키고, 바울은 권고에 따라 다른 도시로 떠났다. 데살로니가 선교 후 소동을 일으키자 17장 10절에서 보듯 형제들이 바울과 실라를 베뢰아로 보내는 것과 같은 일이 여러 번 있었다. 그러나 17장 후반의 아레오

파고 전도 후 아테네를 떠난 다음, 고린도 선교를 할 때부터는 18장 6-7절을 보면 유대인 대적들이 비방해도 단호히 심판을 선언하고 소명대로 이방인에게로 가지만 오히려 회당 옆으로 거처를 옮겨 회당장과 가족이 주님께 나오게 한다.

이처럼 선교활동 중 수차례 산전수전을 겪고 나자 이제 바울은 환란과 핍박이 와도 자신의 안위만을 위해 피하지 않고 대면할 정도로 담대해졌다. 30절에서 보듯 바울은 위험에 빠진 형제들을 돕기 위해 그 무리들 사이로 뛰어 들어가려고 했으나 다른 제자들이 오히려 말릴 정도였다.

그것은 18장 9-10절에서 하나님께서 어떤 사람도 너를 대적하여 해롭게 할 자가 없을 것이니 침묵하지 말고 말하라는 하나님 말씀에 대한 믿음이다. 그렇다고 자신의 목숨을 노리는 사람들이 있어도 무모하게 맞서는 미련함을 보이지는 않는다(20:3). 다만 형제들이 위험에 빠지자, 목자로서 자신의 안전을 도모하지 않고 형제들을 구하기 위해 기꺼이 위험 속으로 뛰어 들어간다.

31절을 통해서는 바울의 영향력을 짐작해 볼 수 있다. 비록 아직은 구원받은 형제는 아니지만, 에베소 시의 관리 중에 바울의 친구가 된 사람들도 연극장에 들어가지 말라고 말렸다는 사실을 통해 바울의 전도는 이방인 집권자들과 핵심 세력에게까지 이를 정도로 파급력이 컸고, 구도자들이 많이 생겼음을 알 수 있다.

> 35서기장이 무리를 진정시키고 이르되, 에베소 사람들아. 에베소 시가
> 큰 아데미와 제우스에게서 내려온 우상의 신전지기가 된 줄을 누가 알지
> 못하겠느냐. 36이 일이 그렇지 않다 할 수 없으니, 너희가 가만히 있어서

무엇이든지 경솔히 아니하여야 하리라. 37신전의 물건을 도둑질하지도
아니하였고, 우리 여신을 비방하지도 아니한 이 사람들을 너희가 붙잡아
왔으니, 38만일 데메드리오와 그와 함께 있는 직공들이 누구에게 고발할
것이 있으면 재판 날도 있고 총독들도 있으니 피차 고소할 것이요, 39만
일 그 외에 무엇을 원하면 정식으로 민회에서 결정할지라. 40오늘 아무
까닭도 없는 이 일에 우리가 소요 사건으로 책망 받을 위험이 있고, 우
리는 이 불법 집회에 관하여 보고할 자료가 없다 하고, 41이에 그 모임을
흩어지게 하니라.(19장)

경솔히 행동하지 말라며(36) 소동을 막아준 사람은 로마 관리였던 에베소 시청 서기장이었다(35). 그는 흥분한 폭도들을 진정시키기 위해 에베소 사람들과 에베소 시가 큰 아데미와 제우스에게서 내려온 우상의 신전지기라고 치켜세웠다. 그러면서 그들이 잡아온 그리스도인들이 에베소시의 로마법상 어떤 범죄 행위를 한 것도 아니고, 에베소 법이 금하고 있는 아데미 여신 모독죄에 해당하지도 않으니 경솔히 행동하지 말고 진정하라고 호소했다. 계속 이렇게 흥분해서 집단행동을 하면, 40절에서 보듯, 여러분이 폭동죄로 고소당할 수도 있음을 자각시켰다. 그러면서 39절에서 만일 정말 범죄 행위의 증거가 있으면 정식으로 고소하고 재판을 하면 되고, 그보다 더한 무엇을 요구하려면 합법적 집회 즉 에클레시아에서 결정하자고 제안한다. 여기에서 보듯 39절의 민회, 41절의 모임으로 번역된 에클레시아는 헬라어 표준 용법상 사람들의 모임을 뜻하는 단어이고, 교회나 교회당을 뜻하는 신약의 고유 단어가 아니다.

아무튼 41절처럼 에베소시의 서기장의 역할로 그들은 해산됐다. 이렇게

하여 복음의 종들은 다시 한 번 위험 가운데서 보호받았다. 이미 18장 10절에서 하나님은 "아무도 너를 해치 못할 것이라" 약속해주셨던 것이 성취되었다. 항상 그랬지만, 이 사건도 바울이 자신과 형제를 막아준 것이 아니라, 구약에서 페르시아 왕 고레스와 바벨론 왕 아닥사스다를 통해 이스라엘을 도우셨듯 하나님께서 이방 불신자 에베소 시의 서기장의 손으로 당신의 종 복음 전도자들을 보호해주신 것이다. 그것이 하나님께서 일하시는 방식이시다.

우리도 사도 바울처럼 하나님께서 자신에게 붙여주신 사람들을 지키기 위해 자신의 안위를 내 던지고 자신을 내드릴 수 있는 지도자가 되면 좋겠다. 그러면 하나님께서 보호해주시고 지켜주실 것이다. 그 축복된 경험을 해본 사람이 참된 하나님의 종이요 리더다. 그러므로

하나님께서 주신 사람들을 위해 자신을 내드릴 때 주님의 역사하심을 경험하는 사람이 되자(30-41).

그리고 40절에 나타난 시 서기장의 말을 보면 에베소에서도 기독교가 에베소시의 사회법을 위반하거나 소요를 일으켜 위협이 된 일이 없음을 시당국의 입을 통해 확인받게 된다. 그렇다! 기독교는 상식 있는 사람들이라면 모두 알 수 있듯 세상에 해를 입히는 종교가 아니다. 그런 생각을 가지고 색안경을 끼고 기독교를 바라보는 사람들은 마음이 삐뚤어진 사람이든지, 어떤 오해가 있든지, 아니면 어떤 잘못된 기독교 종교인에게 상처를 받은 경험이 있는 사람일 것이다. 과거에 누구에 의해서 상처를 입었든지 손실을 봤다면 사과한다. 그러나 그렇다고 기독교가 잘못된 종교라고 말하지는 말아 주면 좋겠다. 아무리 제대로 가르쳐도, 본래의 뜻과 달리 이상하게 믿

고 이상한 행동하는 사람들은 어디나 항상 있지 않던가? 그런 제대로 되지 않은 사람이 목사든 장로든 그들은 한낱 종교인일 뿐이다. 하나님이 잘못된 것이 아니라 그 사람이 잘못된 것이다. 그러나 안타깝게도 그들이 물의를 일으키면, 사람들은 그것을 하나님이 잘못되었다거나 기독교가 본래 잘못된 것이라고 몰아간다. 그것은 논리적 오류다. 꼴뚜기 한두 마리를 보고 어물전(魚物廛)의 모든 생선을 다 그럴 것이라고 일반화시키지 말기를 부탁드린다. 당신 자신의 눈으로 성경을 읽어보고, 당신 자신이 예수님을 만나 직접 확인해 보기 바란다.

감정적으로 접근하지 말고 과연 그러한가를 알기 위해 객관성을 가지고 접근해 보면 좋겠다. 그것이 지혜로운 사람의 길이고, 그것이 진리에 이르는 길이기 때문이다.

사도이기 전에 목자로 살기를

(행 20:1-16)

대다수의 많은 사람들이 1등만 기억하는 더러운 세상이라고 투덜대지만, 누구든 힘을 가지면 위대한 지도자로 군림하고 싶어 한다. 그런데 어떤 지도자가 좋은 지도자일까? 남들 위에 군림하고, 모든 부러움을 한 몸에 안고, 나의 일거수일투족에 주목하며 수십만 명의 팔로워가 추종하는 사람일까? 성경뿐 아니라 세상의 리더십에서도 이제 제왕적인 리더십의 폐해를 지적하며, 성경이 말하는 것처럼 섬기는 리더십이 가장 위대함을 발견해가고 있는데도, 우리나라에서는 여전히 피라미드의 가장 위 꼭짓점에 올라서서 남들의 추앙을 받고, 내가 내리는 말 한 마디에 모든 사람들이 쩔쩔매는 꼴을 보며 희열을 느끼기 원하는 것 같다. 그래서 대한항공 조 씨 일가나, 아시아나항공의 박 씨 같은 한 조직의 리더들이 보이는 갑질이 사회적 문제가 되고 손가락질을 받지만, 여전히 사람들은 그런 갑질을 할 수 있는 위치에 올라가고 싶어 안달하는 것 같다.

그러나 성경의 지도자들은 움직일 때마다 모두가 모여서 머리를 조아리고, 그들을 향해 명령 한 마디 내리고 다음 지역으로 떠나가 버리면 되는 어떤 재벌그룹의 회장님같이 행동하지 않는다. 오늘 본문을 통해 우리는 바울이란 한 인물의 삶 속에서 참된 지도자의 모습은 어떤 특징을 보이는

지 우리의 눈으로 살펴볼 수 있을 것이다. 오늘 본문에서 사도라 불리는 인물의 모습은 어떠한지 함께 관찰해보자.

> [1]소요가 그치매 바울은 제자들을 불러 권한 후에 작별하고 떠나 마게도냐로 가니라. [2]그 지방으로 다녀가며 여러 말로 제자들에게 권하고 헬라에 이르러.(20장)

19장 후반부에서 보았던 에베소의 은제 아데미 신상과 신전 모형 제작업자들이 일으켰던 소동이 진정되자, 바울은 그 일로 자신의 안전을 염려하던 그리스도의 제자들을 모아 그들의 불안을 해소하고 격려했다. 이것은 리더가 해야 할 일이다.

그는 리더가 마땅히 해야 할 일을 하지 않고 에베소를 빠져나가거나 도망가지 않았다. 리더는 비전을 성취하고 해야 할 과업만 이루면 되는 사람이 아니라, 갈등이 생기면 해소를 하고 장애물이 생기면 연약한 이들을 위해 자신에게 주어진 능력을 사용해 그것을 치워주고, 넘어지고 쓰러지고 불안해 하는 양들을 권면하고 토닥거려 줘야 한다. 즉 리더는 자신의 권위만 과시하는 존재가 아니라, 양들을 섬기는 목자의 모습으로 나타나야 하는 것이 성경이 말하는 리더십이다.

지도자의 직무를 마친 후 바울은 그들과 작별하고 마게도냐로 갔다. 빌립보 등 마게도냐 사역은 16장 12절부터 소개되었다. 17장에서 사역했던 마케도니아 지역을 다니며 바울은 제자들을 세우는 사역을 계속하고, 아마도 아카이아 지역을 지나 그리스로 넘어간 것으로 보인다.

[3]거기 석 달 동안 있다가 배 타고 수리아로 가고자 할 그때에 유대인
들이 자기를 해하려고 공모하므로 마게도냐를 거쳐 돌아가기로 작정하
니, [4]아시아까지 함께 가는 자는 베뢰아 사람 부로의 아들 소바더와 데살
로니가 사람 아리스다고와 세군도와 더베 사람 가이오와 및 디모데와 아
시아 사람 두기고와 드로비모라. [5]그들은 먼저 가서 드로아에서 우리를
기다리더라. [6]우리는 무교절 후에 빌립보에서 배로 떠나 닷새 만에 드로
아에 있는 그들에게 가서 이레를 머무니라.(20장)

그리스 북부 마케도니아 지역에 석 달 동안 머문 것은, 『고린도전서』 16장 5-6절을 보면, 겨울철이었는데 사도는 당시 마케도니아 남부에 있던 아카이아 지역의 고린도에서 『로마서』를 쓴 것으로 알려져 있다.

그런데 고린도에서 배를 타고 시리아 지역으로 가려고 했지만 아카이아 지역의 유대인들이 자신을 해치려는 음모가 있다는 첩보에 배 타기를 포기하고, 고린도가 있던 아카이아 지역의 북쪽으로 올라가서 마케도니아 지역을 거쳐 긴 육로지만 빙 돌아서 가기로 했다.

4절의 아시아는 『사도행전』에서 계속 나오는 지명으로 현재의 터키 지역, 특히 에페소를 지칭하는 경우가 많다. 그리고 바울과 선교 여행을 동행했던 동료들의 이름이 언급되는데 그들은 베뢰아, 데살로니가를 비롯한 여러 지역 교회 출신으로 사도의 복음 사역은 혼자 한 일이 아니고 여러 사람들과 함께 한 팀 사역이었음을 알 수 있다. 그래서 5, 6절에서 계속 '우리'라는 대명사가 반복해 등장하는 것이다.

바울은 이방인의 사도로 복음을 전하고 곳곳에 교회를 세웠지만 유대인이었기에 4-5절에서 보듯 동료 이방인 제자들을 소아시아(터키) 북서부 관

문 도시인 드로아로 먼저 가서 기다리게 하고, 자신은 6절에서 보듯 동료 유태계 그리스도인들과 함께 마케도냐의 북동부 관문인 빌립보에서 무교절을 지낸다. 그 후에 배를 타고 닷새 만에 드로아에 도착해 거기서 기다리던 동역자 제자들을 만나 그곳에서 일주일을 머물렀다. 이후 여정에 대한 추가 설명은 13-16절에 나온다. 그 부분을 이어서 먼저 보자.

> [13]우리는 앞서 배를 타고 앗소에서 바울을 태우려고 그리로 가니, 이는 바울이 걸어서 가고자 하여 그렇게 정하여 준 것이라. [14]바울이 앗소에서 우리를 만나니 우리가 배에 태우고 미둘레네로 가서, [15] 거기서 떠나 이튿날 기오 앞에 오고, 그 이튿날 사모에 들르고, 또 그 다음 날 밀레도에 이르니라. [16]바울이 아시아에서 지체하지 않기 위하여 에베소를 지나 배 타고 가기로 작정하였으니, 이는 될 수 있는 대로 오순절 안에 예루살렘에 이르려고 급히 감이러라.(20장)

6절과 12절에 이어 13절은 다시 '우리'란 주어로 시작된다. 그 우리는 『사도행전』의 저자인 누가와 바울의 일행으로 보인다. 사도 바울은 이렇게 동역자 팀과 함께 움직였지 혼자 사역하지 않았음을 『사도행전』의 저자 누가는 계속 지적하고 있다. 그렇다면 본문의 첫 교훈은 무엇일까?

☞ 아무리 뛰어난 사도라도 하나님의 일은 팀으로 해내야 한다(1-6, 13-15).

얼마 전 30년 넘도록 우리나라의 양대 재벌그룹에 속하는 한 유명 건설회사에서 이사로 일하고 은퇴한 동창을 만났다. 그는 별세한 LG그룹의 구본무 회장을 예로 들며, 그 분은 참으로 검소하게 살려고 노력했고, 어떤 말단 직원에게도 반말이나 막말을 하지 않고 사훈인 '인화(人和)'처럼 사람을 존중하고 바른 경영을 하려고 애쓰다가 가셨기에 존경을 받는다고 했다. 그러나 그 다음 후계자나 지금의 허 씨 일가는 어떠할까? 그런 얘기를 하면서 자신도 재벌 그룹에서 일했지만, 세계에 유례가 없고 일본에도 없는 재벌 시스템은 해체는 아니어도 전면적으로 개혁되어야 한다고 했다. 10퍼센트도 안 되는 지분으로 전체 그룹을 자기 것처럼 좌지우지하는 것이 잘못된 것이라고 목소리를 높였다. 사실 창업자가 처음 사업을 시작했을 때는 그 사람의 소유고, 자손에게 물려줘도 누가 뭐라 할 수 없다. 그러나 회사가 커지면서 수많은 사람들이 일해서 오늘날의 위대한 회사를 일궈내고, 주식회사로서 많은 주주들이 있다면 이제는 그 회사와 조직은 개인의 것이 아니다. 더 이상 창업주 개인의 것이 아니라 주주의 것이란 말이다. 그게 주식회사란 의미다.

교회도 마찬가지다. 한 개인이 사재를 털어 개척을 했을지라도 그 교회를 하나님께 봉헌했을 때는 건물도 교회(사람들의 공동체)도 내 것이 아니라 하나님께 드려진 하나님의 것이다. 나는 그렇게 생각하기에 그렇게 했고, 한 대형교회로 옮기게 되었을 때는 개척 때 계약금과 각종 보증금도 회수하지 않고 누가 요구하지 않았지만 교단에 개척기금으로 드렸다.

그리스도인으로서 우리 모두 알아야 할 것이 있다. 대형교회는 특히 많은 교역자들과 성도들이 함께 키워간 것이지, 혼자 세운 것이 아니라는 사실이다. 하나님의 일은 하나님께서 하신 것이고, 인간의 노력도 나 혼자의 기도와 눈물과 재능으로 성취한 것이 아니다. 그런데도 내 것이라고 생각하여 자식에게 넘겨주는 것(세습이라고 하든지 승계라고 하든지 다 같은 소리다)은, 이 교회가 하나님 것이 아니고, 교회인 성도의 것도 아니고, 오직 내 것이라는 천박하고 세속적인 자본주의일 뿐이다. 그것은 매우 비성경적인 생각이다.

오늘 본문의 사도 바울도 그가 세웠던 교회도 하나님 나라의 그 어떤 것도 나 바울 개인이 아니라, '우리'라는 공동체로 행했던 것임을 기억하면 좋겠다.

바울은 아시아 즉 터키 지역을 지나가는데, 앗소까지는 성경이 자명하게 말하지 않는 어떤 이유로 인해서 도보로 갔고(13절), 누가와 나머지 바울의 동료들은 배를 타고 거기 앗소에서 바울을 만나 배를 타고 미들레네와 기오(키오스) 섬과 사모(사모스) 섬을 지나 밀레도(밀레투스)로 갔다. 사모스는 그리스 철학자 피타고라스의 고향인데, 유대인 공동체가 있던 곳이라 들은 것 같나. 밀레도는 에베소 남쪽 50km에 있는 항구 도시니까, 16절에서 보듯 에베소는 들르지 않고 배를 타고 에베소를 지나가 남쪽 밀레도에 잠시 머물렀다가 곧 이스라엘로 향한 것이다. 20장 3절과 21장 3절처럼 가려고 했던 시리아도 중심부는 그냥 지나쳐서 훨씬 남쪽 두로에 상륙해서 예루살렘으로 서둘러 갔다. 오순절 전에 예루살렘으로 신속히 가려고 한 것은 마게도냐 지역의 고린도교회 등 이방교회들의 예루살렘 교회 구제를 위한 헌금(디도가 가져다주면 만나서 전달하려고 함임을 고후 8장과 행 21장에서도 알 수 있다)을 가져다주기 위함이며, 동시에 유대인으로서 절기를 지키고 정결례를 완수하기 위함도 있다고 보인다. 바울은 이방인을 위한 복음의 사도요 기독교도지만 유태인으로서 무교절과 오순절 등 유대교의 절기를 무시하지 않았다. 그렇다고 오늘날 유태인이 아닌 우리도 유대교의 절기를 지켜야 한다는 뜻은 아니다. 아무튼 이런 상황을 고려해 보며, 20장

1절에서 예루살렘에 도착한 21장 16절까지의 내용은 무교절에서 오순절까지 7주 사이에 벌어진 사건임을 알 수 있다.

그 사이에 세 개의 주요 사건을 『사도행전』은 소개한다. 유두고의 죽음과 소생, 에베소 장로들을 향한 바울의 고별 설교, 전도자 빌립 딸들의 예언 사건이다.

먼저 유두고 사건을 보자.

> 7그 주간의 첫날에 우리가 떡을 떼려 하여 모였더니, 바울이 이튿날 떠나고자 하여 그들에게 강론할새, 말을 밤중까지 계속하매, 8우리가 모인 윗다락에 등불을 많이 켰는데, 9유두고라 하는 청년이 창에 걸터앉아 있다가 깊이 졸더니, 바울이 강론하기를 더 오래 하매 졸음을 이기지 못하여 삼 층에서 떨어지거늘, 일으켜 보니 죽었는지라. 10바울이 내려가서 그 위에 엎드려 그 몸을 안고 말하되, 떠들지 말라. 생명이 그에게 있다 하고, 11올라가 떡을 떼어 먹고 오랫동안 곧 날이 새기까지 이야기하고 떠나니라. 12사람들이 살아난 청년을 데리고 가서 적지 않게 위로를 받았더라.(20장)

이것은 6절에서 보듯 드로아에서 벌어진 사건이었다. 일주일을 그곳에 머물렀는데, 6일째 되던 날이었다. 주간의 첫날이란 오늘날의 일요일, 주일이다. 그리스도인들이 예배와 애찬이란 공동식사를 위해 모였는데, 바울은 다음날 월요일 아침에 떠나야 했기 때문에, 아쉬운 마음에 주일 예배 강론을 조금 길게 계속했던 것 같다. 바울의 열심도 대단하지만, 교인들도 대단한 것 같다. 당시 예배는 대개 해가 질 때쯤 이른 저녁에 많이 시작했다.

왜냐하면 당시 그리스 로마 문화권에서 주일은 오늘날처럼 쉬는 날이 아니라 일하는 날이었기 때문에 각자 일이 끝나고 저녁에 모였을 것이다. 피곤한데 설교는 길어, 강론이 한밤중까지 계속 이어졌지만 그들은 슬슬 자리를 뜨거나 살짝 도망가지도 않고, 설교가 길다고 트집 잡지도 않고 열심히 들은 것 같다. 종일 일을 하고 피곤한 상태에서 밤늦게까지 긴 설교를 듣는 데다가, 어두워지니 8절처럼 등불을 많이 켜게 되었을 것이다. 좁은 공간에 많은 사람들이 모여 있고 거기에다가 등불을 많이 켜 놓았으니, 공기가 좋지 않고 자연히 쉽게 졸리기 마련이다. 졸리고 답답함을 이기지 못해 유두고는 3층 창가에 걸터앉아 설교를 들은 듯하다. 당시 건물의 3층은 현대 건물의 2층 다락방을 말한다. 그리고 창이라는 것이 오늘날처럼 유리창이 있어서 막혀 있는 것이 아니라 바람이 통하는 열린 것이다. 문제는 9절이 지적하듯 바울이 강론하기를 더 오래 했다는 것이다. 요즘에는 이렇게 눈치 없이 길게 설교하는 목사를 교인들이 싫어하고 다시 들으려 하지 않을 것이다. 사실 아무리 좋은 이야기도 너무 길게 하면 대개 들리지 않는다. 그러니 졸기 마련이다. 요즘 사람들은 갈수록 집중력도 줄어들고, 특히 일상적 예배 시간이 지나면 마음이 흩어져 잘 듣지 못하므로, 특별한 경우가 아니라면 정해진 시간 내에 마치는 것이 좋겠다. 나는 가끔 농담 삼아 설교도 못하면서 길게 하는 것은 성도들에게는 고문이요, 설교자에게는 죄악이라고 교인들이 말하더라고 신학생들에게 전해주기도 한다.

그렇지만 이 경우는 바울이 다음 날 떠나야 했기 때문에 하나님 말씀을 다시 들을 수 있는 기회가 없으므로, 성도들은 듣고자 했고, 바울은 한 마디라도 더 전하고자 했던 것 같다. 그래서 계속 긴 설교를 했고 교인들은 남아서 끝까지 들었다. 말씀을 향한 아름다운 열심과 뜨거움을 엿보게 된다.

그럼에도 불구하고 유두고는 창가에 걸터앉아 들으며 졸다가 떨어져서 죽었다. 여기서 포인트는 2층인가 3층인가 혹은 얼마나 높은 데서 추락했느냐 하는 것이 아니라, 9절 후반부가 지적하듯 일으켜보니 '죽었다'는 사실이다. 성경은 그것을 분명히 하고 있다. 상식적으로, 세상 기준으로 볼 때 그 아이는 분명히 죽었다.

놀란 사도 바울이 뛰어 내려가 그 위에 엎드려 그를 끌어안았다. 이것은 『열왕기상』 17장 21-22절의 엘리야와, 『열왕기하』 4장 34-35절의 엘리사가 죽은 아이를 소생시킨 기적을 일으킬 때의 동작이다. 그런데 바울은 그 아이를 끌어안은 채 놀란 사람들을 향해 외쳤다. "여러분 당황하지 마세요. 그의 목숨이 그 안에 있습니다!" 그가 죽었지만 그 영혼이 완전히 주님께 돌아간 것이 아니며, 이제 다시 소생될 것이란 말이다. 즉 이 사건의 핵심은 I. H. 마샬(Marshall)이 지적하듯 부활이 아니라, 하나님의 기적적 생명 보존에 있다.[1] 이렇게 말한다고 유두고의 소생 기적을 부인하는 것이 아니라, 우리가 잊고 사는 생명 보존의 기적에 대한 강조로 보면 좋겠다. 죽은 사람 살리는 기적보다, 이 험한 세상에서 우리에게 주어진 생명을 유지하고 보존하는 데 얼마나 더 많은 하나님의 개입과 기적이 필요한지 생각해보자. 그리고 우리는 오늘도 살아 숨 쉬게 하시는 그 은혜에 감사를 잊고 살고 있다는 사실을 다시금 깨달으면 좋겠다. 유두고가 창에서 떨어져 죽었는데도 그 생명을 떠나게 하지 않으시고 보존해주신 것도 기적이라는 말이다. 이것이 강조되는 이유는 사도 바울의 선교에서 지금까지 그러셨듯이, 복음을 위해 사는 사람들에게 하나님은 앞으로도 그들의 생명을 보존해 주

1) I. Howard Marshall, *ACTS - Tyndale New Testament Commentaries*, (Grand Rapids, MI: Eerdmans, 1980), 327.

실 것이기 때문이다. 바울도 『고린도후서』 11장 23절에서 고백했듯이 수없이 매를 맞고 여러 번 죽을 뻔하였으나, 그 역시 하나님의 보호하심으로 다시 일어나 가던 길을 갈 수 있었다.

그렇다면 세상에서 가장 위대한 기적은 무엇인가? 절름발이를 일으켜 세우고, 소경의 눈을 뜨게 하고, 귀머거리의 귀가 들리게 하는 것은 물론 대단한 기적이다. 특히 죽은 자를 살리는 것은 기적 중의 기적이요 위대한 기적이다. 그러나 태풍과 폭우와 수없이 일어나는 자동차 사고와 화재와 강도, 무엇보다도 암과 엄청나게 많아진 바이러스의 공습과 우리가 다 헤아릴 수 없는 재난 속에서 오늘도 호흡하고 숨쉬고 맡겨진 일을 해내며 살아있다는 기적은 왜 가볍게 생각하고 사는 것일까? 나는 오늘도 생명을 보존해주시고, 오늘도 두 발로 힘 있게 발걸음을 내디디며 이 두 팔로 무엇인가를 하면서 살아갈 수 있는 힘을 주시는 주님께 감사한다. 그리고 하나님께서 창조하신 아름다운 세상을 보고, 다채로운 향기와 열심히 살아가는 이웃의 땀 냄새를 맡고, 수많은 소음 속에서 나를 부르는 사랑하는 사람들의 목소리를 들을 수 있도록 이 생명을 보존해 주시는 은혜에 감격하고 이것이 오늘을 살아가는 작은 기적들이라고 주님께 고백한다. 그러므로 이 사실을 깨닫고 감사하는 사람이 되자.

아무리 위대한 기적이라도 살아가는 기적보다 더한 것은 없다(7-12).

유두고 사건은 신자의 눈으로 볼 때 이처럼 분명히 하나님의 은혜요 기적이다. 그러나 불신자나 초신자의 눈으로 볼 때 이것은 단지 재수가 좋은 일이라고 할지도 모르겠다. 사실 유두고란 이름의 뜻은 '운이 좋은 놈'이란 뜻이다. 창문에서 떨어져 죽었는데도 바울이란 하나님의 사람을 만나 다시 살아나게 되었기 때문에 사람들이 그 소년을 그 사건 이후에 운이 좋은 놈이라고 부른 것 같다. 그래서 그 아이를 칭하는 별명이었던 유두고를 『사도행전』은 이름으로 채용한 것으로 보인다.

바울은 그 사건 후 11절처럼 올라가 성도들과 늦은 저녁 성찬을 함께 한 후 새벽까지 더 이야기를 하다가 떠났다고 성경은 기록한다.

이 사건을 마무리하는 12절은, 사람들이 유두고를 데리고 가며 큰 위로를 받았다고 한다. 그런데 9절에서는 유두고를 청년(*neanias*)이라고 했지만, 그것은 젊은 사람이란 분류고, 12절은 구체적으로 '아이'(*paida*)라고 한다. 아이니까 창문에 걸터앉았을 것이고, 졸다가 쉽게 떨어지고 추락시 타격도 적지 않았나 하는 생각이 들고, 또 12절처럼 성인들이 데리고 갔다는 부분과 연결되기도 한다. 당시에는 어른만 예배를 드리고 설교를 들은 것이 아니라, 어른과 아이들이 함께 예배를 드리고 하나님 말씀을 들었음을 알 수 있다.

이 유두고 사건의 교훈은 무엇인가? "바울처럼 설교를 길게 하면 안 된다, 사람 잡는다"도 아니고, "목사님 설교가 길어도 참고 듣다가 죽어도 주님이 복주시고 살려주시니 중간에 나가지 말고 참고 끝까지 들어라"도 아니다. 그런 부수적인 것에서 교훈을 찾으면 안 된다. 더 본질적인 메시지가 있다.

우리는 바울을 사도라고 하지만, 오늘 본문에서는 목자 바울의 모습 세 가지를 보게 된다. 첫 째로, 1-2절 에베소의 은제 아데미 신상과 신전 모형 업자들이 일으켰던 소동이 진정되자 바울은 그 일로 안전을 염려하던 제자들을 모아 그들의 불안을 해소하고 격려했다. 이것이 리더가 해야 할 일이다. 사람들의 근심과 염려를 헤아리고 극복할 수 있도록 힘을 주고 격려하

는 것이다. 이런 지도자의 직무를 마친 후 바울은 그들과 작별하고 마게도냐로 갔다. 그러므로

내 일정을 갖기 전에 사람들을 돌보고 힘을 실어주자.

둘째로, 3-6절, 13-16절 마케도니아에서 아시아를 거치고 시리아를 거쳐 예루살렘으로 가는 긴 여정은 시간 낭비가 아니었다. 그동안 개척한 교회마다 들러 일꾼을 든든히 세우고, 오고 가는 길에 귀한 동역자들과 함께 동행하는 것이 축복이고 아름다운 사역이었다. 그래서 많은 이름들이 등장한다. 그러므로

나 홀로 걷지 말고 동역자들과 함께 가자.

사람들과 함께 하고 사람을 세우는 것은 결코 시간 낭비가 아니다. 그리고 목자의 삶의 모습 세 번째로 7-12절 유두고 사건을 보면 바쁜 여정과 지치고 힘든 일정 중에서도 밤늦게까지, 아니 새벽까지 하나라도 더 복음을 가르치고 전하려는 열정을 보게 된다.

그는 드로아를 떠나기 전 마지막 날 밤에도 하루 쉬고 건강을 챙기는 것이 아니라, 성도들의 영적 건강을 먼저 챙겨준다. 자신이 긴 선교 여행으로 힘들고 지쳐도, 복음을 위해서라면 마지막 죽을힘까지 다하고 떠나는 바울의 모습은 하나님의 사람이 어떻게 살아야 할지를 보이는 귀한 본이 된다. 그것이 목자다.

게다가 바울은 죽은 자를 소생시키는 능력의 종이었지만, 유두고를 살리고도 아무 일 없었던 것처럼 계속 말씀을 전하는 데 전념하는 모습 역시 큰 모본이 된다. 조그만 능력만 받아도 마치 자신이 대단한 척하고 사람의 영

광을 취하는 종교 지도자들을 보며, 우리는 참된 목자는 기적이 아니라 생명의 말씀에 착념해야 함을 다시 보게 된다. 그러므로

내가 쓰러질지언정 복음을 위해 죽을 힘을 다해 보자.

이것이 하나님의 사람이 사는 법이다. 이것이 말씀의 사람이 사는 방식이다. 목사나 선교사만이 아니라 우리 모두가 그렇게 목자의 삶을 살면 좋겠다. 다른 사람들을 돌보고 세우고 함께 가는 축복, 그것을 위해 우리는 오늘도 힘을 다해 살아간다.

목자가 목자에게

(행 20:17-38)

S방송국의 연예 프로그램으로 「집사부일체」라는 것을 본 적이 있다. 그 프로그램의 소개문은 "물음표 가득한 청춘들과 마이웨이 괴짜 사부들의 동거동락 인생과외 콘셉트"라고 되어 있었다. 그것을 보니 왜 그런 사람들을 사부로 모셨는지 이해가 됐다. 그들 가운데 어떤 사람은 정말 마이웨이 괴짜 사부란 설명을 들으니 이해가 갔기 때문이다. 어쨌든 우리가 놓치지 말아야 할 그 프로그램의 기획 의도는, 물음표 가득한 청춘들은 아무리 권위를 상실한 세상이라고 하지만 사부를 원하고 묻고 배우고 싶어 한다는 점이다.

나는 신대원 교수다. 목회를 준비하는 사람들에게 신학의 길을, 그리고 성경적 목회의 길을 인도해야 하는 사부가 되어야 하는 사람이란 말이다. 그런데 20년 가까이 가르치면서 느끼는 것은 그들은 교수를 과연 사부로 여기는가이다.

나는 또한 목사다. 그리스도의 길을 걸으려는 성도들에게 예수 제자의 길, 즉 성경적 믿음의 길을 인도하는 사람이다. 그런데 목사 안수를 받고 목회를 했던 지난 28년을 돌아보면 오늘날 교인들은 과연 목사를 얼마나 목자로 여길까 궁금해진다. 성도들이 목사를 나의 목자로 여기지 못한다면,

사부 정도로는 여겨줄까도 생각해 보게 된다.

오늘 본문은 사도 바울이 자신이 세운 기독 공동체의 지도자들에게 진심으로 남기고 싶은 이야기를 해주는 장면이다. 그 장면을 통해 사부를 찾아 헤매고, 멘토를 원하는 이 시대의 방랑자들도 무엇인가 교훈을 얻고 배웠으면 한다.

본문은 사도 바울이 3차 선교 여행을 마치고 예루살렘으로 돌아가는 귀로의 한 장면이다. 19장의 에베소에서 아데미 신상 제작자들로 인한 소요 사건 후 아시아 지역을 떠나 20장 1절에서 보듯 그리스 북부 마케도니아 지역으로 갔다가 빌립보에서 다시 아시아 북서쪽 변경 드로아로 들어왔지만, 아시아 사역의 중심지였던 에베소는 들르지 않고 15절에서 보듯 그 남부 50km에 있는 항구 도시 밀레도로 갔다. 에베소는 18장 19절에서 열심히 복음을 전했던 곳이고 사람들이 더 머물며 가르쳐 주기를 원했지만, 하나님의 뜻이면 돌아오겠다고 하며 떠났었다. 그 약속은 19장 1절 후반부에서 성취되는데, 고린도 선교 후 다시 에베소로 가서 복음을 전하며 사역을 했던 이야기가 19장에 이어진다. 효과적인 복음 증거로 데메드리오란 은장색의 선동으로 어려움을 겪고 그곳을 떠나 마게도냐로 가서 그리스 지역에서 사역을 하다가 이제 시리아를 거쳐 예루살렘으로 돌아가는 길이다. 그것을 20장 15절은 아시아에서 지체하지 않고 오순절 전에 예루살렘에 도착하기 위해 에베소를 그냥 지나치기로 했다고 상황 설명을 한다. 그런데 아무리 일정이 급해도 사도 바울이 건너뛰지 않는 것이 있다. 그것은 교회의 일꾼을 세우는 것으로, 본문이 우리에게 일깨워주는 중요한 메시지다.

그 메시지에 집중하기 전에 본문을 이해하기 위한 전제이며, 기초적인 내용을 먼저 짚고 갈 필요가 있다. 사도 바울이 교회의 일꾼을 말씀과 은혜로 다잡기 위해 청한 사람들이 누구인가 하는 것이다.

> [17]바울이 밀레도에서 사람을 에베소로 보내어 교회 장로들을 청하니. (20장)

여기서 에베소교회 장로라고 할 때 장로는 오늘날 한국 교회의 장로라기보다는 목사에 해당한다. 그들 즉 각 교회의 장로들은 각 집, 즉 가정교회의 지도자들이었다. 오늘날 한국 교회의 장로와 달리 그들은 에베소 지역의 각 가정교회 목회자들이었다. 목사는 성직자이고 장로는 평신도로 그 둘을 다른 계급으로 보아왔던 전통적 개념에서는 이 말이 조금 이상하게 들릴지 모르겠지만, 『베드로전서』 5장 1절에서, 사도 베드로가 "너희 중 장로들에게 권하노니, 나는 함께 장로된 자요"라고 할 때 베드로는 각 교회의 목회인 장로들과 자신이 같은 목회자임을 지적하며 장로라고 한 것을 보면 알 수 있을 것이다. 그 사실은 본문 28절을 보면 더욱 분명해지는데, "성령이 그들 가운데 여러분을 감독자로 삼고 하나님이 자기 피로 사신 교회를 보살피게 하셨느니라"는 말씀처럼, 각 가정교회의 영적 지도자를 17절에서는 장로라 하고, 28절에서는 교회를 보살피는 역할에서 감독이라고 한 것이다. 그러므로 장로 위에 목사가 있고, 목사 위에 감독이 있다는 계급주의적 관점과 달리 목사, 장로, 감독은 다 같은 직분을 그 임무의 특성에 따라 달리 부르는 것이며, 주님께서 그 직분을 세운 목적은 공히 28절에서 보듯 "온 양떼를 위하여"이며, 자기 피로 사신 주님의 "교회를 보살피게" 하기 위함이다.

오늘 본문에서 분명히 알 수 있는 것은 교회를 온 양떼 혹은 양무리라고 한 것처럼, 회중 혹은 성도가 교회다. 그리고 이때 중요한 것은 교회의 리더인데, 교회의 지도자는 양 떼를 위해 세워졌고 그것은 교회를 보살피는 목양이 본질적 직무이기에 목자이며, 공동체의 원로 지도자로 장로라 부르거나, 교회를 총괄하여 보살피는 직무로 설명할 때는 감독이라 불리는 것이다.

오늘날 장로교 헌법이 말하는 다스리는 장로와 가르치는 장로 구분의 근거는 『디모데전서』 5장 17절이라고 주장한다. "잘 다스리는 장로들은 배나 존경할 자로 알되 말씀과 가르침에 수고하는 이들에게는 더욱 그리할 것이니라." 이렇게 장로를 두 그룹으로 나눌 때, 그럼 가르치는 장로인 목사가 다스리는 장로보다 높은 것인가? 이 구절은 이런 주장에 대한 근거 구절이 아니다.

신약이 말하는 장로에 대한 또 다른 구절을 보면, "너희 중에 병든 자가 있느냐? 그는 교회의 장로들을 청할 것이요, 그들은 주의 이름으로 기름을 바르며, 그를 위하여 기도할지니라"(약 5:14)라고 한다. 교인 중에 아픈 자를 위해 치유의 기도를 해달라고 청하라는 장로는 오늘날 교회의 다스리는 장로에 해당할까, 성도들의 영적 돌봄을 책임지고 있는 목회자에게 해당할까? 물론 치유의 은사를 받은 장로도 가능하지만, 기본적으로는 교회의 영적 지도자인 목사에 해당한다.

또한 『베드로전서』 5장 1절에서 사도 베드로는 교회의 장로들에게 권면하며, "너희 중 장로들에게 권하노니, 나는 함께 장로된 자요, 그리스도의 고난의 증인이요, 나타날 영광에 참여할 자니라"고 할 때, 베드로는 오늘날 교회의 다스리는 장로인가 아니면 목사인가?

신약이 말하는 장로는 교회의 목회자들이고, 교회 공동체에서 연륜이 있는 영적 지도자, 즉 목회자를 유대식 전통에 따라 장로라고 부른 것이다. 이때 교회의 지도자는 설교자와 행정가 등의 구분을 해서 장로는 설교를 할 수 없고, 목사는 다스리는 일을 하지 않는다고 주장할 수도 없다. 목회를 둘로 나눠서 목사와 장로가 서로 나눠서, 두 영역을 서로 침범하지 못하게 만든 것이 성경의 의도가 아니다. 신약이 말하는 목사나 장로는 다 주의 종들에 대한 표현이고, 교회를 다스리는 것과 말씀으로 양육하는 것 둘 다 목회자의 직무에 해당한다.

『사도행전』 14장을 보면 사도 바울은 더베와 루스드라와 이고니온을 지나 안디옥으로 돌아가며 제자들을 굳게 세우는 이야기가 나온다. 그 후 사도는 14장 23절에서 안디옥의 각 교회에 장로들을 임명하고, 금식 기도하며 주님께 그들을 부탁하며 맡기는 장면이 나온다. 오늘 본문의 내용과 같은 것이다. 이때 세워진 각 교회의 장로들도 오늘 본문의 장로들과 마찬가지로 그 지역의 가정교회들의 목회자들이다.

뿐만 아니라, 본문 28절에서는 그 장로들에게, 성령이 여러분을 "감독"으로 삼았다고 한다. 양떼를 돌보는 목자직을 성경은 감독(에피스코포스)이라고 한다. 이 구절의 감독을 목회자가 아닌 성도라고 여길 사람은 없을 것이다. 그렇다면 에베소교회의 장로들은 감독으로 불릴 수 있는 목회자라는 말이다. 물론 교회가 점차 조직화되어 가며 교회는 목회자 중 한 지역의 전체 공동체를 책임지고 돌보는 자를 감독이라 불러왔다. 그러나 목회자 위의 목회자란 위계 질서로 목회자들을 계급화하는 것은 성경이 지지하지는 않는다. 예를 들어 『베드로전서』 2장 25절의 "너희가 전에는 양과 같이 길을 잃었더니 이제는 너희 영혼의 목자와 감독 되신 이에게 돌아왔느니라"는 구절을 보면 감독과 목자는 궁극적으로 그리스도시며, 그 주님의 모본을 따라 섬기는 기독공동체의 지도자를 칭하는 같은 명칭이다. 그 역할과 기능에 따라 목사는 장로로 때로는 감독으로 칭해지는 것이다. 목회자 중 나이든 원로를 장로라 하고, 젊은 신임 목회자들과 여러 교회들을 사랑으로 돌보는 원로 목회자를 감독이라 칭하는 정도로 이해하는 것은 좋은데, 굳이 장로는 목사 아래의 계급으로, 감독은 목사의 상위 직분이라고 주장하고자 한다면, 그것은 성경의 관점을 벗어난 가톨릭적 계급주의와 권위주의적 사고에서 나온 것이라 아니할 수 없다. 성경이 강조하는 목사의 본분은 항상 양떼를 돌보는 목자다. 양치기, 목자란 라틴어 *pastor*라는 단어에서 영어의 목사 pastor가 나온 것이다. 그러므로 성령께서 세워주신 그 목자의 직무와 하나님께서 주신 사명을 다하기 위해서는 반드시 삼가는 삶, 신독(愼獨)의 삶을 살아야 한다. 그래서 우리말 성경뿐 아니라 영어 성경들도 이 구절을 Watch over yourselves, Pay careful attention to yourselves 하라는 명령형으로 번역하고 있다. 리더십에서도 남을 이끌기 전에 네 자신을 먼저 이끌라는 의미로 셀프-리더십을 강조하는데, 이 구절의 명령과 같은 맥락이다.

참고로 한 구절만 더 보자. 『빌립보서』 1장 1절에서 사도 바울은 교회의 감독과 집사와 함께 안부를 전한다. 이 구절에서 감독과 집사는 목회자와 소위 평신도로 나뉘는 두 부류일까? 『사도행전』 강해 1권의 6장을 다루는 부분에서 이미 설명했듯이, 초기 교회에서 집사 역시 오늘날 교회의 집사와 다른, 교회의 목회자 리더 그룹을 지칭한다. 『빌립보서』 1장 1절의 집사란 단어에는 별표가 있고 NIV성경 난외주에는 *The word deacons refers here to Christians designated to serve with the overseers/elders of the church in a variety of ways; similarly in Romans 16:1 and 1 Tim.

3:8,12.라고 되어 있다. 즉 감독이나 장로와 함께 교회를 섬기는 일꾼들을 지칭한다는 것이 신약의 용법이다. 이처럼 신약에서는 장로, 감독, 집사는 모두 오늘날의 목사로, 교회 목회자를 기능에 따라 여러 용어로 표현한 것이지 감독, 목사; 그리고 장로, 집사의 두 부류 즉 성직자와 평신도 지도자 두 그룹으로 나누고 각 그룹 안에 서열 혹은 계급을 만든 것이 아니다.

얼마 전 통합측 총회에서 장로가 노회장인 노회에서 장로를 빼고 목사안수식을 한 것이 옳으냐 그르냐를 가지고 다툼이 있었는데, 이런 일이 벌어진 것도 장로를 목사와 같은 직분으로 보느냐 목사와 다른 교회의 평신도직으로 보느냐에서 파생한 문제다. 목사 안수는 교회의 지도자인 목회자의 일이니 아무리 노회장이라도 장로는 빼고 해야 한다는 생각이 발생한 것이다. 이 모든 문제들은 성경에 없는 이상하고 복잡한 계급과 조직 교리를 만들어 놓아서 이전에 없던 문제가 발생한 것이다. 사실 이것은 기독교의 본질적 문제는 아니다. 지금 설명한 부분을 받아들이기 싫더라도, 본문의 핵심적 메시지만은 놓치지 말기 바란다.

먼저 오늘 본문을 자세히 보면, 사도 바울이 에베소교회의 장로를 오라고 한 것이 아니라 에베소교회의 장로'들'을 오라고 했다. 복수형이다. 그 말은 에베소교회 하나에 여러 장로들을 청했다고 생각할 수도 있지만 그것이 아니라, 에베소 지역에 있던 여러 가정교회들의 지도자들을 청한 것으로 보는 것이 적절할 것이다. 왜냐하면 당시에는 오늘날처럼 거대한 예배당을 가지고 수천수만 명이 모이는 대형교회를 하던 시절이 아니고, 각 가정에서 모이던 가정교회의 시대이기 때문이다. 그래서 에베소 지역의 여러 가정교회에 메시지를 보내서 각 가정교회의 장로들을 청한 것으로 보인다.

즉 에베소 지역의 여러 가정교회들의 연합체를 통칭하여 에베소교회(온 교회)라 하고, 그 지역에 있는 가정교회 지도자들을 교회의 장로들이라고 한 것이다. 그것은 20절에서 사도의 복음 선포와 강해 사역이 유대인들의 회당과 헬라인들의 아고라 같은 공중 앞에서 뿐 아니라, '각 집에서' 했다고 증언하는 것이 그것을 지지한다. 이때 '각 집에서'를 대부분의 영어 성경들이 house to house라고 한 것처럼, 각 가정교회에서 행했다고 보는 것이 무난하다.

이제 이어지는 18절 이하의 설교는 일종의 고별 설교 장르인데, 그것은 당시에 잘 알려진 문학적 형태 중 하나로, 떠나거나 죽음을 앞 둔 사람이 과거의 행적을 되돌아보며 청중과의 관계를 확인하고, 자신의 직무를 완수했음을 선언하는 내용이다. 그리고 후계자를 임명하고, 후임자에게 그 직분에 대해 깊이 숙고하게 한 후 전임자가 후임자에게 그 직무에 충실하기를 권면하며 자신을 다시 만나지 못할 것을 알리고 축복하며 헤어지는 절차로 구성된다. 그런 고별 설교의 형태는 구약에도 있다. 『창세기』 49장에서는 야곱의 고별 장면이 등장하고, 『신명기』는 전체가 모세의 고별 설교 구조이며, 『여호수아』 23-24장에서는 여호수아의 고별사를 볼 수 있다.

본문 『사도행전』 20장 18절 이하는 수년간 에베소 사역을 하며 자신이 세운 후배 사역자들을 떠나며 하는 고별 설교다. 이 고별 설교도 전반부는 먼저 자신이 지금까지 했던 사역을 정리하며, 자신의 사도적 사역을 정당화하고 그 사역의 특성을 되새겨 주는 부분이다. 즉 이 설교는 유대인들에게 예수가 그리스도임을 변증하려는 것도 아니고, 이방인들을 향한 전도 설교와도 성격이 매우 다른 목회자들을 견고히 세우려는 의도가 잘 드러난 목회적 설교란 말이다.

[18]오매 그들에게 말하되 아시아에 들어온 첫날부터 지금까지 내가 항
상 여러분 가운데서 어떻게 행하였는지를 여러분도 아는 바니.(20장)

그 장로들은 18절에서도 알 수 있지만, 20절에서도 반복해 말하는 것처럼 사도가 공중 앞에서나(공적으로) 각 집에서(house to house) 어떻게 복음을 전하고 사역을 해 왔는지 보고 경험한 증인임을 지적한다. 그러므로 예수님께서 제자들에게 그러셨듯이, 사도 바울도 에베소교회의 각 가정교회 지도자인 장로들에게 자신이 사역했던 것처럼 이어받아서 그렇게 사역하기를 부탁하는 것이다.

22-24절은 교회와 일꾼을 세운 바울의 사역의 근거가 다뤄지고 있다. 사도는 목회 계획과 선교 계획이 바울 자신의 계획에 의해 세워지고 움직인 것이 아니라, "성령에 매여" 행한 것임을 22절에서 분명히 밝히고 있다. 즉 수도 예루살렘으로 가려고 하는 이유도, 성공을 위해 큰 물로 가려는 것도 아니고 어떤 큰 일을 도모해서도 아니라는 것이다. 요즘에는 소명을 받고 주의 종의 길을 걷겠다는 신학생이나 전도사들 가운데도 성공을 위해 더 큰 교회로 자리를 옮기고, 어떤 사람은 오직 대형교회만 전전하는 것도 보았다. 그러다가 강남의 부유층들만 만나게 되니까, 생활 수준의 기준은 높아지고 자신도 그렇게 살려다 보니까 결국 카드빚만 지고 나가거나 그것을 해결해줄 더 큰 교회의 자리만 추구하게 되는 것도 보았다. 그러나 대형교회에서는 참된 사역보다는 행정과 관리에 더 많은 시간을 들이게 된다는 사실을 놓치고, 또 그런 대형교회 출신 부목사들을 담임목사로 청빙하니 그들은 목양이 아니라 교회 경영을 하게 되는 것을 보았다. 그것은 목회자와 교인 양쪽 모두에게 불행한 일이다.

사도 바울이 예루살렘으로 가려고 했는데, 그것은 성공적 목회를 위해 이스라엘의 수도 큰 물로 가려는 것이 아니라고 했다. 예루살렘을 향해 가는 그가 아는 것은 단순했다. 성공이 아니라 고난이 기다리고 있다는 사실이었다. 성령께서 알려주시는 것은 그곳에 가면 축복과 성공이 기다리는 것이 아니라, 23절에서 보듯 결박과 환난이 기다리고 있다는 사실이었다. 주님의 종들에게 보장된 것은 세상이 말하는 장밋빛 앞날이 아니라 결박과 환난이라고 성경은 말한다. 그것은 확실히 보장된 것이다. 그래서 모든 참된 선배 목회자들은 후배들에게 물을 수밖에 없다. “자네, 그래도 이 길을 가려는가?”

여기에는 자식의 푸른 앞날을 위해 싫다는 아이를 불러 신학을 시키고 교회를 세습시키고 싶은 이기적 부모의 마음이 들어설 여지가 없다. 주께서 부르셔서 자녀가 그 길을 걸으면 영광이고 감사하지만, 참된 종의 길을 안다면 그 고난의 길에 자식을 밀어 넣고 교회를 물려주려는 생각을 하기가 쉽지 않다는 말이다.

교회 안에는 그렇지만 여전히 주께서 부르셔서 종의 길을 걸으려는 사람들이 일어나고 있다. 그 길이 정말 험하고 고난이라는 것을 이렇게 성경이 알려줘도 걷겠는가? 만일 Yes!라고 힘있게 대답할 수 있다면 그 이유는 무엇 때문일까?

사도 바울은 그래도 이 길을 가는 이유가 있다고 한다. 24절에서 이것이야말로 내가 달려갈 길이고, 예수께 받은 사명 완수를 위해서라는 것이다. 도대체 사도와 우리 그리스도인들의 사명은 무엇이기에 그러는 것일까? 그것은 은혜의 복음dmf 증언하는 것이다. 사도는 그것을 위해서라면 내 생명조차 조금도 귀한 것으로 여기지 않겠다(24절)고 했다.

나는 내가 가르치는 신대원에서 야간 신대원 학생들에게 종종 도전한다. 지금은 일과 학업을 병행하며 학업을 하고 있지만, 정말 복음 증인으로 부름 받았다면 졸업 전에 결정할 것이 있다고. 그리고 적어도 신대원 마지막 1년은 평생 목회를 위해, 신학과 목회를 제대로 준비하기 위해, 생명조차 귀히 여기지 않는 사도 바울의 본을 따라, 오늘 우리가 직장생활에서 얻는 보수와 안일조차 귀히 여기지 말고 마지막 한 해라도 신학 훈련에 전념하라고!

우리는 IS대원처럼 다 신을 위해 자폭하거나 순교해야 한다는 요구를 하지 않는다. 그러나 적어도 삶의 우선 순위가 분명히 되어 있어야 하지 않겠는가? 복음으로 인한 가치 전복이, me first가 아닌 Jesus first가 일어나야 하지 않을까? 그런 가치 전복과, 삶의 길을 선택하는 분명한 것 없이 어떻게 평생 복음의 증인인 목회자로 살 수 있단 말인가? 어떻게 내 생명조차 조금도 귀한 것으로 여기지 않겠다고 말할 수 있겠느냐고 나는 신학생들에게 도전한다.

평신도 사역자로 섬기는 셀교회나 가정교회의 목자들도 그렇게 고백하고 복음의 종으로 사는 사람들이 많다. 꼭 목회자만이 아니라 모든 성도들도 사실 그런 자세로 내 주변의 연약한 사람들을 돕고 세우는 복된 삶을 살 수 있으면 좋겠다.

18-35절은 사도 바울이 했던 사역의 3가지 특성을 잘 보여준다. 사도 바울은 어떤 모습으로 사역을 했었을까?

> 19곧 모든 겸손과 눈물이며, 유대인의 간계로 말미암아 당한 시험을 참고, 주를 섬긴 것과.

사도 바울의 사역의 모습은 첫째로 눈물과 겸손으로 섬기는 리더십을 보인 것이다.

리더십은 상대를 지배하고 장악하고 휘두르는 것이 아니다. 성경적 리더십은 주님을 닮은 섬김의 리더십이다. 19절에는 겸손, 눈물, 시험, 참음, 섬김이라는 단어들이 돋보인다. 그래서 사도는 후임자들을 위해 소위 사도적 안수 기도가 아니라, 36절을 보면, 같이 무릎 꿇고 함께 기도하는 모습을 보이는 것이다. 그러나 한국 교회에는 여전히 영적 지도자에게는 영력과 불을 내리는 안수기도 방식만이 모범처럼 여겨지고 있으며, 그런 절대성을 주장하다가 타락한 죄인의 모습으로 드러나면 온 교회가 혼란스러워하는 일을 반복하고 있다.

사도 자신의 사역은 모든 겸손과 눈물의 사역이었다. 이런 섬김의 리더십이라고 물러터지고 쉽게 포기하는 모습이 아니다. 섬김의 리더십은 항상 강력한 의지와 함께 간다. 사도는 유대인들이 간교한 모함과 핍박의 어려움이 있었지만, 그럼에도 불구하고 자신이 부여받은 직무를 성실히 수행하기 위해 19절은 시험을 참고 주를 섬겼다.

사도의 삶에서 엿볼 수 있는 두 번째 모습은 거리낌 없이 하나님 뜻을 전하는 말씀의 사람 모습이다.

> [20]유익한 것은 무엇이든지 공중 앞에서나 각 집에서나 거리낌이 없이 여러분에게 전하여 가르치고, [21]유대인과 헬라인들에게 하나님께 대한 회개와 우리 주 예수 그리스도께 대한 믿음을 증언한 것이라.

모든 주의 종들은 다 복음을 전한다고 하지만, 너무나 많은 경우 복음을 빙자하여 자신의 뜻을 전하고 있다. 그러나 사도는 20절에서 "여러분에게 유익하면 무엇이든 거리낌 없이 전하고 가르쳤다"고 한다.

그는 교회에 유익한 것이라면 무엇이든지 거리낌 없이 전하고 가르친 말씀의 종으로 살았다. 오늘날 교인들에게 필요한 말씀, 하나님이 전하라는 메시지가 있어도 교인들이 싫어하고 유력한 사람들이 싫어할까봐 전하지 않는 삯꾼 목자들이 얼마나 많은가? 그러나 그는 어떤 불이익과 핍박이 예상되어도 주께서 전하라는 것은 당당하게 전했다. 그래서 그는 주님 앞에서 항상 당당할 수 있었다.

20절에서 교회에 유익한 것을 무엇이든 거리낌 없이 전하고 가르셨다고 한 것과, 27절에서 반복하여 "꺼리지 않고 하나님의 뜻을 다 여러분에게 전했다"는 것은 어떤 것도 빼먹지 않고 모두 전했다는 말이 아니다. 거리낌 없이란 말은, NIV 영어성경이 번역했듯이, not hesitated 즉 머뭇거리지 않고 전했다는 말이고, NRSV/ESV 영어 성경은 그것을 shrink from 즉 위축되지 않고 전했다고 번역한다. 안타깝게도 오늘날 현실은 많은 설교자들이 이렇게 말하면 어느 권사님이 삐쳐서 다른 교회로 옮겨가지 않을까, 저렇게 설교하면 헌금 제일 많이 하는 저 장로님이 마음이 상해서 헌금을 안하면 어떻게 하나 하는 등 갖은 염려로 제대로 하나님의 말씀을 전하지 못하고 머뭇거리고 있다는 사실이다. 하나님의 종은 본문 말씀처럼 하나님의 뜻이라면 머뭇거리지 않고 아무 것도 두려워하지 않고 담대하게 성도들을 향해 전해야 하는 사람이다.

또한 사도가 거리낌 없이 하나님의 뜻을 다 전했다는 것은 무엇을 빼먹지 않고 말했다는 뜻이 아니라, 하나님의 구속사의 전체 그림을, 즉 영어성경들이 잘 번역했드시, 하나님의 경륜 전체(whole counsel)를 전했다는 말이다. 복음을 전하고 하나님의 말씀을 맡은 자는 자신이 은혜 받고 좋아하는 말씀만 부분 부분으로 전하는 것으로 만족하면 안 되고, 『창세기』부터 『요한계시록』까지 흐르는 하나님의 구원사 전체 그림을 가지고 그 큰 경륜을 전할 수 있어야 한다. 그것을 위해 우리는 각 주제별 조직신학적 접근뿐 아니라, 성경신학을 가지고 있어야 하는 것이다. 사도 바울의 말씀 사역은 그런 특성을 보인 결과, 그는 26절에서 당당하게 말한 것처럼 이제 모든 사람의 피에 대해 나는 깨끗하다고 당당하게 사람들 앞에서 증언할 수 있는 것이다. 이 선언의 배경은 『에스겔』 3장 18절로서, "가령 내가 악인에게 말하기를 너는 꼭 죽으리라 할 때에 네가 깨우치지 아니하거나 말로 악인에게 일러서 그의 악한 길을 떠나 생명을 구원하게 하지 아니하면 그 악인은 그의 죄악 중에서 죽으려니와 내가 그의 피 값을 네 손에서 찾을 것이고"란 말씀인데, 그 말씀 앞에 부끄럽지 않게 증인의 사명을 완수했다는 것이다. 교회와 성도를 떠날 때든, 이 세상을 하직할 때든 우리 모두 이렇게 말할 수 있는 사람이 되었으면 좋겠다.

사도 바울은 그런 삶을 꾸준히 해왔다. 31절에서 보듯 그는 그런 말씀 사역을 "삼 년이나 밤낮 쉬지 않고 눈물로 각 사람을 훈계"한 것이다. 꾸준히 지속적인 말씀 강해를 했지만, 동시에 그것은 눈물로 아끼고 사랑으로 한 목회였고, 그것은 사람들의 자아를 높이기 위한 적극적 사고방식 함양과 긍정의 힘을 북돋운 것이 아니라, 양들이 바른 길로 가게 하기 위한 훈계(경고 warning)의 성격이었음을 주목해 보기 바란다. 우리 모두 사도 바울처럼, 부끄러울 것 없는, 후회 없는 평생의 말씀 사역의 사람이 될 수 있으면 좋겠다.

이제 사도가 전했던 복음의 본질적 내용이 무엇이었는지 21, 24-25절에서 확인해 보자.

그것은 먼저 하나님께 대한 회개의 요청이었고, 또한 예수에 대한 믿음(21)이었다. 그것은 회개를 촉구하는 것과 예수를 믿는 것에 대한 요구였고, 그것이 바로 그들에게 유익한 것이었다.

이렇게 회개를 촉구하고 예수에 대한 믿음을 전한 것을 25절에서는 "하나님 나라"를 전했다고 말한다. 어떤 사람들은 하나님 나라라는 개념은 복음서에만 나온다고 한다. 그러나 신중하게 찾아보면 이미 『사도행전』 19장 8절에서도 보았고, 『로마서』와 『고린도전서』, 『데살로니가전서』 등 바울 서신에도 계속 등장함을 알 수 있을 것이다. 그러므로 복음서는 하나님 나라, 바울 서신은 십자가와 이신칭의라는 식으로 나누는 어리석음을 범치 말았으면 좋겠다.

그런데 사도 바울의 이런 주눅들지 않고 당당하며, 동시에 그를 힘들게 하는 많은 일들 가운데서도 물러서지 않는 힘 있는 교훈과 가르침은 어디서 온 것일까?

제자들을 향한 예수님의 삶이 그러했듯, 사도의 목양의 특징은 단순한 지적 강의와 교육이 아닌 삶의 모본을 보이는 것이었다. 즉 투명한 열린 삶을 통한, 삶의 증거와 모본으로 이끄는 것이었다. 18절을 보면 "여러분도 아는 바니"라고 했고, 본문 34절을 보면 다시 "여러분이 아는 바와 같이"라고 사도는 말했다. 모두 사도의 삶을 들여다보고 말씀대로 사는 그의 삶을 알았기에 그는 당당하게 말할 수 있었던 것이다. 31절은 그래서 "내가. . . 하던 것을 기억하라"고 외칠 수 있었던 것이다. 이 당당함의 근원은 도대체 어디서 온 것일까?

그것이 사도 바울의 삶의 세 번째 비밀이었는데, 그것은 물질에 있어서 떳떳한 사람이 되는 것이었다.

33절은 “아무의 은이나 금이나 의복을 탐하지 아니했다”고 하고, 34절은 “이 손으로 일해서 나와 동료(동행)들이 쓸 것(사역비)을 충당했다”고 한다. 그는 텐트메이커로 살았다. 돈의 지배를 받으면 노예가 된다. 그것이 심지어 담임목사가 주는 돈이라도, 사례비란 명목으로 주어져도 그렇다.

선교사의 딜레마가 무엇인가? 선교를 할 때 후원과 지원금 없이 하는 것은 한계가 있다. 어쩔 수 없이 큰 후원교회와 후원자가 대개 필요하다. 그런데 그렇게 사역하다 보면 후원자와 후원교회에 매이게 된다. 나는 선교한다는 교회들에게 부탁하고 싶은 것이 있다. 후원을 하려면 조건 없이 좀 해보라는 것이다. 그냥 복음을 위해서 후원하라. 꼭 그렇게 후원교회의 이름 딴 교회를 동남아에도 세워야 하나? 서울 중구 충무로에 있는 서울침례교회는 미국의 남침례교회 성도들이 후원하여 세운 소위 기념교회라고 새겨져 있다. 그런데 캘리포니아나 텍사스의 어느 교회 이름으로 세우지 않고, 이곳의 이름으로 서울 교회라고 하지 않았는가? 필리핀, 캄보디아, 태국 어디 시골 구석을 가도 한국교회가 후원한 교회는 알지도 못하고 발음도 못할 한국 현지 교회 이름으로 세워진 것이 한두 개가 아니다. 그렇게 내 이름, 우리 교회 이름으로 해야만 하는지 그것이 정말 하나님의 영광을 위한 것인지 묻고 싶다.

본문에 나타난 사도 바울의 사역처럼, 제일 좋은 목회의 길은 텐트메이킹이지만, 그것도 선교 상황에서는 그럴 수밖에 없지만 장기적인 목회에서는 모두가 그렇게 살아야 한다고 말하면 곤란하다. 사역에 전념할 수 없다는 것이 그 이유다. 『사도행전』 18장 5절을 보면, 바울도 고린도교회에서 사역할 때는 마게도냐교회의 후원을 받아서 사역에 전념했었던 것을 우리는 알 수 있다. 그러나 일반적으로는 당시에 돈 받고 철학 지식을 팔던 순회 전도자와 철학자들 사이에서 은혜의 복음을 전해야 했기에, 선교적 이유로 사도는 텐트메이킹을 했던 것뿐이다. 그래서 『고린도전서』 9장에서는 말씀 전하는 자들이 사례를 받는 권리의 당연함을 지적했던 것이다. 그럼에도 불구하고 바울은 자신의 손으로 일하면서 자비량으로 복음을 전하는 수고를 기꺼이 감당했던 것이다.

바울의 텐트메이킹이 우리와 다른 점 또 한 가지는 사도는 자기 손으로 일한 것으로 자기 사역에만 쓴 것이 아니라는 점이다.

34절을 보면 사도는 열심히 텐트메이킹하여 자신의 사역비만 댄 것이 아니라, 동료들의 사역비도 충당했다. 왜 그랬을까? 35절에서 우리는 그 이유를 알 수 있다. 우선 내가 수고한 것으로 약한 사람들을 돕는 모본을 보이기 위해서지만, 근본적 이유는 "주는 것이 받는 것보다 복되다"는 예수님 말씀대로 살고 싶어서였을 것이다.

이렇게 물질 앞에 떳떳하고, 자신의 것으로 남을 돕는 삶이 있을 때, 우리는 성경적인 목회가 가능하며 모든 사람들 앞에서 당당할 수 있다. 그러나 오늘날 한국 교회 목회자들은 물질 앞에서 그리 떳떳하지 못한 것 같다. 그래서 힘을 잃었다. 어느 누구도 완전할 수는 없지만, 적어도 바울처럼 당당하게 내 삶을 보고 너희도 그렇게 살라고 말할 수 있으면 좋겠다. 그러기 위해서 영적 지도자는 물욕에서 벗어나야 한다.

그래서 오늘날 타락한 한국 교회 개혁을 위해 혹자는 사례비를 받지 말고 텐트메이커 목회를 해야 한다고 하지만 그것은 앞에서도 설명했듯이 사도 바울의 특수한 선교적 상황에서 나온 것이지, 일반화시킬 수 있는 목회의 원리는 아니다. 동시에 아무리 텐트메이킹을 해도 자신의 목회만을 위해 산다면 그것은 사도 바울의 텐트메이킹에 미치지 못한다는 것도 지적하고 싶다. 사도 바울은 텐트메이킹을 하여 다른 사람들이 사역을 잘 할 수 있도록 돕고, 심지어 연약한 교인들의 삶을 도와주기도 했다. 우리는 그런 정도까지는 못하지 않는가? 그러므로 교회에서 사례비를 받지 않고, 내 연금 먹고 살며 한다고 자부심을 가지지는 말자.

중요한 것은 사도 바울이 보였던 목자로서의 삶의 특성이다. 그 자세를 배워야 한다. 선배 목자로서 에베소교회의 후배 목자들에게 남겨주고 싶은 얘기들. . . . 그것이 목자가 목자에게 하고 싶은 가슴 깊은 데서 우러나온 진심이다. 그것을 놓치지 말자.

선배 목자가 한평생 주의 종으로 걸으며 깨달았던 교훈을, 후배 목자로서 우리는 귀담아 들어야 한다.

이별의 고통을 승화시키는 길

(행 20:22-38)

세상을 살며 가장 행복한 순간은 사랑하는 사람을 만나는 것이다. 그런데 결혼 주례를 부탁하러 오는 사람들이라고 모두 행복해 보이지는 않는다. 혼수 문제와 결혼 준비로 많이 다툴 때라서 그런 것 같다. 처음 만나서 콩깍지가 씌워져서 데이트할 때는 행복했지만, 결혼 이후의 삶도 건조한 일상이 반복되는 현실이다. 그러다가 세월이 지나, 자신의 분신인 아이가 태어나 엄마 품에서 배불리 먹고 쌔근쌔근 잠들어 있는 모습을 볼 때 행복을 또 느끼게 된다. 그것은 뜨거운 사랑과 달리 잔잔한 행복이기 때문에 잘 모르고 지나가는 경우가 많을 뿐이다.

반대로 세상에서 가장 슬픈 순간은 사랑하는 사람과 헤어지는 순간일 것이다. 꼭 가족의 죽음만이 아니라 사랑하는 사람과의 모든 헤어짐이 다 그러하다. 심지어 자식의 결혼식 때도, 기쁨과 함께 섭섭함이라고 우리가 표현하는 이별의 아픔이 교차한다.

이 진실은 유행가 가사 중 가장 많은 부분이 사랑과 이별이라는 구체적인 통계적 증거를 대지 않아도 우리는 익히 잘 알고 있다. 오늘 본문에도 그런 사랑과 이별의 상황이 등장한다. 복음서에서는 예수님의 고별설교(요 17장)가 있지만, 사도 바울의 생애에서는 오늘 본문의 고별설교가 그에 상응한다. 사도의 상황 속에서 우리는 오늘 사랑하는 사람들과의 이별을 단지 아픔과 슬픔의 순간으로 여기지 않고, 우리 자신과 교회를 위해 어떻게 의미 있는 시간으로 만들 수 있을지, 그리고 어떻게 준비하고 살아야 할지 함께 살펴보면 좋겠다.

에베소 장로들에게 주는 고별설교의 중심인 작별 장면은 22-25절이다.

> 22보라. 이제 나는 성령에 매여 예루살렘으로 가는데, 거기서 무슨 일
> 을 당할는지 알지 못하노라. 23오직 성령이 각 성에서 내게 증언하여 결
> 박과 환난이 나를 기다린다 하시나, 24내가 달려갈 길과 주 예수께 받은
> 사명 곧 하나님의 은혜의 복음을 증언하는 일을 마치려 함에는 나의 생
> 명조차 조금도 귀한 것으로 여기지 아니하노라. 25보라. 내가 여러분 중
> 에 왕래하며 하나님의 나라를 전파하였으나, 이제는 여러분이 다 내 얼
> 굴을 다시 보지 못할 줄 아노라.(20장)

에베소에서 온 교회 지도자들은 19장 23절 이하에서 보았듯 에베소에서 소동이 일어났었고 기독교 지도자들을 잡아 죽이려고 했음을 알고 있다. 그래서 바울이 에베소로 가기를 싫어하고 예루살렘으로 도망가려고 한다고 오해할 수도 있었다. 그러나 22절은 자신의 떠남이 미래에 어떤 계획을 가지고 떠나는 어떤 인간적인 이별도 인위적인 떠남도 아니라, 알 수 없는 하나님의 이끄심에 의한 것임을 22절은 분명히 한다. 사도가 에베소로 한 번 더 돌아가 그들과 함께 지내지 않고 예루살렘으로 가는 것은 성령의 인도하심이라는 것이다. 이처럼 예루살렘으로 가는 것은 무슨 장래가 보장된 출세를 위한 것이 아니고, 무슨 일을 당할지 알지 못하는 상태로 가는 것이

라고 한다. 그게 믿음이다. 어떤 안전의 약속도 보장된 미래도 없지만, 다만 성령에 사로잡혀 떠나는 것은 아브라함의 발걸음처럼 복된 믿음의 행동인 것이다.

바울 자신이 아는 것은 단 한 가지인데, 복음 전도자의 삶에 기다리는 것은 결박과 환난뿐(23절)이라는 것이다. 그것만이 성령께서 자명하게 계시해 주신 복음의 증인의 삶이란 것이다.

그것을 알면서도 사도 바울은 도망갈 생각도 피하지도 않겠다고 한다. 24절은 그것이 내가 걸어야 할 길이며, 은혜의 복음 증언하는 직무를 완수하는 것만이 주 예수께 받은 사명임을 먼저 분명히 확인한다. 그리고 그 사명을 다하기 위해 나는 생명조차 조금도 귀한 것으로 여기지 않을 것이라고 선언한다. 나는 복음을 위해서는 죽을 수도 있으며, 목숨도 아끼지 않겠다는 것이다. 그것이 사명자의 자세요, 말씀의 종이 가져야 할 태도다.

그런 분명한 자세에서 25절처럼 자신이 에베소에 벌써 몇 번째 왕래하며 하나님 나라를 전했던 것이지만, 이제 이것이 마지막이라고 작별을 선언한다. 이제 여러분이 다 내 얼굴을 다시 보지 못할 것이라고. 아마 그 한 마디가 남은 자들을 가장 슬프게 했을 것이다. 다시 볼 약속을 하며 잠시 헤어지는 것은 슬퍼도 참을 수 있지만, 다시 볼 기약 없이 가는 님과, 죽음이 갈라놓은 이 땅에서의 이별은 남겨진 모든 사람을 깊은 슬픔으로 몰아넣는다.

지금까지는 고별 설교의 전반부를 보았다면, 이제는 고별 설교의 후반부를 중심으로 보자. 이 부분은 사도의 유언과 같은 당부, 그리고 권면의 말씀으로 구성된다.

특히 29-30절은 떠나는 목자의 유언과 같은 마지막 부탁이요 마무리다. 사도는 앞으로 어떤 일이 벌어질 것인지 직감했다. 왜냐하면 주의 복음이 전해지고 빛이 임하며 어둠이 물러나면 사탄이 어떻게 행할지, 지난 선교 사역을 통해 수도 없이 보아서 알기 때문이다.

그래서 당당하지만 동시에 간절한 마음으로 당부한다.

> [29]내가 떠난 후에 사나운 이리가 여러분에게 들어와서 그 양떼를 아끼
> 지 아니하며, [30]또한 여러분 중에서도 제자들을 끌어 자기를 따르게 하려
> 고 어그러진 말을 하는 사람들이 일어날 줄을 내가 아노라.(20장)

그런데 교회 안에 들어온 사나운 이리는 어떤 방법으로 그 악행을 자행할까? 참된 주의 종, 목자의 삶의 특징과 대비되는 거짓 선생들은 어떻게 행동하는가?

이리의 특징은 첫째 자신을 위하지 양떼를 아끼지 않는 것이다. 그들이 하는 "사랑한다, 축복한다"는 말은 마치 여자를 유혹하기 위한 늑대 같은 남자의 그것과는 비교할 수 없을 정도로 달콤한 거짓말이요 쑈일 뿐이다. 그런 달콤한 말에 속아 넘어가면 안 된다. 어떻게 사랑한다며 바울처럼 자신이 열심히 일해서 약한 자들을 돕고 세우기는커녕, 양떼들로부터 뜯어낸 털과 고기와 돈으로 자기는 호의호식하고 하고 싶은 일 다하고 다니며, 양들을 불러다가 갖은 궂은일을 다 시키면서 학대를 일삼을 수 있단 말인가? 정녕 양떼를 아낀다면 그럴 수가 없다. 말은 성도 여러분을 위해서라고 하지만, 실상은 자신들의 이익을 위해 일하는 종교 장사꾼인 목사들이다.

삯꾼 수준을 넘어선 이리의 두 번째 특징은 어그러진 말을 하여 자기를 따르게 하는 것이다. 참된 하나님의 종은 자신의 사람들을 모아 큰 교회를 만드는 것이 성공이라고 생각하지 않는다. 『사도행전 강해』 2권에서도 강

조했지만 예수님을 따르는 제자를 많이 만드는 것이 성공이다. 반면 본문에 의하면, "자기를 따르게" 하는 것, 즉 자기 추종자를 많이 만드는 것은 양떼를 아끼지 않는 사나운 이리들이 하는 짓이다. 성경은 그것을 분명히 가르쳐주고 있다. 이 사실을 평생 잊지 말라!

그리고 30절 후반을 보면 이리 같은 거짓 목자들은 또한 어그러진 말로 사람들을 미혹한다. 우리는 사람들이 예수님을 따르게 해야 하는데, 사나운 이리 같은 목회자들은 사도적 복음이 아니라 중간에 살짝살짝 자기만의 독특한 진리를 주장하며 자신의 설교가 아니면 구원을 못 받을 것처럼 만들고, 자기 설교에 중독되게 한다. 그리고 한 걸음 더 나아가 자기 교회만 다녀야지 다른 교회에는 진리가 없다는 식으로 목회를 한다. 다른 교회와 다른 설교는 우습게 여기고 그의 설교만이 귀에 들어오게 된다. 이렇게 한 결과 그 사람만 추종하게 된다. 싹 이단이라고 말하기는 어렵지만, 그런 이리들이 교회 안에 많이 들어와 있음을 조심해야 한다.

교회의 지도자들은 양떼를 위해 그것을 분별해내 양들을 보호할 수 있어야 한다. 그것을 위해 말씀의 종들은 신학을 제대로 해야 한다. 이리들은 완전히 다른 이교도적인 말을 하지는 않는다. 그들도 다 성경을 읽고 설교하며 아멘 할렐루야를 요구하지만, 묘하게 어그러진 말을 한다는 것이 분별에 어려움이다. 나는 지금 이방 타종교와 이단을 말하는 것이 아니다. 정통 교회 안에 똬리를 틀고 앉아가지고 묘하게 어그러진 말, 그럴싸한 사이비 복음을 외치며 자신의 추종자를 만들고 세를 불리는 사람들이 적지 않다. 그들도 전도하라고 하고, 전도왕을 뽑아 상품도 주지만 그것도 사실 자기 돈이 아니라 양들의 땀과 피인 성도의 헌금이다. 그들이 그렇게 전도하라고 교인들을 다그치는 것은 교회를 성장시켜 교세를 키워 자기 추종자들을 더 많이 확보하기 위해서, "자기를 따르게 하려고"라고 30절은 말한다.

그러므로 사도 바울의 사역에서 가장 중요한 것은 교회 안에 바른 리더를 세우는 것이었다. 건강한 교회를 세우기 위해서는 제대로 된 일꾼들 즉 목자들을 바로 세우는 것이 중요하다.

이처럼 온 양떼를 돌보는 리더 세우기가 사역에서 가장 중요한 것이기에, 에베소교회를 맡기고 떠나는 사도의 중심 과제로 목자들을 권면하고 세우는 일이 부각되는 것이다.

내가 떠나가도 주님께서 돌봐주실 것이므로 다 잘 될 것이라는 대책 없는 긍정적 사고와 낙관주의나 적극적 사고방식이 교회를 살리는 것이 아니라, 떠나기 전에 제대로 된 대책이 필요하다. 그 대책은 차기 지도자를 세우는 것이다!

기독교를 망치는 것 중 하나가 세속적 낙관주의인데, 교회 안에는 긍정적 사고방식 혹은 적극적 사고방식이란 이름으로 스며 들어와 있다. 40년 전에는 노먼 빈센트 필과 조용기 목사와 일부 대형교회 목사들을 주축으로 적극적 사고방식이 한국 교회를 휩쓸었었다. 그러다가 신학적 문제가 제기되며 주춤했다가, 10여 년 전에 다시 조엘 오스틴의 긍정의 힘이란 책으로 다시 부상했다. 흥미로운(아니 안타까운) 것은 이런 문제에 대해 미국이나 우리 한국 목회자들이 제대로 말하지 못할 때, 미국 경영계에서는 짐 콜린스나 에런라이크 등이 지적하기 시작했다는 것이다. 짐 콜린스 교수는 베트남전쟁 중의 한 사건을 기초로 한 스톡데일 패러독스로 우리의 허망한 확신을 적나라하게 공격해 주었다. 하노이 힐턴 전쟁포로 수용소에서 8년간 갇혀 있으며 끝까지 견뎌내지 못하고 죽은 사람들은 비관적인 사람들이 아니라, 오히려 헛된 기대를 품고 살던 낙관주의자들이었다는 것이다. 반면 미군 포로 중 최고위 장교였던 스톡데일 장군의 증언을 통해, 냉혹한 현실을 직시하고 철저하게 대비하며 믿음으로 산 사람들이 이겨나갔고 그것을 '스톡데일 패러독스'[1]라고 명명했다. 긍정의 힘이 얼마나 허구인가를 제대로 보여준 또 한 사람은 세포생물학을 했던 에런라이크 박사였다. 그녀는 유방암에 걸린 사람들이 핑크 리본과 곰 인형을 껴안고 암을 축복이라고 아무리 생각해도 해결되지 않는 현실을 지적하며, 노먼 빈센트 필과 로버트 슐러 그리고 조엘 오스틴의 긍정의 신학과 기업을 닮아가는 초대형 교회의 문제를 파헤친 후,[2] 긍정적 사고가 실제로는 어떻게 경제도 무너뜨리는가를 구체적으로 잘 지적해 주었다.

스탠포드대학교의 경영학 교수였던 짐 콜린스 박사는 그러므로 허망한 꿈으로 살지 말고, 냉혹한 현실 속에서도 흔들리지 않는 믿음으로 대비하라고 주문한다. 헛된 비전을 심어주느라 시간 낭비하지 말고, 적합한 사람들을 확보하고 그들이 바른 동기를 잃지 않게 하라고 역설한다. 이것이 본문에서 사도 바울이 에베소교회의 장로들을 초청해 말씀과 기도로 그들의 영혼을 준비시킨 사역의 내용인 것이다.

대책 없이 떠나며 하나님이 다 해주실 것이라는, 믿음을 가장한 무대뽀 정신은 이제 그만둬야 한다. 하나님의 사람은 하나님이 세우실 것이라는 주장이 지도자가 해야 할 리더십 계승 대책을 대치할 수 없다. 내가 떠날 때를 대비해 제대로 된 리더를 세워야 하고, 비가 오기 전 해가 날 때 미리 준비를 해야 한다.

---

1) 짐 콜린스, 『위대한 기업으로, Good To Great』 (서울: 김영사, 2002), 132-140.
2) 바버라 에런라이크, 『긍정의 배신 Bright-Sided』 (서울: 부키, 2011), 제3장과 5장을 참조하라.

설교도 성령의 인도하심에 따라 한다고 준비도 안하고 그냥 올라서서 생각나는 대로 주절대는 사람들이 있다. 그들은 성령의 인도에 따라 말한다라고 자신의 준비 부족을 멋지게 포장한다. 성령님은 준비 안한 사람을 위해 강단에서만 역사하시는가? 서재에서 기도하고 설교 준비할 때는 역사하지 아니하시는가? 그러니까 몇 년이 지나도 설교에 발전이 없고 말씀의 성숙이 없는 것이다. 그런 목회자들은 자신의 종교 비즈니스는 잘 할지 몰라도, 하나님의 일은 안 된다. 주신 말씀이 없으니까. . . . 그들은 교회란 이름으로 포장된 자신의 왕국을 끌어가기 위해, 교인들에게 자기 설교에 중독되게 만들고 자신의 추종자를 삼는 것을 제자훈련이라고 부르며 종교 사업을 해 가는데 그렇게 해서 교회를 키웠기에 세속적 교인들은 그들이 능력이 있는 목사라고 생각하는 것이다.

우리는 여전히 한국 교회의 위기를 이야기하지만, 교회는 항상 위기 속에서 자라왔다. 참된 교회는 항상 거센 바람의 도전 앞에 서 있었다. 사도행전 교회도 마찬가지였다. 사도 바울이 그렇게 헌신하고 애써서 세운 에베소교회들도 지금 위기 앞에 놓인 것이다. 자신이 떠나고 나면 사나운 이리들이 몰려들어 갖난 교회를 집어 삼키려고 할 것을 그는 알았다. 떠나야 하는 사도는 그것을 너무도 선명하게 감지했기에 슬퍼하고 있을 수만 없었다. 그렇다고 다 잘될 것이다, 하나님께서 지켜주실 것이라는 대책 없는 긍정적 사고방식을 주창하지 않았다. 사도는 22절에서 이제 예루살렘으로 가는데, 거기서 무슨 일을 당할는지 알지 못한다고 하고, 23절에서는 성령이 증언하시는 것은 결박과 환난이 기다리고 있다는 사실 뿐이라고 하며, 25절에서는 여러분은 다시 내 얼굴을 다시 보지 못할 것이라고 하더니, 30절에서는 앞으로 어그러진 말로 제자들마저 미혹해 거짓 목자를 따르게 하는 일이 벌어질 것이라고 단언한다. 사도의 이런 발언은 긍정의 힘의 원리는 커녕, 적극적 사고방식 주창자들이 보기에는 부정적인 방식으로 말하는 것이 아닌가? 그러나 그것은 부정적인 것이 아니라 혹독한 현실과 앞날을 직시시키는 것이다. 그러므로 우리도,

근거 없는 긍정의 힘보다는 현실을 직시하고 대비하는 리더가 되자 (22-30).

사도는 냉혹한 현실 직시에서 끝나지 않고 그 문제를 극복하기 위한 대책을 제시한다. 그 대책은 무엇인가? 우리는 본문에서 무엇을 배워야 할까?

먼저 지적하고 싶은 것은 이별에는 항상 슬픔이 있다는 사실이다. 어떤 사람들은 심지어 장례식에서도 슬퍼하지 말라, 즐거워하라고 한다. 그것이 믿음인 것처럼 힘주어 말한다. 슬픔이 가득한 유족에게 천국에서 다시 볼 거니까 기뻐하라고 강조하지만, 그것은 신앙을 가장한 위선일 뿐이다.

이별은 슬픈 것이다. 장례식은 슬픈 것이다. 예수님도 나사로의 죽음 사건에서 믿음 없는 소리에는 속으로 비통히 여기셨지만(요 11:33, 38), 나사로의 주검 앞에서 "예수께서 눈물을 흘리시더라"(요 11:35)고 했다. 사랑하는 자의 죽음 앞에서 유족은 아무리 신앙인이라도 이 땅에서의 헤어짐 때문에 슬픈 것이다. 천국 입성이니 억지로 즐거워하라고 하지 말라. 주님도 우셨다. 사도 바울도 에베소교회의 지도자들도, 이별 앞에서, 37절에서 보듯이, 모두 다 크게 울고, 목을 끌어안고 사랑의 키스를 했다, 죽는 것도 아닌데 말이다. 그리고 아쉬움에 38절처럼 배까지 따라 가서 전송했다. 그러나 슬픔만으로 마무리하기에는 교회와 사역은 너무나 중차대한 문제였다. 그래서 헤어짐 전에 어떻게 했는가?

28-32절에는 떠나는 사도의 유언과 같은 마지막 부탁이 나온다. 어떤 위협 앞에서도 당당했던 사도지만, 어린 교회와 연약한 목회자들을 두고 가며 그는 간절함으로 부탁한다. 28절을 보면 우선 목회자 자신들에게 부탁한다. 무엇을 부탁하는가?

> [28]여러분은 자기를 위하여 또는 온 양떼를 위하여 삼가라. 성령이 그들 가운데 여러분을 감독자로 삼고, 하나님이 자기 피로 사신 교회를 보살피게 하셨느니라.(20장)

에베소교회의 장로들에게 사도가 간절히 부탁한 것은 목자 자신을 위해서도, 교회를 위해서도 영적 지도자는 삼가는 삶을 살아야 한다는 것이다. 그런데 왜 우리는 자신의 삶을 삼가야 하는가? 리더도 사람인데, 정말 내가 살고 싶은 대로 살면 안 되고 내가 하고 싶은 대로 하고 살면 안 되는가 하는 질문을 하는 사람들을 많이 보았다.

그들에게는 먼저 리더의 소명에 대해 생각해 보라고 조언하고 싶다. 리더는 교회를 보살피라고 부름을 받았지(그것이 소명이다), 자신의 삶을 우선하라고 목회자로 리더로 세워 놓은 것이 아니다. 그래서 소명이 중요한 것이다.

누구나 그래야 하지만, 특히 말씀의 종이요 한 교회의 지도자로서 중요한 것은 다른 사람들을 위해 자신의 삶을 삼갈 줄 알아야 한다는 사실이다. 목자는 양들을 위해 자신의 권리를 버리는 사람들이다. 한 가정의 부모는 자녀들을 위해, 그리고 교회 공동체의 지도자들은 돌봐야 할 양들을 위해 먹고 싶은 것을 삼가고 갖고 싶은 것을 삼가고, 당연히 누릴 수 있는 것을 포기한다. 그런 정신이 없이 자신의 욕심과 야망 그리고 헛된 영광을 위해 양들을 이용하고 착취하는 것은 거짓 목자요 이리요 늑대다.

자신을 삼가는 것은 기독교 리더십뿐 아니라 다른 종교에서도 기본적인 것으로 이해했다. 유교의 중요한 수양 덕목에서도 신독(愼獨)이라는 것이 있다. 『중용』 뿐 아니라 『대학』에도 나오는데, 홀로 있을 때 남이 알지 못하는 인욕과 물욕에 빠지지 않고 삼가는 수행이다. 그러나 기독교 지도자는 자기 수행을 위해서가 아니라 사랑하는 사람들을 위해서, 그리고 자신을 위해서도 그렇게 살아야 한다. 왜 자신을 위해서도 그래야 하는가? 교회의 일꾼은 쓰임 받고 자신이 버려지지 않기 위해서 삼가는 삶이 필요하기 때문이다. 사도 바울 자신도 『고린도전서』 9장 27절에서 "내가 내 몸을 쳐 복종하게 함은 내가 남에게 전파한 후에 자신이 도리어 버림을 당할까 두려워함이로다"고 했다. 그것은 교회의 지도자를 세우시는 분은 28절에서 보듯 성령님이시고 교회를 돌보라고 명하신 분은 하나님이시기 때문이다. 하나님께서 돌보라고 맡기신 교회는 또한 자기 피로 사신 것이기 때문에, 그 일을 위해 불렀는데 그것을 무시하고 소홀히 여기는 자에게 주님은 책임을 물으실 것이다.

그래도 왜 삼가는 힘든 삶의 길을 걸어야 하느냐고 묻는다면, 마지막으로 이렇게 말하고 싶다. 한 사람을 복음으로 그 인생을 바꾸는 것, 헛된 것에 팔렸던 사람을 영광스런 일을 하는 인생으로 세우는 것보다 더 귀한 일이 어디 있는가? 그 기쁨을 알면 그렇게 살 수 있다고.

교회 즉 온 양떼는 28절이 말하듯 주께서 피로 사신 것이고, 그 교회를 보살피라는 임무를 우리처럼 무익한 종에게 맡겼기에 우리는 양떼를 돌보기 위해 자신의 유익을 마다하고 기꺼이 삼가는 삶을 살아야 한다.

주님과 사도들과 하나님의 사람들이 걸었던 길을 잘 살펴보라. 그들은 무엇을 선택하고 무엇을 버렸는지. . . . 그러므로 목회자는 종교 비즈니스 말고 목양을 하자! 목사의 사명은 교회 운영이 아니라 목양이다! 목회자이든 아니든, 모든 목자의 사명은 구역을 운영하고 관리하는 것이 아니라 양떼를 돌보는 것이다. 그 일을 위해 우리의 삶을 조정하자.

내 관심을 조금 끄고, 돈이든 시간이든 나를 위해 쓰던 것을 양들을 위해 쓸 수 있는 사람이 되자. 자신을 살펴보고 삼가는 삶, 그것이 리더의 삶의 방식이어야 한다.

사도는 하나님 말씀의 종으로 자신이 지금까지 살아왔던 삶을 당당하게 말하면서, 먼저 교회의 지도자로서 기본적 삶의 방식부터 제대로 설정할 것을 요구한다. 그리고 사도는 후임자들에게 그렇게 해야 할 이유를 밝히며 주의를 당부한다. 그것이 사랑하는 사람들을 두고 떠나는 목자의 간절한 부탁이요 사랑이지, 이런 말을 한다고 부정적인 관점이라고 치부하면 안 된다.

☞ 자기뿐 아니라 온 양떼를 위하여 삼가는 목자가 되자(28절).

이런 삶에 빠지지 않으려면 어떻게 해야 하는가? 그것이 이리와 다른 참된 목자의 모습이다.

> 31그러므로 여러분이 일깨어 내가 삼 년이나 밤낮 쉬지 않고 눈물로 각 사람을 훈계하던 것을 기억하라.(20장)

31절은 그러므로 "여러분은 깨어 있어야 합니다"라고 시작한다. 항상 깨어 있어서 우리의 참된 스승인 사도의 삶과 가르침을 기억하고 그를 본받아야 한다. 성도들은 교활한 거짓 예언자 이리에게 물려가지 않으려면 말씀에 바로 서서 깨어 있어야 한다. 영적 지도자요 목사도 마찬가지다. 남을 가르치기만 하고 존경하고 따를 자신의 목자가 없다면 목사도 잘못된 길로 들어서거나 넘어질 수 있음을 알고 조심해야 한다. 특히 자신을 따르는 양들이 많을수록, 자신의 문제를 의논하고 영적 지도를 받을 목자가 있어야 한다. 우리의 선배 목자였던 하나님의 종 사도 바울이 밤낮 쉬지 않고 눈물로 각 사람을 훈계했던 삶을 기억하고 본받아야 한다. 참된 목자는 말씀만이 아니라, 삼 년 밤낮을 쉬지 않고 눈물로 세우는 사랑과 헌신의 삶으로 증명된다. 그런 자신의 모습을 기억하라고 사도는 당당하게 말한다. 그것은 사도 자신의 자찬이 아니라, 『사도행전』 저자 누가의 권면이며 그것은 하나님 말씀의 명령이다.

그런데 도대체 사도 바울의 삶이 어떠했기에 그렇게 당당히 말할 수 있는 것인가? 참된 종이라면 교회 조금 키워 일단 자기 능력을 입증해 놓고, 교회 돈으로 박사공부하고 학위 받으면 더 큰 교회 청빙을 받았다고 즉시 양떼를 버리고 떠나가 버리지 않는다. 그건 삯군이요 이리다. 나는 목회자들을 길러내는 신학대학원 교수다. 교수로서 가장 부러운 인물은 예수님 빼고는 사도 바울 같은 사람이다. 그는 이렇게 살아온 내 삶을 기억하라고 명한다.

나도 목회 후보생들에게 "너희는 하나님을 본받는 자가 되라"(엡 5:1)는 말은 할 수 있다. 내 삶은 부족하지만 내가 하는 말은 따르라고 말하는 것이 나를 포함한 대부분 보통 목사들의 수준일 것이다. 그러나 "내가 그리스도를 본받는 자가 된 것같이 너희는 나를 본받는 자가 되라"(고전 11:1)는 말을 할 수 있는 사람이 얼마나 될까? 사도 바울은 자신을 본받으라는 말을 『고린도전서』(4:16), 『빌립보서』(3:17), 『데살로니가후서』(3:9) 등에서 계속 반복해 강조했고, 『히브리서』 기자도 우리를 인도하는 리더들의 행실의 결말을 주의 깊게 보고 그들의 믿음을 본받으라(13:7)고 했다.

말하는 것처럼 살아내는 참된 종은 드물다. 본문에서 사도는 복음을 위해서 목숨도 귀히 여기지 않았을 뿐 아니라(24절), 삼 년이나 밤낮 쉬지 않고 눈물로 각 사람을 훈계했던 것(31절)을 기억하라고 한다. 여러분은 에베소교회의 목자로 나처럼 살라는 것이다. 이것은 오늘날 목사들에게만 주는 명령이 아니다. 우리 교회에 속해 있는 각 가정교회의 목자, 소그룹 인도자 즉 장로들 모두에게 주시는 하나님의 말씀인 것이다. 우리도 밤낮 쉬지 않고 눈물로 각 사람을 훈계해야 한다. 그리고 33-35절처럼 살아야 한다.

> [33]내가 아무의 은이나 금이나 의복을 탐하지 아니하였고, [34]여러분이 아는 바와 같이 이 손으로 나와 내 동행들이 쓰는 것을 충당하여, [35전반부]범사에 여러분에게 모본을 보여준 바와 같이 수고하여 약한 사람들을 돕고 또 주 예수께서 친히 말씀하신 바 주는 것이 받는 것보다 복이 있다 하심을 기억하여야 할지니라.(20장)

복음의 일꾼들, 그리고 한 공동체의 지도자인 목사가 명심해야 할 것이 바로 돈과 물질에 대한 탐욕이다. 자신이 물욕과 탐욕이 있다고 말하는 사람은 아마 별로 없을 것이다. 그러나 꼭 티 나게 수입차에 명품을 좋아하는 것만 말하는 것이 아니다. 비록 최고급 승용차에 특급 호텔에서 식사하고 값비싼 수입 양복을 입고, 법인카드 외에도 많은 판공비를 마음대로 쓰는 사람이나, 선교비나 후원금 명목으로 마음만 먹으면 내줄 수 있는 목사도 자신이 탐욕으로 목회하고 있다고 생각하는 사람은 거의 없을 것이다. 그들은 33절의 "내가 아무의 은이나 금이나 의복을 탐하지 아니하였고"란 말씀이 단지 사도가 도둑질이나 강도질을 안 한 정도를 말한 것인지 아니면 그 이상 지금도 우리에게 무엇을 말하고 있는 것인지 깊이 묵상해봐야 할 것이다. 적어도 지금 이 책을 읽고 있는 우리들은 누구보다도 말씀대로 살고 기도하는 사람들일 테니까 말이다. 사도와 동역자들은 사람들에게 폐 끼치지 않고 떳떳하게 복음을 전하기 위해 스스로 일하며 텐트메이커로 살았다. 바울은 땀 흘려 일해서 자신의 복음 사역뿐 아니라 동료들의 사역을 물질로 도왔다. 그뿐 아니라, 35절처럼 열심히 일해서 약한 사람들을 도우는 모범도 보여준 바 있다. 자신이 그렇게 산 이유는 주 예수님의 가르침 때문이었다.

도대체 인생에서 무엇이 참된 행복이기에 사도 바울은 그렇게 산 것일까? 우리는 『마태복음』 7장의 팔복을 이야기하지만, 여기 마태가 전하지 않은 제9복이 있다. 그것은 주는 것이 받는 것보다 복이 있다는 주님의 말씀이다.

사람들이 교회에 다니는 이유는 복을 받기 위해서지만, 기독교의 본질은 받는 것이 아니라 주는 데에 있다. 그것이 우리 주 예수님의 가르침이다. 그렇다면 과연 우리 한국 교인들의 일반적인 신앙 태도는 성경적이라고 볼 수 있는가?

바울은 자신이 텐트메이커로 일하며 복음을 전했을 뿐 아니라, 자신이 땀 흘려 번 돈으로 동료 사역자들과 약자들을 도왔기에 "주는 것이 받는 것보다 복되다"는 주님의 말씀을 증거할 때 힘이 있었다. 자신의 삶이 뒷받침

된 설교였기 때문이다. 후배 목회자들에게 사도는 그렇게 살아온 목자로서의 삶을 본받으라는 것이다.

그렇다면 대접 받기만 좋아하는 오늘날 일부 목회자들의 태도는 성경적이라 말할 수 있는가? 자신이 섬겨야 할 사람들을 돕기는 못할망정, 교회 일꾼들로서 성도 평균 이상으로 잘 먹고 잘 입고 풍요롭게 살 수는 없을 것이다.

이런 것이 바로 사도가 후임자, 자신의 목회를 이어받아 사역할 에베소 교회의 각 가정교회 지도자들에게 유언처럼 남기는 메시지요 목회서신인 것이다.

고별 설교를 마치며 떠나기 전에 사도가 후임자들에게 해줄 수 있는 최선은 무엇일까? 그들의 앞길을 축복하는 것이다. 28절에서 사도는 에베소 교회의 지도자들에게 부탁을 했지만, 우리 자신의 노력만으로는 한계가 있다. 떠나는 사도가 베풀 수 있는 참된 축복은 연약한 지도자들을 주님께 부탁하는 것이다. 그것이 32절이다.

> 32지금 내가 여러분을 주와 및 그 은혜의 말씀에 부탁하노니, 그 말씀이 여러분을 능히 든든히 세우사 거룩하게 하심을 입은 모든 자 가운데 기업이 있게 하시리라.(20장)

주님께 부탁하고, 동시에 은혜의 말씀에 부탁하는 것, 그것은 서로 다른 것이 아니다. 그럼 왜 주님의 말씀에 부탁을 할까? 그것은 은혜의 말씀이 그들을 능히 든든히 세우고, 또한 그들에게 기업이 있게 하시기 때문이다. 주님의 일꾼이 말씀에 사로 잡혀 있지 않기 때문에 자신의 방법, 자신의 경험, 자신의 주장을 내세우고, 그래서 오늘날 많은 교회들이 주님의 뜻과 다른 엉뚱한 곳으로 가게 된 것이다.

후계자들을 든든히 세울 수 있는 것은 아테네, 에베소와 고린도에서 경험한 지금까지의 사역을 통해 인간의 그 어떤 것도 불가능하고 오직 은혜의 말씀뿐이라는 것을 사도는 뼈저리게 깨달았다. 오직 은혜의 말씀(14:3)만이 지도자를, 그리고 교회를 능히 든든히 세울 수 있다는 그 확신은 무엇보다 귀한 사도의 가르침인 것이다. 그리고 주님과 그의 말씀만이 교회의 지도자인 그들을 거룩하게 하심을 입은 모든 자 즉 교회와 성도들 가운데 유업이 있게 한다. 이스라엘 열두 부족에게 땅을 기업으로 나눠줄 때, 레위 지파에게는 땅을 유업으로 주지 않고 오직 하나님만이 그들의 기업이 되는 삶을 요구하셨다. 『신명기』 10장 9절은, "그러므로 레위는 그의 형제 중에 분깃이 없으며 기업이 없고 네 하나님 여호와께서 그에게 말씀하심같이 여호와가 그의 기업이시니라"고 한다. 하나님의 사람들은 또 다른 유업 혹은 세상의 땅을 구해서는 안 된다. 은혜의 복음(20:24)을 증언하는 사람은 하나님 외에 어떤 유업도 바라지 말아야 한다. 그것이 싫으면 레위지파로 살 수가 없고, 그런 삶이 싫으면 에베소교회의 인도자직을 그만둬야 할 것이다. 여전히 세상 것과 비자금을 쌓아두어야 사역을 할 수 있다고 믿는다면 성경이 말하는 주의 종이 아니다. 본문은 예수님 안에서 주님과 그 은혜의 말씀만이 기업이 되는 삶이 싫으면 교회의 일꾼이 될 수 없음을 말하고 있는 것이다. 그것을 위해 주님께서 그러셨듯, 사도 바울은 각 교회의 영적 지도자를 말씀으로 세우려고 하는 것이다.

이처럼 오직 말씀만이 주의 종을 견고하게 세우고, 주의 종은 오직 말씀 전함만으로 교회에 하나님의 기업을 이어 받도록 도울 수 있는 것이다.

목회 후보생은 그러므로 말씀으로 훈련받는 신대원 과정이 어렵다고, 혹은 힘들다고 투덜대지 말자. 목회자가 될 것은 아니지만, 교회의 한 그룹을 맡은 리더들도 같은 자세로 말씀 훈련을 받아야 한다. 말씀으로 훈련되지 않은 일꾼이 어떻게 영적 전쟁에서 성도들을 이끌 수 있단 말인가? 적군이지만 2차 대전 때 명장으로 연합군조차 존경했던 롬멜 장군은, 사병을 위한 복지는 엄격한 훈련뿐이라고 주장했었다. 내가 맡은 소그룹과 위원회와 사역팀을 제대로 이끌고, 새 교우들을 돕기 위해 리더가 먼저 말씀으로 제대로 훈련받기를 사모하라! 그러므로 본문이 우리에게 주는 또 하나의 중요한 교훈은 이것이다.

근거 없는 자신의 지혜가 아니라 은혜의 말씀에 사로잡힌 리더가 되자(32).

이제 사도는 헤어짐의 아픔을 헛된 희망으로 얼버무리지 않고 25절 후반에서 분명히 한다.

25후반부이제는 여러분이 다 내 얼굴을 다시 보지 못할 줄 아노라.

그들은 다시 만나지 못할 것임을, 바울은 바로 앞 24절에서 암시했듯이 은혜의 복음을 전하다가 생명을 바치게 될 것을 예감하고 있었기 때문이다. 이제 그들을 위한 권면과 주의와 축복을 마치며, 최후로 작별을 고하면서 그들을 위해 축복기도를 해주는 장면이 36-37절이다.

36이 말을 한 후 무릎을 꿇고 그 모든 사람들과 함께 기도하니.

떠나는 목자가 남겨진 사람들을 위해 축복을 빌며 안수를 하는 것이 아니다. 이들은 사도 바울이 보기에 아직 부족하겠지만, 그래도 에베소의 각 교회의 지도자들이다. 그들과 "함께 기도"하는 것이 옳다. 36절을 보면 에베소 장로가 아니라 사도가 무릎을 꿇고 그들과 함께 기도했다. 대개 서서 기도하는 것이 일반적인데, 다 함께 무릎을 꿇고 기도하는 것은 매우 특별한 경우에 하는 간절한 기도다. 하나님과 은혜의 말씀에 그들을 맡기며 떠나는 사도가 무릎을 꿇고 기도하는 이 모습이 성경이 보여주는 참된 지도자의 섬기는 모습이다.

> 37 다 크게 울며 바울의 목을 안고 입을 맞추고, 38 다시 그 얼굴을 보지 못하리라 한 말로 말미암아 더욱 근심하고 배에까지 그를 전송하니라.

헤어짐은 남은 자에게나 떠나는 자 모두에게 항상 아픈 것이고 슬픔이다. 특히 복음을 위해 순교할 것을 알고 떠나는 사도와 에베소교회의 지도자들은 37절에서 보듯 함께 크게 울었다. 그들은 25절에서 다시 그 얼굴을 보지 못하리라 했던 말이 기억나 바울의 목을 끌어안고 뺨에 입 맞추고, 38절처럼 슬퍼하며 그를 배에까지 데려다 주며 전송했다.

남겨지는 자들이 비록 에베소교회의 가정교회 지도자들이라고 해도, 사랑하는 목자요 자신들에게 생명의 복음을 베풀었던 사도 바울과의 헤어짐은 여전히 큰 슬픔이고 아픔이었다.

나는 일부 기독교 장례 예배에 참석했을 때, 가끔 이해하기 힘든 경우가 있다. 장례식의 애도와 슬픔을 마치 믿음 없는 잘못된 행동 혹은 나쁜 것처럼 말하며, 고인이 천국에 가는 것이니 기뻐하고 즐거워하라는 일부 목회자들의 강요 때문이다. 아무리 천국 소망을 가지고 믿음이 신실하다고 해도 사랑하는 사람과의 헤어짐은 우선 슬픈 것이고 아쉬운 것이다. 그러므로 함께 울어주고 함께 애통하는 애곡이 정상이고 성경도 그것을 인정한다. 신앙이 있다고 하나도 슬퍼하지 않은 척하는 것은 사실 위선이고 비정상이다. 그리스도인도 슬픔 앞에서는 슬픔을 표현하는 것이 건강한 모습이다. 주님도 죽음 앞에서 아파하시고 슬퍼하셨고, 예루살렘이 멸망당할 것을 아시고도 슬퍼 우셨다. 울고 웃는 감정은 자연스러운 것이다. 다만 죽음 앞에서 미래에 대한 하나님의 뜻 즉 주님의 계획과 해결과 대안을 모르고, 아무런 소망 없는 자들처럼 절망에만 빠져 있지 말라는 것이지, 도무지 울지 말라는 것이 아니다. 항상 그렇듯이 그 균형을 잘 잡아야 한다. 그것이 성숙이다. 목회자는 남은 자들이 슬퍼할 때 같이 애통하고 그들에게 하나님의 말씀으로 소망을 주면 되는 것이지, 장례식에서 슬퍼하는 유족과 친지들에게 고인이 천국 갔으니 울지 말고 잔치처럼 생각하고 웃으라고 하는 것은 옳지 않다.

장례식에 가서 웃어라 즐거워하라고 하고, 결혼식에 가서 멸망할 세상을 보며 아파하며 울라고 한다면, 그것은 극단적이고 미숙한 기독교 신앙으로 가면을 쓴 위선을 요구하는 잘못임을 알아야 한다. 우리 주님처럼 위대한 사도 바울도 본문에서 함께 울며 슬퍼했던 것을 그러므로 이상하게 여기지 말라.

그러면 사랑하는 사람과 영원한 이별을 앞두고 우리는 어떤 태도를 취하게 될까? 첫째는 사랑하는 가족의 임종을 앞두고 우리가 자주 취하게 되는 태도인데, 부정과 거부다. 엘리자베스 퀴블로-로스는 자신의 죽음을 앞둔 사람들이 취하게 되는 5단계를 첫째 거부(Denial), 둘째 분노(Anger), 셋째 타협(Bargaining), 넷재 우울(Depression, 의기소침과 포기), 다섯째 수용(Acceptance)이라고 했다. 자신의 죽음이든, 사랑하는 가족이나 친지의 죽음이든, 그것은 헤어짐의 극단적 경우인데, 그 이별을 처음에는 인정하지 않으려고 하고 적극적으로 거부를 한다. 그 다음에는 분노의 단계인데 자신에게 화를 내든지, 떠나가는 사람을 향한 분노나 원망과 저주를 하게 된다. 그래도 달라질 게 없음을 알게 되면 대개 타협을 시도하지만, 그것도 소용없다는 것을 알게 되면 포기를 하는데 적극적 혹은 긍정적 수용을 하지 않고 포기를 하는 것도 건강한 모습이라고 볼 수는 없다. 문제는 미성숙한 사람의 경우 1단계 거부에 오래 머물거나 그 다음 분노의 단계인 분노에 머물러 있는 것이다. 자신의 죽음이라면 그 상태에 머물러 있지만, 상대와의 이별이라면 상대에 대해 분노를 퍼붓게 된다. 그것의 가장 나쁜 방식이 상대를 저주하는 것이다. 신앙이 있다 하면서도 헤어짐을 제대로 받아들이지 못하고 상대를 저주하는 경우를 가끔 보는데, 자신의 신앙이 미숙한 상태임을 깨닫고 성숙해 갈 필요가 있다.

둘째는 어떤 소화기내과 의사가 말했던 것과 같은 자세를 갖는 것이다. "가끔 의사와 환자 간에 필요 이상으로 관계가 길어져 벗어나지 못하는 경우가 있다. 이를 정신과 용어로 저항이라고 하는데, 이는 전이와 역전이가 혼재된 감정 반응들이다. 그래서 결국 치료의 성공은 건강한 이별에 달려 있다. 치료의 대가들은 결국 이별의 대가들이다." 그렇다. 성숙한 헤어짐은 복될 수 있고, 자신의 죽음도 잘 받아들일 수 있는 것이 영생을 소유한 하나님 백성의 성숙한 자세일 것이다. 그것이 본문에서 사도와 에베소교회의 장로들이 보여준 모습이다.

이제 지금까지 보았던 『사도행전』 20장의 긴 이야기를 마무리 하며 일련의 상황들을 정리해 보려고 한다.

사도 바울은 지금까지 봤듯이 어떤 상황에서도 힘든 여정을 쪼개서라도 복음을 전한다. 드로아를 떠나기 하루 전날이라도 그는 밤새 복음을 전했다. 그것은 여기저기 교회를 많이 세우기 위함만이 아니었다. 성도들을 말씀으로 교회의 일꾼으로 든든히 세우기 위함이었다. 그래서 드로아를 떠나기 전날 밤을 새워 복음을 전한 것이 유두고 사건의 배경이다.

어떤 연유로 에베소에 들르지는 못했지만 밀레도 항구에 도착한 사도 바울은 예상 밖의 행동을 했다. 16절처럼 오순절 안에 예루살렘에 도착하기 위해 서둘러야 했지만, 아무리 일정이 급해도 바울에게는 그 무엇과도 바꿀 수 없는 중요한 일이 있었다. 그것은 지금까지 보았던 것처럼 복음을 전해 세운 교회들을 다시 찾아다니며 성도들을 든든히 세우는 것과 함께, 갈수록 더 중요하게 여겼던 것이 있는데, 각 교회의 지도자들을 굳세게 하는 것이다.

그래서 직선거리 50km나 떨어진 에베소에 사람을 보내서 교회 장로들을 불러 모았던 것이다. 직선거리로만 쳐도 왕복 100km의 거리면 한 시간에 십리(4km)를 걸으니까 에베소에 도착하자 마자 다 모여서 즉시 걸어와도 25시간이 걸리고, 실제 도보 길은 훨씬 길 테니까 3일은 족히 걸리는 일이었다. 그렇게 해서 바울은 에베소 지역의 교회 지도자들에게 고별 메시지를 전한다. 그것이 앞에서 언급한 것처럼 무교절과 오순절 사이에 있었던 두 번째 이야기로 17-38절 내용이다.

이 상황은 우리에게 매우 중요한 메시지를 주고 있다. 아무리 시간이 없고 아무리 바쁘고 아무리 시한이 급해도 해야 할 중요한 일이 있는데, 그것은 교회의 지도자들을 바로 세우는 것이라는 사실이다.

교회의 일꾼을 세우는 것보다 중요한 것은 없다. 그리고 사도로서 가장 중요한 사역은 이미 세워진 각 교회의 지도자를 든든히 세우는 것임을 그는 잘 알고 있었다. 그것이 하나님 나라를 확장하고 그리스도의 몸을 세워 가는 장기적 지속적 목회의 핵심임을 알았기에 그는 드로아를 떠나 예루살렘으로 가기 전에 에베소교회의 목회자들을 불러 말씀으로 그들을 세운다. 그것이 오늘 에베소 장로에게 전한 고별 설교의 배경이다.

사탄이 교회를 무너뜨리는 길로 우선적으로 선택하는 것이 교회의 지도자를 공격하는 것처럼, 교회를 세우는 가장 중요한 길은 큰 교회당 건축을 하는 것도 아니고, 헌금을 많이 해서 재정을 많이 쌓아놓는 것도 아니고, 어떤 프로그램과 집회를 여는 것도 아니고, 오직 교회의 지도자를 든든히 바로 세우는 것이다.

그저 매일 많은 사람들이 모여서 즐겁게 웃고 떠들고, 그럭저럭 잘 지내는 게 좋은 교회가 아니다. 최선을 다해 다음 세대를 위한 리더를 세우는 것이 좋은 교회, 좋은 지도자의 모습이다. 우리 교회는 과연 주의 종들을 세우고 일꾼을 세우는 사명을 잘 감당하고 있는가? 이제 진지하게 돌아봐야할 때다.

무엇이 진정 하나님의 뜻인가?

(행21:1-16)

기독교가 전해져도 남미나 아프리카뿐 아니라, 러시아나 유럽의 발트해 인근 지역이나 코카서스 지역에 가면 기독교와 토속 신앙이 결합되어 이상한 신앙생활을 하는 곳이 있다. 물론 우리나라 개신교도 예외가 아니다. 하나님을 믿는다며 앞 일이 걱정되면 점(타로 포함)을 보러 가는 사람이 있고, 신앙이 좋다는 사람일수록 봉투를 싸들고 예언 기도를 받으러 가는 경우도 있다.

예언의 능력을 가졌다는 목사님이나 전도사님이 기도해주고, 이렇게 해라 혹은 저렇게 하라고 하면 당신은 어떻게 하는가? 용한 목사님이 하신 말씀이니 집을 팔라면 집을 팔고 이사를 가라면 이사를 가야 하지 않겠나? 그것이 순종의 자세 아닐까?

오늘 본문을 보면 성령의 감동을 받은 신령한 사람들이 사도 바울에게 예루살렘에 가지 말라고, 예언의 은사를 가진 여선지자도 또 다시 앞날에 위험이 닥쳐 죽을 수도 있다고 하자 다들 말리는 사건이 벌어진다. 그때 여러분이라면 어떻게 할까? 사도 바울은 어떻게 했는가? 이 사건을 통해 우리는 성령과 기도와 예언 앞에서 우리의 태도를 점검해 보면 좋겠다.

이제 21장부터는 사도 바울의 세 번에 걸친 선교 여행을 마무리하고 예루살렘으로의 귀환과 거기서 받은 모함, 고소, 체포, 투옥, 재판 과정에서의 증언을 다룬 후 27장에서 로마로 압송되고, 그곳에서 복음을 전한 28장 이야기로 마치게 되는 『사도행전』의 마지막 부분이다.

누가는 복음서에서 우리 주 예수님께서 우리들의 죄의 삯을 대신 치르기 위한 십자가의 죽음을 기꺼이 감당하기 위해 내가 예루살렘으로 올라가야겠다고 몇 차례(눅 9:51, 53; 13:33; 18:31) 강조하셨듯이, 사도 바울도 예루살렘으로 올라가겠다는 단호한 의지를 보였음을 19장 21절과 20장 3절과 6절에서 수차 강조했다.

이러한 그의 계획에 대해 주변 사람들과 동역자들의 반응은 어떠했는지를 오늘 본문은 보여준다.

> 1우리가 그들을 작별하고 배를 타고 바로 고스로 가서 이튿날 로도에
> 이르러 거기서부터 바다라로 가서, 2베니게로 건너가는 배를 만나서 타
> 고 가다가, 3구브로를 바라보고 이를 왼편에 두고 수리아로 항해하여 두
> 로에서 상륙하니, 거기서 배의 짐을 풀려 함이러라. 4제자들을 찾아 거기
> 서 이레를 머물더니, 그 제자들이 성령의 감동으로 바울더러 예루살렘에
> 들어가지 말라 하더라.(21장)

예수님께서 우리의 죄를 대속하는 십자가의 죽음을 위하여 예루살렘에 들어가려고 하셨을 때도 그랬듯이, 바울의 예루살렘 행도 주변 사람들은 이것은 하나님의 뜻이 아니라고 막았다. 4절에서 보듯, 두로의 그리스도인들은 바울에게 예루살렘에 가지 말라고 했다. 원문을 보면, 제자들 모두가 성령의 감동으로, 즉 성령으로 예언했다고 한다. 한두 명이 실수로 혹은 개

인적인 의견을 말한 것이 아니다. 성령 충만한 사람들이 모두 한 목소리로 말린 것이다. 그렇다면 순종해야 하지 않을까?

우리 신앙인들은 자신들이 지금 하나님 뜻대로 행하고 있다고 쉽게 말한다. 도대체 무엇이 하나님의 뜻인가? 그리고 그것이 하나님의 뜻임을 어떻게 안다는 말인가?

특히 성경 좀 읽고 기도 좀 한다는 사람들일수록 더 심한데, 자기 기준에서 그것이 하나님 뜻이라고 말한다는 것이다. 거기에 방언으로 기도하고 새벽기도까지 빠지지 않는 종교성이 강한 사람이면, 자신이 성령 충만하다고 확신하여 더 심하게 자기 생각을 하나님의 뜻이라고 주장한다.

그러나 영적으로도 사회적으로도 인격적으로도 정말 성숙한 사람이면 자신의 생각이 잘못될 수도 있고 자신의 주장이 절대적이지 않을 수도 있다는 겸손 속에서 같은 성령께서 형제자매들 가운데서 어떻게 말씀하시는지도 들으려고 할 것이다. 그들은 그렇게 절대적으로 자기 생각을 주장하고 자신과 다른 생각을 하거나 다른 방법으로 하는 사람을 정죄하거나 미워하거나 배제시키려고 하지 않을 것이다. 내가 바로 종교성으로 인해 가장 완악한 사람일 수도 있다는 점을 우리는 항상 주의해야 할 것이다.

교회 안에서 어떤 사안에 대해 결정하려고 할 때, 소위 능력 받았다는 사람들이 교회의 방향과 결정을 종종 주도하려고 한다. 그들에게는 자신들이 경험한 성령의 인도하심이 최종 기준이 된다.

본문 4절뿐 아니라 두 번째 단락인 11절에서도 이런 대표적인 상황을 보여준다. 이들의 예언은 잘못되었거나 귀신의 예언인가? 아니다. 그들은 모두 성령으로 말한 것이라고 성경은 분명히 한다. 그들은 바울을 아끼고 사랑하는 마음으로 가면 환란과 투옥과 목숨의 위험이 있음을 예언한 것이다. 그런데 이것은 4절에 나온 두로교회 제자들의 예언이 처음이 아니었다. 20장 23절을 보면 에베소교회 지도자들을 모아놓고 고별 설교를 할 때 바울 자신이 기도할 때 '결박과 환난이 나를 기다린다'는 똑같은 성령의 말씀을 이미 들었던 것과 같은 것이다. 그러므로 이것은 참으로 성령이 하신 일이고 잘못된 예언이 아니다.

조금 후 4절의 두로교회 제자들과 11절의 예언 상황을 종합해서 숙고해보겠지만, 예루살렘으로 가려는 바울에게 두로교회의 제자들이 와서 성령으로 예루살렘에 올라가지 말라고 했을 때 바울은 어떻게 행동했는지 결론부터 먼저 확인해보자. 5절을 보자.

> 5이 여러 날을 지낸 후 우리가 떠나갈새, 그들이 다 그 처자와 함께
> 성문 밖까지 전송하거늘, 우리가 바닷가에서 무릎을 꿇어 기도하고, 6서
> 로 작별한 후 우리는 배에 오르고 그들은 집으로 돌아가니라. 7두로를
> 떠나 항해를 다 마치고 돌레마이에 이르러 형제들에게 안부를 묻고 그들
> 과 함께 하루를 있다가, 8이튿날 떠나 가이사랴에 이르러 일곱 집사 중
> 하나인 전도자 빌립의 집에 들어가서 머무르니라.(21장)

사도 바울의 리더십 아래서 바울 일행은 만류에도 불구하고 결국 두로를 떠나 예루살렘으로 떠나갔다(4). 그럴 때에 성령으로 말하던, 소위 성령의 감동으로 혹은 성령으로 예언기도를 하던 사람들은 자기 말을 안 듣는다고 화를 냈는가? 혹은 신앙 없는 놈들이라고 저주를 퍼부었는가? 혹은 화를 내고 뒤돌아서서 쳐다보지도 않았는가? 전혀 그런 모습을 보여주지 않았다. 그들은 처와 자식들까지 다 동반해서 성문 밖까지 나가 뜨거운 마음으로

전송하고, 배를 타기 전에 두로 바닷가에서 무릎을 꿇고 앞으로의 여정을 위해 함께 기도하고 집으로 돌아갔다.

이런 배경 속에는 자신들이 성령으로 말할지라도 따르지 않았던 사도 바울 일행이 하나님의 뜻을 거슬렀다거나 거역한 것처럼 성경은 다루지 않고, 바울의 결정이 결국 더 나았음을, 하나님의 말씀인 사도행전은 배경에 깔고 진행해 나가는 것이다. 이 점에 대해서는 조금 후 다시 살펴보겠다.

아무튼 바울은 확고한 의지를 가지고 예루살렘을 향해 발걸음을 옮겼다. 그러나 작은 장애물을 넘었다고 다가 아니었다. 인생은 마치 허들 경기처럼, 장애물을 하나 넘으면 조금 후 또 다른 장애물이 나타나기도 한다.

> 9그에게 딸 넷이 있으니 처녀로 예언하는 자라. 10여러 날 머물러 있더
> 니, 아가보라 하는 한 선지자가 유대로부터 내려와, 11우리에게 와서 바
> 울의 띠를 가져다가 자기 수족을 잡아매고 말하기를, 성령이 말씀하시되
> 예루살렘에서 유대인들이 이같이 이 띠 임자를 결박하여 이방인의 손에
> 넘겨 주리라 하거늘, 12우리가 그 말을 듣고 그곳 사람들과 더불어 바울
> 에게 예루살렘으로 올라가지 말라 권하니.(21장)

허들 하나를 넘으면 또 하나의 허들이 나온 정도가 아니라, 큰 산이 나타났다. 참된 주의 일을 행해야 할 때, 유대인뿐 아니라 우리 한국 기독교인들이 부딪히는 가장 넘기 어려운 산도 소위 예언과 신비적 체험이다. 유대인과 우리나라 사람들은 공통적으로 신비 체험이나 예언 앞에서 지금까지 했던 성경공부고 무엇이고 순식간에 다 무력화되는 것을 자주 보는데 이는 참으로 안타까운 일이다. 부채도사든 동자귀신이든 무당이든, 눈이 하

얗게 뒤집힌 채로 죽은 사람의 목소리와 상황 재현을 하면 웬만하면 다 넘어간다고 한다. 기독교 신앙의 최종 권위는 20장에서도 보았듯이 은혜의 말씀 즉 성경 말씀인데, 사람들은 주관적인 체험과 성령의 역사와 예언에 너무 쉽게 자리를 내준다. 그것은 목회자들도 예외가 아니다.

하나님의 뜻을 결정하려고 할 때, 더 힘든 것은 4절에서 보았듯이 어떤 사람들은 성령으로 말한다는 것이다. 그것을 우리 한글개역개정 번역처럼 성령의 감동(원문에는 이 단어가 없다. 단지 성령을 '통하여'라고 되어 있다. 물론 헬라어 전치사 *dia*의 용법은 다양하지만)이라고 주장하는 어떤 신비주의자라면 지금 자신이 성령으로 '예언'한다고 주장할 것이다. 그러면 보통 교인들은 그 사람을 절대적으로 신뢰하고 그의 주장에 빠져들 수 있다. 특히 순진한 교인들은 더할 것이다. 이런 것은 사실 위험성이 매우 높은 신앙생활 방식이다. 그래서 순진하고 영적으로 어린 사람들은 예언기도를 받으러 다니기도 한다.

사도 바울은 하나님의 뜻을 행함에 있어서 심각한 문제에 직면하게 되었다. 9-11절처럼 구체적 예언과, 종교적으로 신비해 보이기까지 한 상징적 예언 행동의 도전을 받은 것이다. 빌립의 예언하는 딸 넷에 유대에서 내려온 아가보라는 선지자가 예언을 하고 그것을 그래픽하게 보여준다. 예루살렘으로 가려는 사도 바울의 발목을 잡는 것은 어떤 이방인의 핍박이 아니라, 같은 그리스도인 선지자의, 그것도 성령의 예언적 행동이었다. 이런 문제가 극복하기에 더 힘들다.

이미 4절에서 제자들은 성령으로 예언하며 바울에게 예루살렘으로 가지 말라고 충언을 했다. 그러나 바울은 19장 21절에서 예루살렘으로 가겠다고 결심했었다. 에베소 성도들과 교회 지도자들과의 이별을 다룬 20장 22-23

절을 보면, 그는 예루살렘에 가면 겪게 될 고초를 예감했지만, 피하지도 그 발걸음을 멈추지도 않았다. 이제 항해 끝에 이스라엘 땅 북서쪽 해안도시 두로에 내렸는데, 그곳에서 제자들이 사도에게 예루살렘에 가지 말라고 한 것이다. 그것은 그냥 하는 소리가 아니었다. 그것은 "성령의 감동으로" 즉 성령으로 하신 말씀이었다.

그럼에도 불구하고 바울은 꿋꿋하게 7절처럼 두로에서 다시 배를 타고 프톨레마이에서 내려 형제들과 하루를 보내고 8절에서 보듯 그 다음날 가이사랴에 도착해 전도자 빌립의 집에 머물렀다. 그런데 이번에는 유대로부터 온 아가보라는 예언자가 11절에서 바울이 예루살렘에서 체포당하고 고난을 겪을 것을 성령으로 말씀하신다고 증언하자, 12절에서 바울 일행마저 바울에게 예루살렘으로 가지 말라고 한다.

4절과 11절에서 사도 바울에게 한 말은 성령을 받지 못한 사람, 성령 충만하지 못한 육적 그리스도인들이 신앙 없이 함부로 한 인간적인 말이 아니었다. 앞에서도 언급했지만, 그것은 성령으로 인한 예언이었다. 게다가 『사도행전』 뒷부분을 보면 그 예언은 사실로 밝혀졌으니 엉터리 혹은 잘못된 예언도 아니었다. 그럼 어떻게 하는 것이 옳을까?

그것을 답하기 전에, 부차적인 문제이지만, 한 가지 짚고 넘어가야 할 것이 있다. 6장에서 빌립에 대해 언급한 적이 있는데, 한 번 더 짚고 넘어가고자 한다. 개역개정 21장 8절만 일곱 가운데 하나인 전도자 빌립을 일곱 "집사"라고 했다. 이미 설명했듯이 빌립은 초대교회의 2세대 사역자로 집사가 아니다. 원문에 집사라는 단어가 없고 본문 8절이 말하는 그의 직분은 전도자 혹은 복음 전파자다. 그는 먼 곳을 다니며 복음을 전하고 설교하고 회심자에게 세례를 준 것을 봐서 오늘날 선교사에 해당하는 목회자다. 그런데 그 빌립의 딸 네 처녀들은 9절을 보면 예언을 했다는데, 그것은 10절의 아가보라는 유다에서 온 예언자의 행동과 구별되는데, 아마도 성령의 영감을 받아 말씀을 전하는 설교자로 보인다. 이 아가보란 예언자는 11장 28절에 나왔던 인물인데, 예루살렘에서 온 선지자로 성령으로 말하기를 천하에 큰 흉년이 들 것이라고 예언했었는데, 실제로 글라우디오 때에 그런 일이 벌어져 안디옥 교인들이 구제 헌금을 보낸 일이 있었다. 요즘 말로 아주 용한 당대에 알아주던 선지자였던 것 같다. 아가보의 예언은 매우 상징적인 행동으로 그려지는데, 바울의 허리띠를 가져다가 자기 손발을 묶고 이 허리띠의 주인이 예루살렘에서 유대인들에게 이렇게 포박당해 이방인들의 손에 넘겨질 것이라고 보여줬다. 허리띠라고 오늘날의 혁대로 생각하면 안 되고 몸을 칭칭 감던 천인데, 여러 겹으로 감는 것이기에 여행 중에는 그 사이에 논을 넣을 수도 있던 천이다. 그래서 그 천으로 바울의 손발을 묶을 수 있었던 것이다.

예언자의 이런 상징적 행동은 구약에서 종종 볼 수 있다. 예를 들어, 『열왕기상』 11장 30절을 보면 실로 출신 선지자 아히야가 예루살렘에서 나가는 여로보암을 보자, 자기 옷을 12조각으로 찢은 후 10조각을 가지라고 하며 하나님께서 이 나라를 찢어 10지파는 네게 주겠지만 말씀대로 산 내 종 다윗과의 약조대로 솔로몬에게 한 지파를 줄 것이라고 한 행동이 그런 사례다. 유대에서 온 선지자 아가보의 상징적 예언 행위는 12절에 보듯 사람들이 놀라서 울며 바울에게 예루살렘에 가지 말라고 하게 된 것이다.

성령으로 주어진 예언에 따른 사도의 동료들의 반응은 무엇이었고, 그런 만류에 바울은 어떻게 반응했는가?

13전반부바울이 대답하되, 여러분이 어찌하여 울어 내 마음을 상하게 하느냐.(21장)

그들은 놀라서 울었다. 너무나 구체적이고, 또한 바울의 죽음을 예언하자 그들은 안타까움에 울기 시작한 것이다. 그래서 만류한 것이다. 그러자 바울은 "여러분은 왜들 이렇게 울면서 내 마음을 아프게 하십니까?"라고 한다. 내 마음을 상하게 한다는 말은 내 마음을 아프게 한다는 것이지만, 직역을 하면 '여러분이 내 마음을 부수어 조각내 버린다'이다. 영어에서도 break my heart란 마음을 부수어버린다는 유사 표현이 있는 것처럼, 복음 전파를 위해 헌신한 바울이 아프고 너무 힘들었음을 알 수 있다.

사도는 왜 내 마음을 이렇게 아프게 하냐고 반문하는 것은, 여러분이 원하는 것이 도대체 무엇을 의미하는지 아느냐고 묻는 것이다.

물론 그들이 바울을 위한 마음에서 그런 것을 바울도 우리도 다 잘 이해할 수 있다. 그것은 고마운 일이다. 그런데 우리가 선의로 어떤 말을 하고, 상대편을 위한다고 어떤 행동을 할 때에 그것이 궁극적으로 어떤 의미를 갖는 것인지 알고 말하고 행동해야 한다.

그들의 이런 계속되는 진심어린 행동에 바울은 어떻게 반응 했을까? 성령으로 말하는 제자들이 소위 예언기도를 하며 진심으로 걱정을 하고 울고, 선지자들이 성령으로 신비적이고 상징적인 행위로 막아서자, 바울도 인간인데 마음도 약해지고 힘들어지지 않았겠는가? 그런데도 그는 단호하게 자신의 태도를 밝힌다.

13하반부나는 주 예수의 이름을 위하여 결박당할 뿐 아니라 예루살렘에서 죽을 것도 각오하였노라 하니.

바울은 주 예수의 이름을 위해서라면 나는 예루살렘에서 묶일 뿐 아니라 죽을 것까지도 각오하고 있다고 말하며, 뜻을 굽힐 생각이 없음을 분명히 한다. 사실 그들이 말린 것은 성령의 예언에 근거한 것인데, 바울은 그럴 수 없다고 한 것이다.

이 대목에서 우리는 하나님께서 성령으로 예언까지 해주었건만, 바울이 불순종했다고 생각하면 안 된다. 우리가 생각하는 하나님의 뜻을 분별하는 방식과, 사도 바울이 하나님의 뜻을 찾아 살아가는 방식이 다를 뿐이다.

그럼 앞에서도 잠시 언급했지만, 바울은 성령님께 불순종한 것인가? 아니라면 왜 그런가, 그리고 하나님의 뜻을 분별하고 순종한다는 것은 무엇인지에 대해 본격적으로 생각해보자.

이 궁금증에 대한 답을 하려면, 먼저 예루살렘에 가지 말라는 일련의 예언이 성령에 의한 것이듯이, 바울이 예루살렘으로 가겠다는 것도 20장 22절에 의하면 "성령에 매여서" 가는 것이다. 그렇다고 두 성령이 다른 것도 당연히 아니다. 같은 성령님이라면, 우리는 이 상황을 어떻게 이해해야 하는가? 우선, 예루살렘으로 가라는 것은 성령의 명령이다. 그런데 예루살렘에 가면 고난이 기다리고 있음도 성령이 가르쳐 주신 것이다. 예루살렘에 가면 고난이 기다리고 있다는 것이 바울 개인에 대한 것이라면, "성령에 매여서"라는 것은 '하나님의 계획'이라는 것이 다를 뿐이다. 사도 바울 자신의 앞일에 대한 계시와, 큰 그림으로서의 하나님의 계획 사이에서 우리는 선택을 해야 하는 것이다.

이때 '하나님의 계획'이 더 큰 목적을 이루시기 위한 것이라면, 개인의 안위에 문제가 생길 수 있음을 성령이 말씀해주셔도 우리는 믿음으로 순종하고 행해야 한다는 것이 성경이 말하는 큰 틀이요 원리다. 그러므로 바울은 그러한 것을 알면서도 하나님의 계획을 위해서 예루살렘으로 가지 않을 수가 없었던 것이다.

우리는 종종 성령이 하라고 하셨다면서 자신의 행동을 합리화하려고 할 때가 있다. 이때 바른 선택 바른 결정의 기준은 무엇인가? '성령의 인도하심'이라는 것은 종종 주관적이고, 이런 은사 경험은 사람에 따라 다르게 해석될 수 있다는 것이 문제다. 그렇기에 결국 객관적 진리인 하나님 말씀이 최종 권위요 최종적 기준이 되는 것이 바람직하다는 데에 거의 모든 학자들은 동의한다.

사도 바울에게 이미 명백히 주어진 하나님 말씀 혹은 성경 전체에 나타난 하나님의 궁극적인 계획이 있다. 그것은 무엇인가? 땅 끝까지 가서 이 복음을 증거하라는 1장 8절과 그에 준하는 말씀들이다. 그것을 위해서 바울은 20장 24절과 21장 13절에서 자기의 목숨도 아깝게 여기지 않겠노라고 이미 선언한 것이다.

"내가 달려갈 길과 주 예수께 받은 사명 곧 하나님의 은혜의 복음을 증언하는 일을 마치려 함에는 나의 생명조차 조금도 귀한 것으로 여기지 아니하노라"(20:24)는 말씀에서 바울의 삶을 지배하고 있는 것은 주인이신 예수님으로부터 받은 사명이다. 주의 종은 사명에 순종하기 위해 자기 생명조차 조금도 귀하게 여기지 않고 나아가는 것이다. 사명이 순간순간의 예언보다 앞서는 것이다.

그래서 선지자들의 이런 예언에도 불구하고 예루살렘에 들어가기로 한 것이다. 사실 예루살렘에 가면 어떤 수난을 겪을지 알게 되면, 어린 신앙인은 피하고 싶을 것이다. 선지자를 통해 성령도 그렇게 알려주시고 인도하셨다며, 잘됐다고 생각하면서 도망갈 수도 있다. 그러나 바울은 앞에 닥친 고난에 대한 예언에도 불구하고 세계 복음화란 더 큰 하나님의 뜻을 위해 피하지 않았다.

여기서 중요한 것은 예언의 세부적 내용의 묘사나 신비적이고 상징적인 행동이나 성령의 고지가 아니라, 성령 충만한 여러 하나님의 사람들에 의해 명백히 예루살렘에 갔을 경우 받을 고난에 대한 예언에도 불구하고 사도는 그런 고난을 기꺼이 받겠다는, 결코 흔들리지 않는 결단을 보이며 그 길을 꿋꿋이 걷겠다는 대조적인 자세다. 사도는 더 큰 하나님의 뜻을 분별했기 때문이다.

사도는 예루살렘에서도 그리스도의 복음의 본질과 성령으로 주께서 일하시는 것이 무엇을 의미하는지 이해를 시키고, 사도들과 예루살렘교회의 축복 가운데 로마로 가고, 나중에는 당시 땅 끝이었던 스페인까지도 선교하러 가고자 했다. 그 일을 하다 오해를 받고 모함을 받고 핍박을 받고 죽을지언정 그는 예루살렘으로 가야만 한다는 것이다. 그것이 13절 후반에서 "나는 주 예수의 이름을 위하여 결박당할 뿐 아니라 예루살렘에서 죽을 것도 각오하였노라 하니"라는 말씀의 의미다.

이 상황에서 사도 바울이 보여주었고, 하나님 말씀인 『사도행전』 본문이 제시하고 있는 그리스도인의 삶의 방식, 즉 하나님의 뜻을 발견하는 길은 우리 주 예수 그리스도께서 보이셨던 것과도 동일하다.

『누가복음』 13장 31절을 보면, 목숨의 위협을 당하던 주님께 호의적이었던 일부 바리새인들이 와서 안타까운 마음으로 조언을 해주었다. "곧 그때에 어떤 바리새인들이 나아와서 이르되, 나가서 여기를 떠나소서. 헤롯이 당신을 죽이고자 하나이다."

오늘날 초보적인 성경 교사들의 방식에 따르면 사람들을 통해 하나님의 뜻을 보이고 인도하신 것이므로 피해야 하지 않겠는가? 그럼에도 불구하고 예수님은 32절의 강력한 반응과 함께, 『누가복음』 13장 33절 전반부에서 이렇게 대답하셨음을 주목하라. "그러나 오늘과 내일과 모레는 내가 갈 길을 가야 하리니." 왜 그렇게 행동하셨을까? 그는 사람들을 통해 나타난 것과 상황이 좋지 않게 문이 닫힌 것으로 하나님의 뜻을 판단하지 않고 이미 드러난 더 큰 하나님의 뜻, 즉 예루살렘에 들어가서 대속적 십자가의 죽음을 감당해야 할 하나님의 구속사적 뜻에 따라 행동하신 것이다. 주님은 그 사명에 있어서는 흔들린 적이 없다. 그 앞부분인 『누가복음』 9장 51절, "예수께서 승천하실 기약이 차가매 예루살렘을 향하여 올라가기로 굳게 결심하시고"란 말씀에서 보았듯이, 주님은 그 사명에 따른 결단을 어떤 사람들의 권면과 상황의 위협에도 불구하고 굽힌 적이 없었던 것이다.

오늘 본문에서 사도 바울이 보여준 것이 바로 이런 예수님께서 보이셨던 것과 같은 방식이었다.

지금까지 보건대, 바른 선택과 결정에 대해 성경이 가르치는 것은 기록된 말씀으로 계시된 하나님의 뜻이나 이미 계시된 더 큰 하나님의 일반적 뜻이 기본 지침이 되고, 그에 대한 종의 헌신이 한 세트가 되어야 한다는 것이다. 그러므로

☞ 하나님의 뜻은 자명히 드러난 하나님 말씀에 따라 판단돼야 한다 (4-13).

본문의 이런 가르침에 따라 우리도 여기저기 예언 기도 받으러 다닌다든

가, 누가 어떻게 예언했다고 하면 흔들려서 더 크고 자명하게 나타난 하나님의 뜻에 위배되는 행동을 하면 안 된다는 것을 알 수 있다.

여기저기서 이것이 하나님의 뜻이라고, 성령 충만하다는 사람들이 주장한다. 그 가운데 우리는 과연 어떤 것이 하나님의 뜻이며 어떻게 행동하는 것이 옳은지 혼란스러워한다. 오늘 본문은 그런 갈림길에 서 있는 우리에게, 과연 무엇이 하나님의 뜻이고 어떻게 행동하는 것이 옳은지 그 길을 제시해 줬다. 사도 바울은 이런 거대 원칙에 따라 하나님의 크신 뜻에 순종하기로 한 것이고, 제자들은

> 14그가 권함을 받지 아니하므로 우리가 주의 뜻대로 이루어지이다 하고 그쳤노라.

즉, 간단히 번역하면 주의 뜻이 이루어지기를 바라며 '우리는 더 이상 말하지 않았다'이다. 그가 권함을 받아들이지 않고, 즉 그가 설득되지 않았기 때문에 우리는 "주님의 뜻이 이루어지소서"라고 말하고 물러섰다고 한다.

사도 바울의 결정에 대해 동료들은 어떻게 반응한 것인가? 성령이 말씀하시는데 왜 믿음 없이 불순종하느냐고 법석을 떨지 않았다. 그들도 성령 충만한 사람들이었기 때문이다. 예언을 하는 성령 충만이란 하나님의 뜻을 따라 상대를 이해하는 겸손이지, 자신의 말과 생각만 주장하고 상대에게 막무가내로 강요하는 것이 아니다. 계속 설득해 바울의 생각을 바꾸어 놓고야 말겠다는 태도로 투쟁하지 않았다. 내 생각대로 만들기 위해 고집스런 시어머니처럼 머리끈 질끈 동여매고 몸져눕지 않았다. 종이 결단하고 가는 길을 막는 방해 행위를 하거나 이상한 추정을 하며 소문을 내며 교회

를 혼란스럽게 하지 않고, 다만 주의 뜻대로 이루어지기를 기도했다. 하나님께서 이 모든 일 가운데에서도 주님의 뜻을 이루실 것을 믿고, 다음은 하나님께 맡기는 믿음으로 멈췄다. 이것이 교회가 취해야 할 바른 길이요, 정로다.

예언의 말씀도 있고, 예상되는 위험에도 불구하고 바울이 단호하게 가겠다는 의지를 보였다고 해서, 사도 바울의 동역자들은 "위험하다니까! 왜 성령의 명령을 듣지 않소? 그럼 가려면 당신이나 가시오. 나는 안 가렵니다" 하지 않았다. 그럼 어떻게 했는가?

> 15이 여러 날 후에 여장을 꾸려 예루살렘으로 올라갈새, 16가이사랴의 몇 제자가 함께 가며 한 오랜 제자 구브로 사람 나손을 데리고 가니, 이는 우리가 그의 집에 머물려 함이라.

15절처럼 며칠 후 그들은 여장을 꾸려 함께 예루살렘을 향해 길을 나섰다. 비록 바울이 내가 원하는 대로 행동하지 않고 내 의견을 무시한 것처럼 생각하여 기분 나쁠 수도 있었다. 그래서 불쾌해하며 그렇게 네 고집대로 하려면 마음대로 해라, 난 이제 상관하지 않으련다고 하지 않았다. 가면 환난과 위험이 기다리고 있음을 성령께서 알려주셔서 뻔히 알고 있는데, 넌 고집쟁이니까 가서 너 바울 혼자 한 번 당해 보라고 하지 않았다. 그 험한 길을 홀로 외롭게 떠나지 않게 그들은 바울과 그 위험한 길을 동행해 주었다. 그런 면에서 나는 그들이 너무나 고맙고 귀한 동역자들이라고 생각된다. 나도 그런 동역자들이 있었으면 좋겠고, 나도 누군가에게 그런 동역자가 되어주어야겠다는 생각을 해 보았다.

16절은 가이사랴 출신 제자들이 바울과 동행해 주었다고 증언한다. 바울은 이렇게 위험한 길에 함께 해주는 제자들과 동역자들이 있었고, 그의 결단에 함께 해주고 동행해준 귀한 성도들이 있었다. 참 복된 사도라고 생각되어 부럽다.

여러분은 이런 상황에 처하면 어떻게 할까? 여러분은 위험한 선교의 길을 떠나는, 같이 가면 고생길이 뻔하고 어떤 어려움을 당할 수도 있는 전도자의 길에 함께 할 용기가 있는가? 아니면 "정 원하면 혼자 가쇼~ 난 여기가 좋사오니, 내 친구도 있고 가족들도 있는 이곳에서 신앙생활 잘 하고 있을 테니 당신이나 가세요!"라고 하지는 않겠는가?

✍ 하나님의 뜻을 위해 험한 길 나설 때 함께 해주는 동료가 되자(15-16).

언젠가 우리 교회의 영적 지도자가 교회 없는 곳에 교회를 개척하러 떠난다면, 교인들이 어떻게 나올지 궁금해지는 아침이다. 오랫동안 수고해서 안정된 편안한 이 교회를 떠나는 개척의 길이 얼마나 험난하고 힘들지 뻔히 예상될 때 우리 한국 교회의 교인들은 어떻게 할지 무척 궁금해진 이 아침이다.

삶의 지혜: 실리와 타협인가, 더 중요한 것을 위한 양보인가?

(행 21:17-30)

아무리 분명한 삶의 원칙대로 살려고 해도 세상만사는 그리 단순하지 않아서 때로 결정하기 어려운 문제에 봉착할 때가 많다. 사람들은 우리에게 타협하지 말라고 하지만, 타협이 아니라 실리를 얻기 위한 우리의 장기적인 포석을 몰라줄 때 지도자는 힘든 것이다.

게다가 오랜 세월 병약해진 경제를 살리기 위해 보양을 한 후에 치료를 해야 하는데, 사람들은 시간이 걸리는 정책 변화를 이해하지 못하고 금방 효과가 나타나지 않는다고 행패를 부리거나 비난의 화살을 쏘아댄다. 우리나라 경제정책을 맡은 사람들이나, 오랜 세월 민간요법에 의존하다가 몸이 다 망가져 들어온 환자들을 살려야 하는 의사나 다 힘들 것 같다. 그렇다고 양심 있는 의사라면 단기 효과가 나타날 파스 붙이기 처방만 내릴 수는 없지 않은가? 시간이 걸려도 근본적인 치료를 제공하고 싶지만, 사람들은 돈 더 벌기 위한 장기 입원 유도라고 오해하고 비난하고 고발할 때 의사들이 얼마나 힘들까?

우리나라 응급실에서의 의사 폭행 사건들을 보았다. 왜 나부터, 이 사람부터 안 봐 주느냐고, 왜 빨리 안 낫느냐고 의사에게 의자를 집어 던지고 주먹질을 하는 것을 보면서 묵묵히 참고 하는 의사도 목사만큼 속 터지고 사명 없이 일하기 힘들겠다는 생각을 해 보았다. 그래도 그들은 그 과정을 견뎌내면 손에 잡히는 보상이 있으니까 참겠지만, 참된 목사들은 세상에서 아무런 보상이 없고 그 앞에 환난과 수고만 있다고 해도 종의 길을 걷는다는 점이 다르다.

이처럼 개척교회 목사나, 사람들이 보기에 괜찮아 보이는 응급실 의사나, 정부 경제 담당 의사 결정자들이나, 세상의 이목이 집중된 사건을 맡은 판사나 다 쉽지 않은 결정을 내려야 한다. 세상일이 다 그렇다. 우리 생각처럼 그렇게 단순한 것은 별로 없다.

그런데 이런 결정을 내릴 때, 꼼수를 부린 타협과 더 중요한 것을 얻기 위한 양보의 차이는 무엇일까? 바울도 하나님의 종으로 선교 사역을 할 때 그런 난관에 부딪힐 때가 있었다. 그때 바울은 어떻게 했는가도 살펴보고, 복음을 맡은 우리 그리스도인들은 세상에 억울한 사람을 만들지 않고 좀 더 나은 세상을 만들려면 어떻게 해야 할지도 발견할 수 있기를 바란다.

오늘 본문은 파란만장한 과정을 거쳐 드디어 예루살렘에 도착한 바울이 예루살렘교회의 지도자인 야고보와 장로들 앞에서 선교 보고를 하는 장면으로 시작된다.

> 17예루살렘에 이르니 형제들이 우리를 기꺼이 영접하거늘, 18그 이튿날
> 바울이 우리와 함께 야고보에게로 들어가니 장로들도 다 있더라. 19바울
> 이 문안하고 하나님이 자기의 사역으로 말미암아 이방 가운데서 하신 일
> 을 낱낱이 말하니.(21장)

사도는 예루살렘교회의 많은 성도들의 환영을 받았다. 형제자매들과 회

포도 풀고 쉬고도 싶겠지만, 다음 날 바울은 서둘러서 형제들과 함께 예루살렘교회의 지도자들에게 나아갔다. 사도 바울과 "우리"로 표기된 16절에서 함께 떠난 동료들이 이제 구별된다. 사도의 선교 보고에는 예루살렘교회의 지도자들이 다 배석했다.

예루살렘에 가서 야고보를 만났는데, 그 자리에 장로들도 다 참석했다고 한다. 더 이상 사도 혹은 12제자와 같은 표현이 사용되지 않는다. 야고보는 교회사가 유세비우스에 의하면 당시 예루살렘교회의 첫 감독이었고, 장로는 현대 한국 교회의 장로와 달리 예루살렘교회의 원로 지도자들이다.

19절이 보여주는 것 중 우리가 놓치지 말아야 할 한 가지는 사도 바울은 자신의 사역을 통하여 하나님께서 어떻게 행하셨는지를 낱낱이 보고하고 있다는 사실이다.

하나님에 대한 열심으로 가득한 사람들은 우리는 아무 것도 할 수 없고, 오직 하나님만이 일하시는 것이라고 주장한다. 하나님께서 다 일하시고 우리가 하나님의 일에 더할 것이 없기 때문에 우리는 예배만 잘 드리면 된다고 소리 높인다. 하나님의 절대 주권에 대해 그들이 강조하고자 하는 마음은 갸륵하지만, 성경은 그렇게 가르치지 않는다. 하나님은 그의 종, 사람의 사역을 통해 일하시고 영광 받으신다.

19절을 자세히 보면, 사역 보고를 할 때 하나님은 그의 종을 보내 '사역(ministry, *diakonia*)'을 하게 하시고 '그 사역으로 말미암아' 즉 사도 바울의 사역을 통해 이방인들 가운데서 구원의 역사를 행하셨다는 것이 성경이 가르치는 방식이다.

물론 사역 보고를 할 때 조심해야 할 점이 있다. 전도 보고를 할 때나, 해외 선교 보고를 하며, 얼마나 자주 우리 자신이 얼마나 대단한 일을 하고 얼마나 선교를 많이 했는가를 자랑하는지 듣기에 불편할 때가 많다. 내가 아는 어느 전도 사역 담당 목사는 자신이 지난달에도 20여 명을 구원시켰다고 교인들 앞에서 자랑하는 것을 들었다. 그러나 사도 바울은 전혀 다른 시각에서 선교 보고를 했다. 자신은 은혜의 복음 사역에 사용된 도구였지, 내가 그들을 구원시킨 것이 아니라는 점을 그는 분명히 알고 있었다. 그래서 자신을 도구 삼아 하나님께서 어떤 크고 놀라운 일을 하셨는가를 낱낱이 말한 것이다. 절대로 하나님의 종이 행한 사역을 무시하지 않는다. 이것이 바로 하나님께 영광을 돌리는 방식이다. 20절 전반부를 보라. 그때 어떤 일이 벌어지는지.

> 20전반부 그들이 듣고 하나님께 영광을 돌리고.

이 보고를 통해 그들은 이방인에게도 구원을 베푸시는 하나님께 영광을 돌릴 뿐 아니라, 하나님께서 사도 바울을 얼마나 귀히 쓰셨는가를 알게 되었다. 그렇기에 그들은 귀한 주의 종 사도 바울에 대한 염려가 생겼다.

> 20후반부 바울더러 이르되, 형제여, 그대도 보는 바에 유대인 중에 믿는 자 수만 명이 있으니 다 율법에 열성을 가진 자라. 21 네가 이방에 있는 모든 유대인을 가르치되 모세를 배반하고 아들들에게 할례를 행하지 말고 또 관습을 지키지 말라 한다 함을 그들이 들었도다.

이미 바울의 사역 초기부터 예루살렘의 기독교인들은 바울에 대한 좋지 않은 감정이 있었고, 그것 때문에 바울은 일찍 예루살렘을 떠나야만 했었다. 『사도행전』 9장 29-30절을 보자. "또 주 예수의 이름으로 담대히 말하고 헬라파 유대인들과 함께 말하며 변론하니, 그 사람들이 죽이려고 힘쓰거늘, [30]형제들이 알고 가이사랴로 데리고 내려가서 다소로 보내니라."

바울이 떠난 후 이제 많은 시간이 흘렀고, 그 사이 20절 표현처럼 조금 과장하자면 예루살렘에도 기독교인이 수만 명에 이를 정도로 교세는 자라갔다. 이런 방식의 표현은 30절에서도 볼 수 있는데, 사람들이 몰려와 바울을 잡아 성전 밖으로 끌고 나갈 때도 "온 성이 소동했다"라든가, 31절에서는 "온 예루살렘이 요란하다"고 한다. 이것은 누가가 잘 사용하는 과장법을 통한 어떤 사실의 강조 방식이다.

사실 J. 예레미아스에 의하면, 당시 예루살렘 주민은 성벽 안에 2만 명 정도, 성벽 바깥에 5천에서 1만 명 정도로 25,000-30,000명이 살았고, 많이 봐서 55,000명 정도[1)]였으며, 아무리 후하게 잡아도 95,000명 이내로 본다. 그런데 20절이 예수 믿는 사람이 수만 명이라는 것은 박해에도 불구하고 기독교가 엄청나게 부흥했음을 강조하는 문학적 표현이다.

그 말은 예루살렘교회가 수만 명이 출석하는 초대형교회로 성장했다는 말도 아니다. 당시에는 그런 건물도 없고, 성전 중심인 유대 사회에서 수만 명을 수용할 만한 교회당을 건축할 수도 없었다. 수많은 가정교회에서 예배를 드리는 그리스도인들이 많아져서 엄청난 숫자에 이르렀다는 말이다.

그런데 예루살렘의 유대인들 가운데 그렇게 많은 사람들이 예수님을 믿

1) 요아힘 예레미아스, 『예수시대의 예루살렘-신약성서시대의 사회경제사 연구』(천안: 한국신학연구소, 1994), 119-120. 이보다 더 많은 숫자로 보는 경우도 95,000명을 넘지는 않는다. 따라서 예수님을 믿는 성도가 수만 명이라는 것은 매우 많은 사람들이 예수님을 믿게 되었다는 강조법의 표현이라고 보는 것이 무리가 없을 것이다.

게 되었어도 그들은 여전히 어린아이의 수준에 머물러 있었던 것 같다. 20-21절을 보면 오랜 세월 지켜왔던 모세의 율법에 대한 열심도 기독교인들이 그대로 가지고 있었고, 바울에 대한 반감 역시 시간이 지났는데도 사라지기는커녕 오해가 더 커졌다. 그것은 아마도 해외 이민 친지들에게 전해들은 소문 때문인 듯한데, 바울이 예수님을 믿게 된 이방인들에게 유대인들처럼 할례를 받을 필요가 없고 유대식 관습을 지킬 필요가 없다고 했던 것이 못마땅했고, 해외 거주 유대인 이민자들에게도 그랬다는 식으로 전해들은 것 같다. 그것이 문제다. 지금 바울이 예루살렘에서 하는 행동을 판단하는 것이 아니라, 전해들은 과거의 이야기를 통한 오해가 더 큰 오해를 불러일으키는 것이 세상이다.

여러분은 어떤 소문을 들으면 남을 비방하기 전에 그것이 정말 사실인지 확인하는 습관을 가졌으면 좋겠다. 심지어 신문과 TV와 인터넷에 나오는 소문들도 사실이 아닌 것이 얼마나 많았는지 요즘 우리는 거의 매일 발견하게 되지 않는가? 그래서 『디모데전서』 5장 19절은 "장로(목회자)에 대한 고발은 두세 증인이 없으면 받지 말 것이요"라고 주의를 준다. 그렇다면 특히 주의 종에 대한 비난은 두세 사람의 증인이 없으면 받아들여서는 안 되고, 그것도 정말 그러한지 확인해야지 소문만으로 주의 종을 함부로 매도하면 안 된다. 이런 일에는 매우 조심해야 한다.

엄밀히 말하자면, 『갈라디아서』 3장 등에서 보듯 바울은 율법은 그리스도께서 오실 때까지 그 훌륭한 직무를 다했고, 이제 예수 그리스도에 대한 믿음이 온 다음부터는 우리 모두가 율법 아래 있지 않음을 가르친 것이 사실이지만, 그렇다고 바울이 반율법적이거나 율법 폐기론자는 아니었다. 비록 그리스도 이후로 믿음의 법이 지배함을 강조했지만 율법의 순기능을 무시한 것이 아니었다. 예를 들어 『로마서』 3장 31절에서도, "그런즉 우리가 믿음으로 말미암아 율법을 파기하느냐? 그럴 수 없느니라. 도리어 율법을 굳게 세우느니라"[2)]고 했는데, 이것은 『마태복음』 5장 17절에서 예수님께서 "내가 율법이나 선지자를 폐하러 온 줄로 생각하지 말라. 폐하러 온 것이 아니요 완전하게 하려 함이라"고 하셨던 것과 같은 맥락이었다.

그럼에도 불구하고 유태인 기독교인들은 그가 이방인 기독교인들에게 유태인의 종교적 관습과 전통과 문화를 지키지 않아도 된다고 한 것을 문제 삼을 것이 뻔했다. 그래서 야고보를 비롯한 예루살렘교회 지도자들은 바울이 예수님의 복음을 분명히 그리고 선명히 전한 것은 맞지만, 유대계 기독교인들과 반목하거나 갈등을 일으키지 않기를 바라는 마음으로 몇 가지 제안을 한다.

> 22그러면 어찌할꼬. 그들이 필연 그대가 온 것을 들으리니, 23우리가 말
> 하는 이대로 하라. 서원한 네 사람이 우리에게 있으니, 24그들을 데리고
> 함께 결례를 행하고, 그들을 위하여 비용을 내어 머리를 깎게 하라. 그러면 모든 사람이 그대에 대하여 들은 것이 사실이 아니고 그대도 율법을 지켜 행하는 줄로 알 것이라.(21장)

야고보와 장로들은 바울로 인해 교회가 시끄러워지고 예루살렘에서 물의가 일어날까 걱정이 되어 23절 "우리가 말하는 이대로 하라"고 한다. 예

2) 그 이유는 율법의 본 기능이 롬 7:10 "생명에 이르게 할 그 계명"이고, 율법은 죄가 아닐 뿐(롬 7:7) 아니라 롬 7:12-13a에서 보듯 "이로 보건대 율법은 거룩하고 계명도 거룩하고 의로우며 선하도다. 13a 그런즉 선한 것이 내게 사망이 되었느냐? 그럴 수 없느니라"는 것이 사도 바울의 율법관이었기 때문이다.

루살렘교회의 기독교인들 가운데 유대식 서원을 한 사람들이 있으니까 그들과 함께 정결예식을 하되, 그들의 비용도 당신이 대라. 그러면 사람들이 당신도 율법을 지켜 행하는 줄로 알 것이고 반감도 줄어들 것이라고 했다. 예루살렘교회 지도자들은 교회가 비용을 내주는 것도 아니고 당신 바울이 개인적으로 비용을 내서 유대 율법에 따른 결례를 행하라고 요구했다. 그러면 사람들이 당신도 율법을 잘 지키는 사람으로 알 것이라고 조언했다.

바울의 가르침과 평상시 사역 방식을 보면 이것은 쉽지 않은 결정이었을 것이다. 성경적 원칙에 입각한 오늘날 목회자들이 봐도 이것은 어쩌면 타협처럼 보일 수도 있다. 그러나 이후 장기적인 복음 사역을 위해 본질적이지 않은 것을 양보하는 것이 실제로 더 나을 때도 있다. 복음의 본질을 손상하지 않는다면 그것은 타협이 아니고, 이것은 양보를 통한 실리를 취하는 길일 것이다.

이런 제안을 한 예루살렘교회 지도부도 우리가 복음을 희석시키려는 것이 아니라는 것을 분명히 하고 싶어서, 25절처럼 이렇게 말한다.

> 25주를 믿는 이방인에게는 우리가 우상의 제물과 피와 목매어 죽인 것과 음행을 피할 것을 결의하고 편지하였느니라 하니.

우리가 이방인 기독교인들에게는 『사도행전』 15장 23절에서 결의했던 대로 이미 편지하지 않았느냐는 것이다. 위기 상황에서 이것이 타협인지, 실리를 얻기 위한 양보인지 판단하기는 쉽지 않다. 그러나 신앙의 문제에서 원칙은 분명하다. 복음의 본질적 문제에는 물러서지 말아야 하지만, 부차적 문제는 양보할 수 있는 관용을 가져야 한다는 것이다.

바울은 야고보와 예루살렘교회 지도자들의 조언을 존중해 그렇게 했다.

[26]바울이 이 사람들을 데리고 이튿날 그들과 함께 결례를 행하고 성전에 들어가서 각 사람을 위하여 제사 드릴 때까지의 결례 기간이 만기된 것을 신고하니라.(21장)

바울이 그렇게 따라준 것은 그것이 사실 바울 자신의 방식과는 달랐지만, 교회의 권위에 대한 순종과 함께, 단지 『고린도전서』 9장 20-21절에서 말한 것처럼 유대인들을 복음으로 얻기 위해서 유대인들에게는 유대인처럼, 율법 없는 이방인들에게는 율법 없는 자처럼 한 것이다.

바울이 성결례를 행했다는 것은, 그가 부정하게 여겼던 이방 지역을 여행한 후 거룩한 예루살렘으로 귀국한 것이라, 레위법적 정결 회복을 위해 3일, 7일의 두 번에 걸친 물 뿌림 정결례를 한 후에, 4명의 나실인이 이미 결행하고 있던 30일 간의 나실인 성결 기한이 찼을 때 그 사실을 신고하고 제물 비용을 지불해 주었다는 것이다. 그것이 27절 "그 이레가 거의 차매"다. 『민수기』 6장 10-12절을 보면, 이때 드려야 할 제물은 산 비둘기 두 마리나 집 비둘기 새끼 두 마리이고, 구별한 날이 다 차면 『민수기』 6장 14-15절처럼 일 년 된 숫양 한 마리를 번제물로, 그리고 일 년 된 어린 암양 한 마리를 속죄 제물로, 숫 양 한 마리와 무교병 한 광주리와 과자와 무교전병 등을 화목제물로 드려야 했다. 바울은 이 모든 것을 네 사람을 위해 다 해주는 큰 지출을 한 것 같다.

이처럼 바울은 예루살렘교회 지도자인 야고보와 장로들의 제안대로 예루살렘 거주 유대인들과의 충돌을 피하기 위하기 위해 유대식 정결례와 모세 율법 준수를 하고 다른 사람들의 나실인 서약 준수를 위한 비용까지 댔지만 그 결과는 무엇인가?

[27]그 이레가 거의 차매 아시아로부터 온 유대인들이 성전에서 바울을 보고 모든 무리를 충동하여 그를 붙들고.(21장)

그 모든 수고에도 불구하고 결과적으로, 별 소용이 없었다. 결국 바울은 유대인들의 소동에 잡혀 끌려 나가게 된다. 물론 예루살렘 거주 유대인 기독교인들이 벌인 소동은 아니고, 27절이 밝히듯 아시아로부터 온, 즉 에베소에서 온 유대인들이 문제를 일으킨 것이기는 하다. 예루살렘에는 에베소 등 소아시아에서 절기를 지키러 온 해외 거주 유대인들이 많이 와 있었다. 그들이 성전에서 바울을 보고 사람들을 충동질하여 그를 붙잡았다.

이것을 보면 야고보와 예루살렘교회 지도자 장로들의 조언은 결과적으로 별 효과가 없었다는 것을 알 수 있다.

공동체의 지도자들은 교회를 위해 종종 중요한 결정을 내리게 된다. 그들은 23절 "우리가 말하는 이대로 하라"고 했지만, 사실 자신들이 생각하고 말하는 대로 하라고 하면 안 된다. 교회 일이든 성도들에 대한 조언이든, 더 많이 기도하고, 하나님의 뜻을 묻고 복음에 합당한 결정과 지도를 해야 한다. 그것이 성경적 지도자로 사는 것이 어려운 점이다. 성도들은 그런 점을 이해하고 그럼에도 불구하고 보고하고 존중하고 따르는 모습을 바울의 삶 속에서 배워야 할 것이다.

때로 효과적이지 않지만, 지도자들의 최선을 존중할 줄 아는 성도가 되자(17-27).

바울을 체포한 후, 아시아에서 온 유대인들은 뭐라고 소동을 일으켰나?

[28]외치되, 이스라엘 사람들아, 도우라. 이 사람은 각처에서 우리 백성과 율법과 이곳을 비방하여 모든 사람을 가르치는 그 자인데, 또 헬라인을 데리고 성전에 들어가서 이 거룩한 곳을 더럽혔다 하니.

선동 내역은 28절처럼 이 사람은 곳곳에 다니며 우리 백성, 즉 하나님 백성인 이스라엘을 모욕하고 율법과 성전을 비방한 자라는 것이다.『사도행전』6장에서 스데반이 바로 이런 죄목으로 투석형을 당한 적이 있는데 똑 같은 비난이었다. 게다가 이방인들까지 성전에 데려 왔으니 이는 성전을 더럽힌 거라고 주장을 했다. 성전의 이방인 마당에는 다른 민족의 사람들은 이 지역을 넘어 성전 안으로 들어갔다가 붙잡히면 누구라도 죽음을 당할 것이며 그것은 그 자신의 책임이라는 경고문을 그리스어와 로마 라틴어로 돌에 새겨 놓았는데, 실제로 1871년에 발굴되었고 지금은 터키의 이스탄불 고고학 박물관에 보관되어 있다. 그 규정은 로마군도 인정해 준 것이다. 그런데 그것을 어겼다는 것이다.

문제는 이런 고발이 사실이 아니었다는 점이다.

[29]이는 그들이 전에 에베소 사람 드로비모가 바울과 함께 시내에 있음을 보고 바울이 그를 성전에 데리고 들어간 줄로 생각함이러라. [30]온 성이 소동하여 백성이 달려와 모여 바울을 잡아 성전 밖으로 끌고 나가니 문들이 곧 닫히더라.(21장)

29절을 보면 이런 모함은 그들이 그 전에 시내에서 바울이 에베소 사람 드로비모와 함께 있는 것을 보았기에, 바울이 그를 성전에도 데리고 들어갔을 것이라고 추정을 했던 것이다. 그러나 그 자리에 성전 안에 바울이 이방인 에베소 사람 드로비모가 같이 있었다면 분명히 함께 잡아들였을 텐데 그러지 못했다. 이처럼 증거도 없고 확인되지도 않은 모함으로 예루살렘 성에는 소동이 일어났고, 사람들이 달려들어 바울을 잡아 성전 밖으로 끌어내자, 폭도들의 소동에 당황한 성전 수비대는 성전 문을 잠가 버렸다. 성전 안에서는 소동과 폭력으로 인한 유혈 행위가 이루어지면 안 되기 때문에 그들은 바울을 성전 밖으로 끌어낸 것 같다. 그러자 성전 문지기 레위인들이 성전 문들을 닫아 혹시라도 발생할지 모를 유혈사태로부터 성전의 거룩을 보호하려고 했을 것이다.

분명한 것은 20장에서 여러 선지자들이 성령으로 예언한 것처럼 사도 바울은 결국 결박되어 체포되고 끌려갔다. 예언은 성취되었고, 바울은 그 사실을 알고도 십자가의 길을 걸은 주님처럼 그 길을 선택한 것이다.

그럼에도 불구하고 바울이 체포된 것도 사실에 근거하지 않은, 잘못된 정보와 오해와 미움으로 인한 것이란 사실에 우리 마음은 착잡하다. 이것이 세상에서 복음 선교사들이 겪는 일임을 알지만 마음은 아프다. 2천 년이 지난 법치국가, 성숙한 시민의식을 가진 현대 사회에서는 다시 이런 일이 벌어지지 않았으면 좋겠지만 아무리 세월이 흘러도 세상은 똑 같다.

얼마 전 전 정권의 블랙리스트 사건에 이어 그 전 정권도 블랙리스트가 있었음이 밝혀졌다. 심지어 침대 위에 벌거벗은 남녀 사진에 모 남녀 배우 두 사람의 얼굴을 합성하여 유포하는 쓰레기 언론도 하면 안 될 일을 정보기관이 해서 그들의 이미지를 추락시켜 방송에 발을 못 붙이게 하려는 시도도 있었다는 뉴스를 보고는 설마 이 정도까지는 아니겠지 하는 생각이 들 정도였다. 사도 바울은 예루살렘 시내에서 이방인과 함께 있는 것을 보고 성전에도 데리고 들어갔을 거란 식의 모함으로 선동을 한 것이다. 그러자 30절에서 보듯 "온 성이 소동해 움직였다." 그리고 바울이란 표적에 벌떼처럼 '백성이 몰려들어' 공격을 한다. 요즘도 언론의 선동에 군중이 너무 쉽게 움직이는 것을 우리는 본다. 특히 KBS, MBC 등 공영방송 TV의 힘이나 주요 일간지 신문처럼 매스컴의 선동력은 엄청나기에 권력은 항상 언론을 손에 넣고 싶어 하는 것이다. 그 위에 현대전에서는 SNS를 통해 여론을 조작하려고 한다.

나와 다른 성향의 소리에는 귀를 닫고 편향된 이야기만 들을 때 우리는 오해를 하게 되고, 그것이 나중에 돌이킬 수 없는 커다란 과오를 일으킬 수도 있음에 주의해야 한다. 그러므로

확인되지 않은 소문으로 편향되지 않도록 조심하는 성도가 되자(28-30).

우리는 확인되지 않은 사실에 누군가의 소문에 선동되어 가볍게 소동을 하면 안 된다. 얼마 전 남궁민, 문성근, 엄지원, 유준상 등이 열연한 SBS의 '조작'이라는 드라마가 적나라하게 보여주었듯이, 우리나라의 가장 대표적인 신문사나 언론과 검찰, 안기부 등의 권력기관이 조작을 하게 되면 연예인처럼 알려진 사람들도 당하는데 힘없는 평범한 사람들의 인생이 어떻게 망가지는지 알아야 한다. 정부기관으로는 총리실이나 국정원, 군 기관으로는 기무사 등 권력 기관은 자신이 가진 힘으로 얼마나 많은 힘없는 사람과 그 가족의 삶을 파괴하는지 알고 힘은 조심해서 사용해야 한다.

영화 「스파이더맨」에도 피터 파커가 존경하고 따르던 삼촌 벤 파커가 강도에게 당해 죽어가며 “큰 힘에는 큰 책임이 따른다(With great power comes great responsibility)”라는 유언적 대사가 많은 관객의 공감을 얻지 않았던가?

당신이 장난으로 던진 돌에 개구리는 맞아 죽을 수도 있는 것이다. 그리고 국민들은 ‘카더라’ 통신이란 유언비어뿐 아니라 소위 공영방송과 신문 등 언론의 조작으로 인해 민심이 얼마나 많이 요동을 치고 소란을 피우게 되는지 알고 언론과 정보 권력을 가진 사람들은 정말 신중해야 한다.

우리는 그런 권력 기관의 수장이 아니기 때문에 그런 일이 없다고 말할 수 없다. 세상 살며 자주 보는 일은 소문에 의해 억울한 누명을 쓰고, 평생 지켜온 명예를 실추당하는 것이다. 또한 인격 모독성의 무김각한 내꾸 혹은 댓글로, 쉽게 다른 사람에게 손찌검하고 종종 왕따를 시키는 것이다. 이것은 평범한 우리의 직장, 학교, 친지들 가운데서도 벌어지는 일이다. 이 일에 우리가 항상 피해자가 아니라 모르는 사이에 가해자가 될 수도 있다는 사실을 알아야 한다. 그래서 우리 그리스도인들은 항상 조심하며 살아야 한다. 그것이 예수 믿는 사람들이 사는 방식이어야 한다. 또한 우리는 분명하지 않은 일, 확인되지 않은 일의 경우 소문만 가지고 편을 가르고 나누고 상대를 모욕하거나 어떤 폭력을 행사하는 일을 하지 않아야 한다.

특히 그리스도인의 입장에서 볼 때 어떤 사람에 대해 정죄를 하고 심판을 내리는 것은 하나님의 고유 권한이란 사실에 대한 자각이 필요하다. 그런 일은 그 일을 위해 공적으로 권한을 위임받은 조직과 사람이 할 일이지 우리가 사사로이 할 일이 아니므로 조심해야 한다.

그리고 특별히 복음을 맡은 사람들, 우리 그리스도인들은 얼마나 행실을 조심하고 책잡힐 일 없이 살도록 조금 더 신중했으면 좋겠다. 왜냐하면 우리의 말과 행동으로 인해 하나님의 이름에 먹칠을 하고 영광을 가리기 때문이다.

얼마 전에는 보수 지도자 중 참으로 아까운 사람 중 하나인 남 경기도 전지사가 아들의 필로폰 투약 문제로 고개를 숙인 것을 보았다. 남 전 지사의 아들은 자신을 책임져야 할 성인인데도, 아비이기에 남 전지사가 책임을 지겠다며 사과하는 것을 보고 부모는 평생 성인이 된 자식의 삶에 책임을 져야 하는가 하는 생각을 해보게 되었지만 그것이 대중이 바라보는 현실이다. 놀라운 것은 나중에 경기도지사 선거철이 되자, 당선을 위해 남 전지사는 경쟁자인 이재명 후보의 가정사를 파헤쳐 거칠게 공격하고 사퇴를 촉구하는 것을 보며, 전에 자신의 가정사가 정치적으로 이용당한 사람이 똑 같이 행동하는 것을 보면서 역시 정치인들은 대단하고 아무나 할 일이 아니라고 생각했다. 그리스도인들은 이런 식으로 살면 안 되는 것이다.

성인 자녀의 허물도 이처럼 부모가 책임지기를 바라는 것이 우리나라의 문화이고, 역으로 자녀의 행동이 부모에게 어떤 영향을 주는가 생각해 보았다. 한 예로 강경화 외교부 장관의 딸은 어머니를 위해 자신의 미국 국적을 포기하고 한국 국적 회복을 추진한 일이 생각났다.

그리스도의 이름으로 사는 우리 그리스도인들의 행동이 아버지 하나님의 영광을 얼마나 가리게 되는지 다시 생각해 보고, 우리의 국적 혹은 정체성과 언행이 아버지께 누를 끼치는 삶이 되지 않게 해야겠다는 생각으로 다시 한 번 허리띠를 조이게 되었다.

우리 모두 그리스도의 이름에 부끄럽지 않은 삶, 복음에 합당한 삶을 살 수 있으면 좋겠다.

존귀한 복음을 위해 드리는 우리의 최선

(행 21:31-40)

우리의 돈을 어디에 가장 많이 쓰는가를 보면 우리가 무엇을 가장 귀하게 여기는지 알 수 있다. 뉴스를 보니 휴가철이면 많은 젊은 직장 여성들이 휴가를 내서 놀러가는 대신 성형외과에서 시술을 받는다고 한다. 그들은 1년 내내 힘들게 돈을 벌어서 아끼고 저축하는 이유가 성형수술을 해서 예뻐지기 위함이라고 한다. 외모 지상주의 사회의 부작용이다. 그들을 비난하는 사람들 가운데 어떤 사람은 성형 대신 옷과 가방과 신발에, 또 어떤 사람은 전자 기기에, 또 어떤 이들은 오디오나 자동차에 아낌없이 돈을 쓴다. 하나님은 "네 보물 있는 그곳에는 네 마음도 있느니라"(마 6:21)고 하셨다. 안타까운 것은 교회를 다닌다는 사람들도 하나님 혹은 하나님의 일보다 정함이 없는 일이나 재물에 소망을 두고(딤전 6:17) 산다는 것이다.

마찬가지로 우리의 시간 중 가장 많은 시간을 어디에 사용하는가를 보면 우리가 인생에서 가장 중요하게 여기는 것이 무엇인지 알 수 있다.

독자 여러분은 어떤 일에 가장 많은 시간을 투자하는가? 등산, 골프, 낚시? 어떤 취미 생활인가? 아니면 TV보기나, 게임이나 인터넷 웹서핑과 맛집 탐방인가? 여러분의 귀한 시간을 가장 많이 쓰는 곳에 여러분의 마음이 가 있는 것이다.

책은 조금 다르다. 절대 시간 분량보다는 가장 많은 페이지를 어떤 사실을 기술하는 데 사용했는가를 보면 그 강조점을 알 수 있다. 4복음서나 『사도행전』의 저자는 어디에 가장 많은 분량을 할애했을까?

복음서는 예수님의 십자가의 수난과 죽음 그리고 부활 기사다. 재미있는 것은 『사도행전』도 마지막 부분에서 예수님의 수난사처럼 사도 바울의 수난사를 길게 다룬다는 사실이다. 본문 21장 31-40절은 그 출발점이다.

> 31그들이 그를 죽이려 할 때에 온 예루살렘이 요란하다는 소문이 군대의 천부장에게 들리매, 32그가 급히 군인들과 백부장들을 거느리고 달려 내려가니 그들이 천부장과 군인들을 보고 바울 치기를 그치는지라.(21장)

성전 이방인의 뜰에는 이방인들은 더 이상 성전 안으로 들어갈 경우 어떤 처형을 당해도 그것은 자신의 과실이라는 돌판에 새겨진 경고 문구를 붙여 놓았다. 당시 이스라엘을 지배하던 로마 당국도 이스라엘의 이런 종교 관습을 존중해 수용해 주었다. 이방인이 성전에 들어가는 것을 유대인들이 얼마나 싫어했느냐 하면, 한때 아르켈리우스가 성전 내의 폭동을 진압하기 위해 로마 군대를 일부 파견했다가, 군인들이 돌을 맞고 도망을 치게 되자 전 군대를 출동해 진압한 적이 있었다.

그런데 또 "소동이 일어났다"는 보고가 로마군 천부장에게 올라왔기에 천부장은 군인들과 백부장들을 데리고 출동을 했다. 이렇게 신속한 출동이 가능했던 것은 당시 수비대가 성전 바깥뜰과 계단으로 연결된 안토니오 요새에 주둔하고 있었기 때문이다. 당시 천부장은 보병 760명과 기병 240명 즉 천 명으로 구성된 군대를 거느린 사람으로, 로마에서는 군대 호민관과 같은 급의 고위 군사직이다. 그 당시 예루살렘 천부장은 23장 26절에서 보듯이 글라우디오 루시아였는데 성전 주변에서 자주 발생하던 소요를 비롯한 예루살렘 치안을 담당한 고위급 장교였다. 그가 급히 군대와 백부장들을 거느리고 출동했다고 32절은 말하는데, "백부장들"이라고 복수로 되어 있는 것을 보면 적어도 2백 명 이상의 군사들이 출동한 것 같다. 성전에는 유대인 자체의 경비대가 있었지만 동조를 한 것인지 통제를 못한 것인지 알 수 없지만, 수백 명의 로마 군대가 출동하자 비로소 소동을 일으키던 사람들이 바울 폭행을 멈추었다고 32절은 말한다.

문제는 '온 예루살렘이 요란하다는 소문'은 28-29절을 강해할 때 이미 밝혔듯 바울이 성전에 헬라인을 데리고 들어갔다는 헛소문으로 인한 소동이었다. 심상은 그 에베소 사람과 시내를 같이 다닌 것을 보고는 바울의 평상시의 가르침으로 보건대 분명히 성전에도 데리고 드나들었을 것이라고 추정한 데서 비롯된 오해였다. 우리 속담에 "아니 땐 굴뚝에 연기 나랴"는 말이 있지만, 멀리서 볼 때는 그게 굴뚝에서 올라오는 밥 짓는 연기인지 모기 방제차가 살포한 소독용 연막인지 구별이 안 될 수 있으니 다가서서 확인해 봐야 하지 않을까? 연기만 보고 내 주장이 맞는다고 우기면 안 된다. 그래서 우리 주변에는 항상 억울한 일들이 생기는 것이다. 바울도 지금 그로 인해 큰 피해를 보고 있는 것이다.

> 33이에 천부장이 가까이 가서 바울을 잡아 두 쇠사슬로 결박하라 명하
> 고, 그가 누구이며 그가 무슨 일을 하였느냐 물으니, 34무리 가운데서 어
> 떤 이는 이런 말로, 어떤 이는 저런 말로 소리치거늘, 천부장이 소동으로
> 말미암아 진상을 알 수 없어 그를 영내로 데려가라 명하니라.(21장)

천부장은 바울이 폭행을 당하고 있는 것을 보았으므로 우선 그가 어떤 잘못을 저지른 피의자로 추정한 것 같다. 우선 바울을 잡아, 『사도행전』 12장 6절에서도 그랬던 것처럼, 양쪽에 로마 군사 한 명씩 두 명에게 쇠사슬로 연결되는 방식으로 결박했다. 이 장면은 예수님께서 『누가복음』 22장 52절에서 이스라엘의 구원자로 오셨지만, 대제사장들과 장로들은 물론 성전 경비대장에게 체포되어 대제사장 집으로 끌려갔던 사실을 독자들에게 연상시킨다. 차이점은 이방인의 사도 바울은 로마군 경비대에 직접 체포되어 결박당해 끌려간다는 점이다.

예루살렘 경비대 호민관인 로마군 천부장은 피의자를 우선 확보하고 보호한 후 거기서 멈추지 않고, 다음 단계로 그의 신원과 무슨 잘못을 한 것인지 확인하려고 했다. 그런데 사람들이 여기저기서 이런 저런 소리로 악을 써 대므로 도무지 진상 파악이 힘들자, 그를 로마군 수비대가 있는 안토니오 요새로 데려가라고 했다.

> 35바울이 층대에 이를 때에 무리의 폭행으로 말미암아 군사들에게 들려
> 가니, 36이는 백성의 무리가 그를 없이하자고 외치며 따라감이러라.(21장)

그런데도 흥분한 사람들은 계속 바울을 따라가며 폭행하면서 "없이하라" 즉 죽이라고 소리를 지르므로 성전과 안토니아 요새 수비대를 잇는 계단에서 군인들이 그를 보호하기 위해 둘러메고 가야 했다. 바울의 수난사다.

또다시 예수님의 수난 장면이 떠오른다. 『누가복음』 22장 66절을 보면, 유대교 지도자인 대제사장과 서기관들은 네가 그리스도냐, 하나님의 아들이냐 묻고, 『누가복음』 23장 3절을 보면 빌라도는 네가 유대인의 왕이냐고

예수님이 누구냐고 확인하는데, 『누가복음』 23장 18절은 무리가 모두 이 사람을 없애버리라, 23절은 큰 소리로 재촉하여 십자가에 못 박으라고 소리를 질렀었다고 한 장면과 겹친다.

사실 바울의 경우 이런 일이 처음은 아니었다. 에베소에서 복음을 전할 때도 데메드리오라 하는 은장색의 사주에 의해 폭동이 일어났을 때도 19장 35절을 보면 이방인인 에베소시의 서기장이 막아주고 보호해주었는데, 이제 예루살렘에서 누명을 쓰고 린치를 당할 때도 로마군 예루살렘 수비대장 글라우디오와 군사들이 제지를 하고 보호해 주도록 주님은 역사하신 것이다. 바울은 여기서 죽을 수 없었다. 왜냐하면 예수님은 십자가에서 모든 민족 구원을 위한 대속적 죽음과 부활이 목적이었지만, 바울은 로마에 가야 했고, 또한 당시 땅 끝인 스페인까지 가서 복음을 전해야 할 사명을 강하게 인식하고 있었기 때문이다.

이것을 보면 하나님의 종들이 하나님을 믿는다는 사람들에 의해 핍박을 받을 때 이방인을 통해서라도 하나님은 자신의 종을 해하지 못하게 보호할 것이란 18장 10절의 약속을 우리가 생각하지도 못했던 방법으로라도 지키시는 것을 볼 수 있다. 그 주님을 믿고 신뢰하고 우리는 증인의 삶을 살아야 한다. 그러므로

어떤 사람을 통해서도 보호하시는 하나님을 신뢰하는 삶을 살자(31-36).

군사들이 바울을 들러메고 계단을 지나 로마군 수비대 영내로 들어가기 전에 바울은 그리스 어로 천부장에게 "내가 한 말씀 드려도 되겠습니까?"라고 말을 걸었다.

[37]바울을 데리고 영내로 들어가려 할 그때에 바울이 천부장에게 이르되, 내가 당신에게 말할 수 있느냐? 이르되, 네가 헬라 말을 아느냐? [38]그러면 네가 이전에 소요를 일으켜 자객 사천 명을 거느리고 광야로 가던 애굽인이 아니냐.(21장)

우리말 개역개정성경은 "내가 당신에게 말할 수 있느냐?"고 상황에 맞지 않는 조금 건방지게 들릴 수 있는 어투로 번역해 놓았는데, 우리 성도들의 입장에서 하나님의 종을 높이려는 의도는 알겠지만 그런 투는 곤란하다.

천부장은, 유대인들과 충돌하여 커다란 소요를 일으킨 사람이 헬라어로 자신에게 할 말이 있는데 말씀을 드려도 되냐고 묻자, 깜짝 놀라서 '당신이 그리스 말을 할 줄 아시오?'라고 되물었다. 로마의 장교인 천부장이 사용하던 언어는 라틴어였고, 당시 헬레니즘 문화의 발생지인 그리스의 언어가 헬라어였다. 천부장은 이 사람이 어떻게 그리스어를 구사하는지 놀라며, 혹시 이 사람이 전에 자객 4천 명을 이끌고 소요를 일으켰다가 메시아 운동을 위해 광야로 들어갔다는 이집트 출신 유대인이 혹시 아닌가 하는 의심이 들었다.

갈수록 태산이다. 하나님의 종 사도 바울은 이제 자객 4천을 거느리고 소요를 일으켰던 인물로 의심까지 받게 된 것이다. 자객이라고 번역했지만 '시카리(단도를 품은 사람들이란 뜻이다)'라 불리던 극렬 유대 애국주의자들의 괴수가 혹시 아닌가 하는 오해를 받은 것이다. 그는 이집트 출신으로서 수천 명의 극렬 애국주의자들을 광야를 거쳐 올리브산으로 모이게 해서, 그들에게 예루살렘 성벽이 무너지는 것을 보게 될 것이라고 했다. 비록 펠릭스 총독이 지휘하는 로마군에게 그 무리는 진압되었지만, 그 수괴였던 이집트 출신 유대인은 빠져나갔는데, 예루살렘 거주민들이 성전에서 저렇게 난리를 치는 것을 보니 그 사람을 유대인들이 잡았나 보다 생각했던 것 같다.

그런 오해를 받다니, 바울은 화가 나고 흥분할 만도 한데, 그는 그러지 않았다. 차분히 자신을 소개한 후, 정중하게 한 가지 부탁을 한다. 39-40절을 보자.

> [39]바울이 이르되, 나는 유대인이라. 소읍이 아닌 길리기아 다소 시의 시민이니, 청컨대 백성에게 말하기를 허락하라 하니, [40]천부장이 허락하거늘, 바울이 층대 위에 서서 백성에게 손짓하여 매우 조용히 한 후에 히브리 말로 말하니라.(21장)

그는 자신의 무죄함을 주장하기보다는, 많은 사람들이 모여든 이 기회를 복음 증거로 사용하고 싶어 했다. 당신이라면 그럴 수 있겠는가? 내 신변이 위험하고, 당국자는 나를 오해하고 있는 상황에서 말이다. 그럴 경우, 자신의 신분과 위치를 내세워 위기를 모면하고 싶기 마련이고, "여기 책임자 누구야? 나오라고 해!"라고 소리치는 경우가 많은데, 자신을 돌보기보다는 그 상황마저 복음 증거의 기회로 보았다. 이렇게 많은 사람들을 모으는 것도 쉽지 않은데, 이렇게 몰려들었으니 그 기회를 살려 복음을 전하고 싶었던 것 같다. 사도 바울의 복음에 대한 열정이 이렇게 대단한 것은 놀랍지 않은가? 열정만 있다고 되는 것은 아니다. 역경을 복음 전할 기회로 만들 수 있어야 한다. 매 맞고 끌려가는 중이지만 그런 상황을 복음 전할 기회로 만들어 내는 사도의 모습은 놀랍다. 우리도 그런 사람이 되면 좋겠다. 그러므로

어떤 상황에서든 복음 전할 기회를 만드는 사람이 되자(37-40).

앞의 38절에서 본 것처럼 바울은 자신이 의심받던 그 애굽인이 아님을 복음을 전하기 전에 분명히 하기 위해, 자신은 유대인이지만 동시에 길리기아 지역 대도시인 다소 시의 시민이라고 했다. 아직은 자신이 로마시민권을 가진 사람이라고 말하지 않는다. 나중에 위기에서는 어쩔 수 없이 밝히지만 처음부터 굳이 그 신분의 힘을 이용하려고도 하지 않았다.

반면 오늘날 우리 기독교인들은 믿음으로 살고, 그 다음으로 하나님의 도우심을 의지해야 하는데, 그런 삶은 제쳐두고, "나는 미국 시민권자네, 내가 이래 봐도 검사네 판사네 국회의원이네, 내가 이래 보여도 청와대에서 일하네, 난 국정원 직원이네" 하는 사람들은 애굽의 '말을 의지하며 병거의 많음과 마병의 심히 강함을 더 의지하고 여호와를 구하지 않는 사람들'(사 31:1)과 같다.

그럼 사람들이 모인 교회는 세상에서 힘 좀 쓰는 사람이나 유명한 사람들이 교회에 오면 그들을 더 우대하거나 대단하게 여겨주기도 한다. 한 쪽에서는 신앙은 행위, 공덕, 마일리지로 말미암는 것이 아니라고 목청을 높이지만, 또 한 쪽에서는 힘 있고 유력한 사람들은 우대받고 돈 없고 유명하지 않은 사람은 거들떠보지 않는 것이 우리 한국 교회의 현실이다. 그런 교회에서는 너도 나도 자신이 로마시민권자임을 밝혀야 대접받을 수 있다. 그것이 믿음으로 사는 사람들의 삶의 방식일 수 있을까? 이런 것을 돌아보고 고치지 않는 이상 고아와 과부의 하나님, 문둥병자와 창녀와 세리와 함께 하셨던 예수님 얘기는 다른 동네 이야기로 들릴 것이다.

바울은 자신의 로마시민권자로서의 권한을 주장하지는 않지만, 로마제국의 한 주인 길리기아 다소 시민이라는 사실과 로마어와 헬라어를 구사하는 능력을 통해 천부장에게 호감을 주고 유대인들에게 말할 기회를 얻어냈다. 39-40절을 다시 보자.

> 39 바울이 이르되, 나는 유대인이라, 소읍이 아닌 길리기아 다소 시의 시민이니 청컨대 백성에게 말하기를 허락하라 하니 40 천부장이 허락하거늘 바울이 층대 위에 서서 백성에게 손짓하여 매우 조용히 한 후에 히브리 말로 말하니라.(21장)

그런데 백성들에게는 헬라어가 아닌 히브리어로 말했다. 히브리 말이라고 번역되어 있지만 히브리 방언이란 단어인데, 그것은 아람어였다. 바울은 이처럼 이스라엘 사람이지만 로마의 속주의 길리기아 지역 다소 시민이요 아람어와 그리스어 등 여러 언어에도 통달했었다. 이것을 보면 우리의 세상 경력과 신분이 거듭난 그리스도인에게 자랑이 되서는 안 되지만, 마지막 결정적인 순간에 복음 증언의 기회를 위해 사용될 수 있음을 알 수 있다. 물론 유명 연예인 출신, 세상에서 성공했다는 사람들이 그 화려한 과거를 힘입어 강단에 서서 하나님 말씀을 이지럽히는 것을 많이 보지만, 때로는 그것 때문에 기독교에 무관심했던 사람들이 마음을 여는 경우도 보기 때문이다. 따라서 복음 증거를 위해 결정적 순간에는 우리의 최선과 인정받는 전문성이 도움이 되기에, 그리스도인들은 평상시에 각자 맡겨진 자신의 일터에서 탁월한 전문가로 인정받을 수 있기를 바란다. 그 경계가 미묘하기는 하지만, 복음을 위해서라면 우리가 가진 모든 것이 쓰임 받을 수 있기를 우리는 소원하기 때문이다.

그러므로 어떤 상황에서든 주님의 복음을 증거하기 위해 우리는 각기 보내진 곳에서 사회적인 지위와 전문성으로 인정받는 사람이 되자. 그것을 다른 말로 하면 이것이다.

☞ 어떤 기회가 오든 복음 증인으로 쓰임 받도록 준비된 삶을 살자 (39-40).

어떤 것은 가지고 태어나거나 부모로부터 받는 것이 있고, 어떤 것은 우리가 노력해서 얻는 것이 있다. 그러나 어떤 경우든 주어진 것은 잘 사용해 하나님께 영광을 돌리고, 없다면 최선을 다해 성취한 것으로 하나님께 영광 돌리자. 우리에게 허용된 모든 것을 통해 복음을 증언할 수 있다면 그것이 미국 시민권이든, 북한 시민권이든, 인공지능 분야의 권위든, 한옥 대목수 기능을 가진 장인이든 가지고 있는 모든 것을 통해 우리를 구원한 주님의 은혜와 복음이 무엇인지를 증거할 수 있도록 준비되어 있어야 한다. 당신은 준비되어 있는가? 모든 영역에서 준비된 사람은 어떤 상황에서도 쓰임 받을 수 있다.

또한 우리는 생각해 볼 것이 있다. 그냥 먹고 살기 위해 평생 수고하고 애쓰다가 가는 것이 행복할까? 나만 잘 먹고 나만 잘 살면 우리는 정말 행복할 수 있을까? 아마 인간으로 태어나서 정신없이 살다가 나이가 들어야 비로소 나는 왜 사는 것이고, 무엇을 위해 지금까지 달려왔는지, 내 인생의 참된 의미와 기쁨은 어디에서 오는 것인지 생각해 보게 될 것이다. 아직 그런 생각을 해보지 못했다면, 어쩌면 오늘 지금 이 순간, 더 늦기 전 지금 나도 조그만 나의 행복을 추구할 수 있는 것이고 그래야만 하는 것 아닌가 생각해 봐야 한다. 그런데 나만의 기쁨이 아니라, 다른 사람들과 함께 모두 잘 살고 함께 축복을 누리는 기쁨에 들어가는 것이 진정한 행복임을 지혜로운 사람들은 깨닫게 될 것이다. 그것이 다른 사람들에게 참된 인간의 도를, 인생의 참된 목적과 의미를 일깨워주고 그것을 위해 복음을 들려주고 하나님을 만나게 도와주는 것이다. 그래서 내 주변 사람들과 하나님께서 내게 만나게 해주는 사람들이 변해 참으로 의미 있는 삶을 사는 것을 보는 것이 진정한 행복이다.

제자 중 한 전도사는 외국인들에게 우리말을 가르치는 교수 일을 하고 있지만, 선교사로 헌신을 했기에 야간에 신학을 했다. 공부를 잘 해서 주변에서 신학으로 박사까지 하라는 추천을 여러 교수님들에게 받았지만, 국내에서는 물론 나중에 해외 선교지에 가서도 외국인에게 한국어를 가르치는 일을 통해서 선교하는 것이 효과적임을 깨닫고 신학박사 학위를 하는 것보다는 한국어 교육 분야로 박사 학위를 하는 것이 우선적이라는 것을 깨닫고 그 길을 모색하고 있다. 그녀는 지금까지 신학을 하느라 강사들의 소망인 전임교수가 될 기회나 더 많은 강의 기회를 포기했다. 신학으로 박사학위를 하기에 충분한 능력을 갖고 있지만 그 길도 포기하고, 오로지 복음 전하는 자로 쓰임받기 위해 힘들고 어려운 길을 선택하는 것은 얼마나 아름다운가? 존귀한 복음을 위해 드리는 우리의 최선, 그것이 세상에서 가장 아름다운 예배다.

바울은 로마군 주둔지 안토니오 요새로 끌려가는 순간에도 성전과 요새 사이를 연결한 통로 층계처럼 불편한 상황에서도, 때를 얻든지 못 얻든지 자신이 만난 그리스도와 복음을 그들에게 들려주려고 몸부림쳤다. 그리고 하나님의 놀라운 구원의 역사를 증언하기 시작한다. 그 내용이 다음에 살펴 볼 22장이다. 기대를 가지고 『사도행전』을 계속 읽어 나가자.

진리의 빛에 눈이 멀고, 눈을 뜨다

(행 22:1-23)

"더 알려고 하지마. 다쳐~"

진실을 알면 행복해지지 못한다고 세상은 가르친다. 진실을 알면 다친다고 한다. 진실은 우리를 진리로 이끌고, 진리가 우리를 자유케 할 것 같은데 세상은 왜 그렇게 진실을 알면 다친다고 하는 것일까? 뭘 그렇게 숨기려고 하는 것이 많고, 알면 안 되는 것이 많은가?

하나님은 우리에게 진실을 알게 하고 진리를 알게 하시기 원하신다. 그래서 참된 진리인 예수님을 알고 참으로 자유롭게 살 수 있기를 원하신다. 문제는 회개하지 않은 종교성 속에 살 때 진리는 우리를 눈멀게 하고 우리를 미련하게 한다는 점이다. 더 큰 문제는 우리가 눈먼 맹인인지도 모르고 우리의 열심으로 하나님을 박해하기도 한다는 점이다. 거듭나기 전의 바울이 그런 삶을 살던 사람이었다.

그러던 바울은 주님을 만나고, 교회 형제를 통해 눈을 뜨고, 인도함을 받았다. 그 결과 새로운 세상이 열렸다. 그리고 소경이 눈을 뜬 것처럼, 거듭난 후 진리의 빛이 보이기 시작했다는 것이다. 예수님을 만난 사람들의 공통적인 경험이 바로 이것이다.

그 이야기를 이제 하나님을 믿는다고 하지만 거듭나지 못한 사람들에게 간증하려고 하는 것이다. 한 사람의 인생을 바꾼 이야기를 귀 기울여 같이 들어보자.

> [1]부형들아, 내가 지금 여러분 앞에서 변명하는 말을 들으라. [2]그들이 그가 히브리 말로 말함을 듣고 더욱 조용한지라. 이어 이르되.(22장)

앞의 21장 40절에 이어 본문 22장 2절도 바울이 히브리 말로 말했다고 반복해서 지적한다. 실제로는 NIV 영어 성경이 번역했듯이 당시 팔레스타인 지역에서 사용하던 셈족어 계통인 아람어를 사용했을 것으로 학자들은 본다. 그러자 소란하던 유대인들이 조용해졌고, 이제 그는 하고 싶은 말을 할 수 있게 되었다. 유대인들은 바울이 해외파로 헬라인과 이방인들을 상대로 사역을 하고 이스라엘과 성전과 율법을 무시한다는 소문을 듣고 미워했는데, 자신들이 쓰는 히브리 방언인 아람어로 말을 하니 놀라서 주목했을 것이다.

바울은 이스라엘 땅이 아닌 길리기아 지역 다소에서 태어나 교육받은 소위 해외 이민 2세, 3세지만 히브리어, 아람어를 구사할 수 있었기에 동족 유대인들에게도 증인될 수 있었다. 많은 우리나라 그리스도인들이 해외 선교사로 나가 있다. 안타까운 것은 그 가운데 상당수가 현지어를 하지 못한다. 그런 상태에서 어떻게 선교를 하겠다는 것인지 도무지 이해할 수가 없다. 그러다보니 해외에서 한국인들을 대상으로 목회를 하려고 하고, 선교비 후원을 받으면서도 현지인들에게 복음을 전하지 못한다. 속 시원한 모국어로도 전도를 못하던 사람이 해외에 나가면 현지인에게 선교를 할 수 있다고 생각하는 것은 참으로 심각한 넌센스다. 복음의 증인으로 살려면 특히 현지 언어 구사가 매우 중요함은 입 아프게 더 말할 필요가 없지만, 왜 그 기본이 지켜지지 않는 것일까? 국내 사역에 실패해서 도피로 간 것인지, 해외 좋은 곳에 살며 아이들 교육을 위한 것인지, 노후 살기 좋은 곳에 가고 싶어서 간 것인지 하는 오해를 사람들에게 받지 않도록 언어 준비부터 하고 선교를 가면 좋겠다.

3절 이하의 바울의 말을 우리 개역개정 1절은 '변명'이라고 번역해 놓았다. 우리말로 변명이란 단어는 잘못한 것에 대한 책임을 회피하기 위한 부정적 뉘앙스가 더 강하다. 변명이란 단어는 *apologia*로서 거기서 영어의 apology(변증)란 단어가 나온 것도 사실이다. 그러나 현대 우리말 용법으로는 기소된 피의자가 자신을 변호한다고 해야지 변명이라고 번역하면 오해를 줄 수 있다. 그래서 여러 영어 성경은 excuse가 아니라 자신을 변론 혹은 변호하는 것으로 defense란 단어로 번역을 잘 해 놓았는데 그 의미로 이해해주면 좋겠다.

> [3]나는 유대인으로 길리기아 다소에서 났고 이 성에서 자라 가말리엘의 문하에서 우리 조상들의 율법의 엄한 교훈을 받았고, 오늘 너희 모든 사람처럼 하나님께 대하여 열심이 있는 자라. [4]내가 이 도를 박해하여 사람을 죽이기까지 하고 남녀를 결박하여 옥에 넘겼노니.

바울은 먼저 자신이 어떤 사람인지 알린다. 많은 유대인들이 그에 대해 잘 알지도 못하면서 어디서 비난의 말만 얻어 듣고는 그를 해외에서 온 반 이스라엘, 반 성전, 반 유대교, 반 율법주의자로 여겼기 때문에 그는 자신이 제대로 교육받은 유대인이라는 것부터 우선 분명히 밝힌다. 그런데 그런 오해를 받게 된 것은 유대인이지만, 길리기아 지역 다소에서 태어난 사람이기 때문임을 덧붙인다. 이것은 이미 21장 39절에서 천부장에게 밝혔던 내용이지만, 소동을 벌이는 유대인 군중들은 잘 모르는 사항이니 다시 분명히 밝히는 것이다. 비록 이방 헬라문화권에서 태어난 이민 2세이지만, 자신은 '이 성'에서 자랐다고 한다. 대명사의 모호성으로 인해 이 성이 어디냐가 문제인데, 다소 시일 수도 있고 예루살렘 성일 수도 있다. 우리말에는 번역하지 않고 빼먹은 단어가 있는데, '이 성에서' 앞에 *de*라는 접속사가 있는데 그 단어는 기본적으로 '그러나'라는 역접으로 쓰이지만 때로는 '그리고'라는 순접으로도 번역될 수 있기에 우리말 성경이나 영어 성경 중 NLT처럼 and로 보면 다소에서 태어나서 거기서 자랐다는 말이 되고, NIV, NRSV, NASB 같은 주요 영어 성경들은 거의 다 but으로 번역해서 다소에서 태어났지만, 여기 예루살렘 성에서 자라고 교육받았다고 번역했다. 나도 후자가 그 이후 가말리엘 문하에서 교육받은 이야기와의 연결성으로 볼 때 더 자연스럽다고 생각한다. 아무튼 바울은 당대 유대인 랍비 중 최고였던 가말리엘의 문하에서 율법 교육을 받아, 『갈라디아서』 1장 14절에서 고백했듯이, 조상의 전통에 대해 매우 열심이 있었던 사람이었다. 사람들은 바울이 하나님을 대적하는 인물로 고발했지만, 이런 사실을 통해 그는 그것이 무고라고 주장하고 있는 것이다. 물론 많이 배운 신앙 지식과 삶은 다를 수 있다. 그러나 그는 배운 대로 열정적으로 살던 사람이었다.

물론 우리 그리스도인들의 관점에서 볼 때, 바울의 하나님을 향한 열심 역시 문제를 일으켰다. 잘못된 신앙에 의한 열심은 항상 문제를 일으킨다. 그런데 아무리 자신의 유대교 신앙을 입증해야 하는 처지라도 숨기고 싶은 부분이 있기 마련이다. 그렇지만 바울은 자신의 어두운 과오를 솔직하게 인정하고 있다. 얼마 전에 한 여검사가 장례식장에서 법무부 장관을 수행할 때 고위급 검사로부터 성추행을 당했음을 고백하며 다시는 이런 일이 벌어지지 않기를 바란다고 했을 때, 추행 당사자는 술에 취해 기억나지 않는다고 했다. 그 사건을 고발한 여검사는 미국 영화와 음반 제작자들의 성추행을 고발하는 MeToo운동도 용기를 내게 한 계기였지만, 그 가해 검사가 최근에 회개하고 구원을 받았다는 간증을 하고 다닌다는 얘기를 듣고, 회개는 피해자들에게 직접 해야 한다는 말을 하고 싶었다[1]고 했다.

사도 바울의 위대성은 자신의 어두웠던 과거의 잘못을 인정했다는 사실에서 온다. 예를 들어 4절에서는 남녀를 가리지 않고 결박해 투옥시켰던 잘못을 인정한다. 잘못했던 점을 인정하는 것은 용기가 있어야 가능하다. 『사도행전』 9장 2절에 의하면, 그것은 "그 도를 따르는 사람을 만나면 남녀를 막론하고 결박하여 예루살렘으로 잡아오려 함이라"고 했지만, 본문 4절에서는 "이 도" 즉 예수 믿는 신앙의 길을 박해한 것은 그리스도인들을 죽음에 이르게 한 것이었다고 토로한다. 그 속에 깔려 있던 마음은 『갈라디아서』 1장 13절에서 표현했듯이 하나님에 대한 잘못된 열심으로 말미암아 하나님의 교회를 숫제 없애버리려고 했던 것이었음을 고백한다. 그 잘못을 진실로 참회하는 심정 때문에, 그는 이방인의 사도로 부름 받았음에도 불구하고 그토록 유대인들에게 복음을 전하려고 했던 것 같다.

바울은 이 모든 자신의 죄악은 사실 내가 율법을 모독했다고 고발하는 당신들 유대교의 수뇌부와 결탁해서 했던 일이었다고 까지 증언한다.

1) 2018년 1월 29일 JTBC 뉴스 인터뷰를 참조하라.

[5]이에 대제사장과 모든 장로들이 내 증인이라. 또 내가 그들에게서 다메섹 형제들에게 가는 공문을 받아 가지고 거기 있는 자들도 결박하여 예루살렘으로 끌어다가 형벌 받게 하려고 가더니.

그때 했던 자신의 부끄러운 일을 바울은 숨기지 않고 참회의 심정으로 한 점도 숨기지 않고 솔직하게 낱낱이 고백한다. 그 일의 몸통이요 자신이 하는 죄 고백의 증인은 대제사장과 장로들 즉 산헤드린 의원들이라고 한다. 이 증언은 본문 후반 19-20절에서도 다시 반복된다.

[19]내가 말하기를, 주님 내가 주를 믿는 사람들을 가두고 또 각 회당에서 때리고, [20] 또 주의 증인 스데반이 피를 흘릴 때에 내가 곁에 서서 찬성하고 그 죽이는 사람들의 옷을 지킨 줄 그들도 아나이다.

과거에 행한 잘못으로 쓰임 받지 못할 이유는 없다. 바울뿐 아니라, 사실 아브라함도, 모세도, 다윗을 포함한 모든 하나님의 위대한 종들도 다 일종의 범죄자였다. 그러나 무엇이 그들을 위대한 하나님의 사람이 되게 했느냐 하면, 깊고 진정한 회개와 그 열매를 보인 변화된 삶 때문이었다. 하나님은 변화된 죄인을 쓰신다.

아브라함, 모세와 다윗의 경우와 달리 바울이 행한 악은 성격상으로는 다른 점이 있다. 그것은 자신의 신앙적 확신, 종교적 신념 때문에 벌인 죄였다. 당시 자신의 종교적 신념에 의해서 볼 때 기독교인들은 야훼 하나님을 잘못 믿고 있는 것인데, 하나님 한 분 외에는 신이 없게 하라는 10계명을 위반했다고 믿었고, 자신은 그렇지 않다는 자신의 종교적 의로 남을 심판하고 하나님을 위해 충성을 바친 것이 기독교인들을 핍박한 것이다. 그것이 문제다. 지금 우리 기독교인들도 종종 자신의 열심으로 하나님의 일과 하나님의 사람을 핍박하고 막기도 한다. 문제는 그런 열심당원들은 자신의 문제를 모른다는 것이다. 그러므로

✎ 우리의 종교성으로 타인에게 해를 입히지 않도록 주의하자(1-5, 19-20).

예수님께서 영적으로 맹인이면서도 본다고 생각하는 사람들에 대해 지적하셨던(요 9:41) 것처럼, 우리 자신이 눈이 먼 것도 모르고 살지는 말아야 한다.

나도 조금 배운 성경 지식으로 기독교를 비판하고 기독교인들을 무시하고 모욕하고, 집안에 첫 신자된 여동생을 핍박했었다. 대학에 들어가서는 믿지도 않으면서 여러 대학 연합인 기독교 서클 회장이 되어 사람들의 신앙을 모욕하고 방해했었다. 참으로 부끄러운 일들이었다. 그러던 죄인의 괴수를 주님은 불러 사함을 받게 하시고, 새롭게 하여 사용하신 것이다.

그럼 어떻게 해야 이런 문제에서 벗어날 수 있을까?

진리가 우리를 자유롭게 한다(요 8:32)고 성경은 말씀하는데, 우리를 자유케 하는 것은 무엇을 공부하고 무엇을 깨달아서 되는 일이 아니다. 우리를 자유케 하는 진리는 예수님이다. 그 말씀 뒤에 주님은 "내가 곧 길이요 진리"라고 하지 않으셨던가? 하나님의 아들 예수님께서 우리를 세상의 모든 속박에서 자유케 한다. 그러므로 교회를 다닌다고, 기독교를 믿는다고 구원을 받거나 자유롭게 되는 것이 아니다. 종교가 우리를 자유케 하지 못한다. 오히려 우리를 속박해 버린다. 종교는 우리에게 열심히 봉사하기를

요구하지만, 아무리 섬기고 일해도 우리가 자유케 되지 못한다. 종교가 아닌 진리를 알 때, 즉 예수님을 제대로 만날 때 우리는 세상 모든 속박으로부터 자유로워진다. 진리인 예수님은 심지어 종교적 열심으로부터도 우리를 자유케 해주신다.

현실을 보면 교회에는 많은 종교인들이 있는데, 그 중 오직 소수만 거듭난 그리스도인이 된다. 즉 오직 소수만 구원받는다. 왜 소수인가? 예수를 만나는 일이 드물어서 그렇다. 나머지 대부분은 종교적 열심으로 신앙생활은 하나, 자신이 눈 먼 채로 살고 있으면서 자신이 소경인지 모르고 산다. 이 문제의 해결은 진리 자체인 예수님을 만나 그의 은혜의 기적을 경험하는 것인데, 어떻게 우리는 예수를 만날 수 있는가? 일반 종교가 가르치듯 우리가 수행해서 신을 만나는 것이 아니라, 주님이 찾아오셔서 만나줘야 한다. 하나님의 자기 계시가 필요하다.

본문 5절과 19-20절을 보면, 바울은 자신의 종교적 열심을 가지고 그리스도인을 핍박하던 사람이었는데, 어느 날 문제가 발생한 것이었다. 이 사건이 그의 인생의 전과 후를, BC(Before Christ 그리스도 이전)와 AD(*Anno Domini* 주님의 해 이후)로 나누어 버렸다. 어떤 사건이었는가를 6절 이하에서 상세하게 소개한다

> 6가는 중 다메섹에 가까이 갔을 때에 오정쯤 되어 홀연히 하늘로부터
> 큰 빛이 나를 둘러 비치매, 7 내가 땅에 엎드러져 들으니 소리 있어 이르
> 되, 사울아, 사울아, 네가 왜 나를 박해하느냐 하시거늘, 8 내가 대답하
> 되, 주님 누구시니이까 하니, 이르시되, 나는 네가 박해하는 나사렛 예수
> 라 하시더라.

주님은 그에게 찾아와 말씀하셨다. 그 사건은 한밤중 자다가 꾼 꿈이 아니고, 정오 대낮에 벌어진 분명한 사건이라고 밝힌다. 그때 만난 주님께서 하신 말씀은 "너는 기독교를 핍박한 것이 아니라 또한 그리스도인을 핍박한 것이 아니라, 바로 나를 핍박한 것"이라고. 문제의 본질을 지적하셨다. 이렇게 주님은 바울을 찾아와 만나주시고 구원해 주셨다. 이것이 구원의 길인 하나님의 자기 계시다.

그런데 여기에서 이상한 것이 있다. 오직 바울만 주님의 음성을 듣는다. 그것이 신비다. 9절을 보라.

> 9나와 함께 있는 사람들이 빛은 보면서도 나에게 말씀하시는 이의 소리는 듣지 못하더라.

한 가지 더 이상한 신비가 있다. 하늘로부터 큰 빛이 바울을 둘러 비치는데, 모두에게 빛이 비치나 오직 바울만 눈이 멀게 된다.

> 11전반부나는 그 빛의 광채로 말미암아 볼 수 없게 되었으므로.

하나님은 모두에게 빛을 비추시고, 악인이나 선인 모두에게 비를 내리시고(마 5:45), 모두에게 열매를 맺게 하시지만, 누구는 감사하고, 누구는 감사할 줄 모르며, 누구는 알아듣고 누구는 알아듣지 못한다. 세상 많은 사람들 가운데 우리에게 그 구원의 음성을 들려주시고 그 사랑을 깨닫게 하시는 것을 감사하고 그것을 은혜라 부른다.

그런데 그 은총을 모르는 사람들에게 하나님은 때로 눈을 멀게 하시기도

한다. 잠시 고난 후에 눈을 뜨게 하시는 것은, 이 전과 다른 새 빛을 보고 새로운 세상을 보게 하시기 위함이다. 그것을 위해 주님은 때로 잠시 우리의 눈을 멀게 하시기도 하는 것이다. 그러므로 구원받은 사람들은 잠시 눈이 멀게 된 순간을 구원의 전조라 부르고, 그것조차 은혜라는 것을 나중에 깨닫고 감사하게 된다.

『디모데전서』 2장 4절에 의하면, "하나님은 모든 사람이 구원을 받으며 진리를 아는 데에 이르기를 원하시느니라"고 한다. 즉 하나님은 항상 모두가 구원받기를 바라신다. 그런데 왜 소수만 구원을 받을까? 그 비밀을 깨달은 사람들은 그것을 선택이라고 부른다. 그것은 구원받은 사람에게 자부심을 갖고 선택 받지 못한 사람들은 은총을 받지 못한 것이라고 비아냥거리라고 주신 은총이 아니다. 모두에게 빛이 비치고 모두에게 성경이란 계시가 주어져도 그 은총을 수용하여 회개하고 순종하는 사람들이, 자신같이 구원받을 자격이 없는 죄인에게 베푸신 은혜가 감사해서 표현한 말이 선택이다. 그래서 이 모든 일을 결과적으로 표현하자면 오직 선택받은 사람만 구원의 은혜를 듣고, 그들에게만 복음이 들리고 구원받는 것이라고 말하는 것이다.

그런데 하나님께서 우리를 찾아와 주시고, 우리를 만나주시고, 천당 티켓을 주는 것으로 끝나지 않는다. 하나님이 우리를 구원하실 때 동시에 하시는 일이 있다.

> 10내가 이르되, 주님 무엇을 하리이까? 주께서 이르시되, 일어나 다메섹으로 들어가라. 네가 해야 할 모든 것을 거기서 누가 이르리라 하시거늘, 11나는 그 빛의 광채로 말미암아 볼 수 없게 되었으므로 나와 함께

있는 사람들의 손에 끌려 다메섹에 들어갔노라.(22장)

하나님은 우리를 인도하실 때 대부분의 경우 한 번에 한 단계씩만 알려주신다. 거기에 순종하면 다음 단계도 따라온다. 처음에는 하나님의 직권적 개입이 있어도, 그 다음에는 다른 사람을 통해 인도하시기도 한다. 그때 주님은 어떤 사람을 통해 그 일을 하실까? 사도 바울 같은 대단한 사람을 구원하기 위해서라면 더 대단한 사람을 쓰시는가?

12율법에 따라 경건한 사람으로 거기 사는 모든 유대인들에게 칭찬을
듣는 아나니아라 하는 이가, 13내게 와 곁에 서서 말하되, 형제 사울아.
다시 보라 하거늘, 즉시 그를 쳐다보았노라.(22장)

위대한 사도 바울이 주님을 만났을 때 그를 도왔던 사람은 그보다 더 유명한 베드로 같은 사람이 아니라, 평범한 사람 아나니아였다. 주님은 우리의 명성과 수준 때문에 쓰는 것이 아니다. 가장 귀한 하나님의 일에는 가장 평범한 사람이 쓰이는 것을 종종 본다. 평범하지만 순종의 자세가 잘 되어 있고(행 9:13-17), 하나님의 율법에 따라 살고 경건하여 주변 사람들에게 칭찬받는 사람이었다. 그런 사람이 주님의 위대한 일에 쓰이는 것이다. 이후에 그는 다시 성경에 등장하지 않지만, 이렇게 사도 바울의 구원의 도구로 한 번 쓰임 받고 가는 것도 얼마나 귀한 일인가? 하나님의 위대한 일에 한 번 쓰임 받는 은총을 위해 우리는 평생을 경건하게 살 수 있는가?

그런데 눈이 머는 것도 그렇지만, 시력 회복도 순간적 기적이다. 그를 보내 "형제 사울아. 다시 보라" 하자, 바울은 순종하여 즉시 그를 쳐다보자

그는 시력이 회복되어 보게 되었다. 그리고 아나니아는 이 모든 사건의 의미와 목적을 설명해 주었다. 같은 사건을 언급한 『사도행전』 9장에서는 사울처럼 기독교를 핍박하는 자를 왜 도와야 하느냐고 아나니아가 하나님께 반문하자 가르쳐 주셨던 이유를(9:15), 이제 본문에서는 아나니아가 사도 바울의 구원의 목적과 사명으로 설명해 주는 것으로 소개된다.

> 14그가 또 이르되, 우리 조상들의 하나님이 너를 택하여 너로 하여금 자기 뜻을 알게 하시며, 그 의인을 보게 하시고, 그 입에서 나오는 음성을 듣게 하셨으니.

바울의 구원을 설명할 때 "우리 조상들의 하나님"이란 말과 예수님을 "그 의인"이란 용어로 표현한 것은 유대교적 연속성을 보여주기 위한 표현이다. 그 의인은 메시아에 대한 유대교적 호칭이기 때문이다. 12절에서 바울이 주님을 만날 때 돕던 아나니아를 묘사하던 표현도 "율법에 따라 경건한 사람으로 거기 사는 모든 유대인들에게 칭찬을 듣는" 사람으로 묘사된다. 이 모든 것은 아나니아가 사울에게 한 말이지만, 현재 사도 바울이 자신을 반유대적이라고 공격하는 유대인들에게 예수 그리스도를 메시아로 믿는 기독교가 야훼 하나님을 믿는 유대교의 연장선상에 있음을 설득하기 위해 세심하게 채택한 용어로 보인다.

눈 먼 바울에게 중요했던 것은 메시아 예수님의 입에서 나오는 하나님의 '음성'이었다. 모세가 하나님의 음성을 듣고 백성에게 토라를 전했던 것처럼, 바울에게는 그리스도의 말씀이 커뮤니케이션의 중심이 된다. 여기서 구원받는 것은 장님이 보게 되고 귀머거리가 듣게 되는 것이고, 그 들음은 그리스도의 음성에서 출발하는 것이다. 그것은 구약에서 하나님께서 이스라엘을 선택하셨던 것처럼, 동일한 은혜로운 선택에 의한 것이다. 그 은혜가 없으면 우리는 보지도 못하고 듣지도 못하는 것이다.

그러면 그 음성을 들은 사람은 어떻게 살아야 하는가?

> 15 네가 그를 위하여 모든 사람 앞에서 네가 보고 들은 것에 증인이 되리라.

같은 시간, 같은 공간에 여럿이 같이 있지만 오직 나만 눈이 멀고, 주변에 많은 사람이 있어도 나에게만 들리는 하나님의 소리가 있다고 했는데, 그것이 신적 소명이다. 우리는 그 많은 사람들 가운데 우리만 보고 들은 것에 대해 다른 사람들에게 증인의 삶을 살도록 부름을 받은 것이다. 이미 앞에서도 지적했듯이, 구원은 사명과 분리되지 않는다. 구원받은 사람은 이런 증인의 사명을 갖고 살아야 한다는 것이 사도 바울에게 구원 사건의 의미이며, 성경의 가르침인 것이다.

그러므로 찾아주시고 만나주시는 구원의 은혜에 감사할 뿐 아니라, 은혜받고 구원받은 자로서 증인의 사명을 감당하는 우리 모두가 되어야겠다.

바울의 구원 경험이 가르쳐 주는 바는 무엇인가? 그것을 정리하면 바울의 복음 사역의 의미를 이해할 수 있게 된다. 그것은 바울과 우리 그리스도인들의 소명과 사명의 본질을 깨닫게 만든다는 것이다. 이스라엘이 기다렸던 메시아를 보내자 거절하는 유대인들에게 의로운 그리스를 보고 하나님의 뜻을 알게 하시고, 예수님의 말씀을 듣게 하는 것과 함께(14절) 모든 사람, 즉 유대인과 이방인 모두에게 우리가 보고 들은 주님의 말씀을 증언하는(15절) 것이다.

그러므로 잊지 말자. 하나님은 우리를 구원하실 때 영생을 베풀고 천국 티켓만 주시는 것이 아니라는 사실을! 우리를 구원하실 때 주님은 항상 구원의 은총과 함께 사명을 주신다. 구원과 소명 혹은 사명은 함께 주어지는 것이다.

그리고 사명을 다 할 수 있도록 준비를 시키신다. 하나님의 위대한 일을 위해 우리를 제사장으로 쓰시기 위해 주님은 먼저 우리를 정결케 하시고, 그 사명을 위한 임직식을 하신다.

> 16 이제는 왜 주저하느냐? 일어나 주의 이름을 불러 세례를 받고, 너의 죄를 씻으라 하더라.

예수님의 세례가 죄인의 죄를 씻는 세례와 달리 하나님의 보내신 자 메시아로서의 임직식이었던 것처럼, 바울의 세례도 복음 사역을 통해 이방인을 주님께 올려드릴 제사장 직무를 위해 깨끗하게 하는 정결례가 되고 소명 받은 것처럼 이제 이방인의 사도가 되는 임직식이 된다. 그것이 세례식이다. 세례는 단순히 구원 받음에 대한 증표일 뿐 아니라, 우리가 사명을 가지고 살도록 제사장으로 임직시키는 중요한 의식이다.

그리고 그 제사장적 직무를 위해 바울은 제자리에 머물러 있으면 안 된다. 그것은 주저할 일이 아니다. 즉시 일어나 순종해야 할 사명이다. 그것은 먼저 예루살렘 성전을 들른 후 보내시는 곳으로 떠나는 것이었다. 그것이 17-18절이다.

17후에 내가 예루살렘으로 돌아와서 성전에서 기도할 때에, 황홀한 중
에 18보매, 주께서 내게 말씀하시되 속히 예루살렘에서 나가라. 그들은
네가 내게 대하여 증언하는 말을 듣지 아니하리라 하시거늘.

이런 하나님과의 만남과 소명 받음은 다메섹으로 가는 길 이방 땅에서만 벌어진 일이 아니다. 아나니아를 통해 들은 주님의 말씀에 순종하여 예루살렘으로 돌아가서, 성전에서 기도할 때에 그것이 바로 이스라엘의 하나님께서 주신 사명임을 다시 확증 받는다. 예루살렘 성전에서 바울이 기도할 때 환상 중에 주님께서 나타나셔서 사명을 재확인하여 주신다. 이 일이 황홀한 중에 일어났다고 개역개정은 번역했는데, 현대식으로 표현하자면 이것이 바로 비전의 갱신 과정이다.

그러면 주께서 주신 비전은 어떤 것이었나?

21나더러 또 이르시되, 떠나가라. 내가 너를 멀리 이방인에게로 보내
리라 하셨느니라.

사도 바울에게 주어진 궁극적 비전은 하나님의 도성 예루살렘으로 돌아가 성전 중심으로 사는 것이 아니었다. 예루살렘을 떠나 세상 속으로 들어가는 것이었다. 그에 따라 사도는 이제 예루살렘 밖으로 나가야 했는데, 사실 그 이유는 유대인들은 완악하여져서 더 이상 하나님에 대한 증언을 들으려 하지 않기 때문이다. 그럼 어디로 가야 하나?

하나님께서 내가 너에게 지시할 땅으로 떠나가라 하셨을 때 아브라함이 순종했듯이, 바울도 지시에 따라 예루살렘을 떠나 이방인에게로 가야만 했

다. 고넬료와의 만남을 통해 환상의 의미를 깨달은 베드로가 『사동행전』 10장 35절에서 하나님께서 이방인도 하나님의 백성으로 받으신다는 것을 이해했었지만, 이제 바울이 본격적인 이방인의 사도로서의 소명이 구체적으로 표현된다.

주님의 이 말씀은 사도 바울에게 이제 이방인의 사도라는 분명한 정체성의 근거로 평생 작용하게 될 것이다. 이런 일련의 사건을 통해 성경이 오늘 우리에게 주는 메시지는 무엇인가?

✎ 우리를 구원하시고 사명을 주시는 주님의 은혜에 충성하는 일꾼이 되자(6-21).

바울과 내가 다른 점은 나도 구원받고 주님으로부터 혹은 주변 사람들을 통해 사명을 받고 소명을 받았으나, 순종하기까지 7년 넘게 걸렸다는 것이다. 나는 주변 사람들이 다 선교사 헌신하는 분위기 속에서 한 편으로는 두려움, 또 한 편으로는 예수 잘 믿으면 다 신학을 해야 하나 하는 반감이 있어서 전적으로 풀타임 목회자의 길로 뛰어들지는 않았지만, 주님을 만나고 하나님의 일에 쓰임 받고 당시 다니던 대학원 연구실로 가는 길에 빛나는 햇살(ray)이 부챗살처럼 내 눈 앞에 펼쳐져 나를 향해 쏟아져 오는 것을 느꼈고, 이전에 듣지 못했던 새소리와 바람 소리를 들었고, 그 가운데 참된 평화와 행복을 느끼며 내 평생 어떤 일을 하든지 이제는 주님을 위해 살겠노라고 주님께 간절하게 기도했었다. 그때 나는 앞으로 무슨 일을 하든 주님을 위해 살아야겠다는 것을 깨닫고 주님께 고백했던 기억이 아직도 생생하다. 나 역시 구원은 사명과 분리되지 않음을 그 당시 경험했던 것이다.

바울은 예수 그리스도를 모를 때는 하나님을 향한 열심으로 주님을 박해했지만, 이제 부활하신 그리스도를 만난 후로는 과거의 삶을 돌이켰을 뿐 아니라 그의 증인이 되는 새로운 길을 걷게 된다.

이제 그의 인생을 통해 하나님의 새 일이 시작된다. 그 일은 예루살렘을 떠나는 것에서 시작된다. 우리의 종교적 고향과 우리의 본토 친척 아비 집을 떠날 때, 모든 족속의 구원을 위한 하나님의 위대한 여정이 시작되는 것이다.

바울은 아나니아를 통해 "속히 예루살렘에서 나가라"는 명령을 받았고 순종했다. 우리의 예루살렘은 어디일까? 지금까지 은혜 받고 신앙생활하며 살았던 어떤 터전 아닐까? 그곳을 속히 떠나 미지의 세상으로 들어서는 것은 조금은 두려운 일이다. 그래서 믿음이 필요한 것이리라.

그러나 걱정할 것이 없는 것은, 주님께서 이미 내가 항상 너와 함께 있으리라(마 28:20)고 약속하셨고, 세상은 험하겠지만 그러나 성령이 우리에게 임하시면 우리가 권능을 받고 땅끝까지 이르러 주님의 증인이 될 것(행 1:8)이라고 약속하셨기 때문이다. 그 믿음으로 속히 우리의 예루살렘을 떠날 수 있는 모두가 되자.

하나님은 그러실 리가 없다?

(행 22:22-29)

기독교인들은 다들 남들이 한국 교회를 망치고 있지, 자신은 그런 일에 관계없다고 생각하는 듯하다. 특히 열심히 신앙생활 하는 사람들일수록 다른 사람들의 신앙생활에는 문제가 많다고 여기고 한심하게 보지만, 자신의 신앙에는 문제가 없다고 생각하는 것 같다.

유대인들의 하나님에 대한 열심은 매우 특별했고, 자신들은 세상 많은 민족들 가운데 하나님으로부터 선택받은 민족이라는 자부심과 함께 이방인들을 극도로 무시했다. 왜냐하면 자신들에게는 하나님의 백성의 표지로 할례를 받았고, 율법이 있고, 하나님의 성전이 있고, 안식일을 지켰고, 규정에 따라 부정한 음식을 먹지 않았고, 금식과 정기적인 기도생활과 토라 연구를 한 거룩한 하나님의 백성이라고 확신했기 때문이다.

그런데 22장 전반부에서 시작된 사도 바울의 구원과 소명 간증을 듣다보니, 가말리엘의 문하에서 엄격한 율법 교훈을 받고 대제사장과 장로들이 다 알 듯 예수교인들을 잡으러 다니던 추노꾼처럼 열심히 살았고 스데반을 돌로 쳐 죽이는데도 함께 했던 이야기가 나온다. 여기까지는 아무 문제없이 잘 들었는데, 자신이 그렇게 박해하던 예수를 만난 후 그 분이 메시아임을 깨닫게 되었다고 하며, 더 구체적인 이야기로 들어가자 오늘 본문 22-23절에서 보듯 유대인들은 "저런 놈은 살려 두면 안 된다"고 소리를 지르며 옷을 벗어 던지며 먼지를 마구 날렸다. 신성모독적 발언이라고 생각했기 때문이다.

이런 모습을 보면 우리 기독교인들은 하나님을 믿는다는 사람들이 어떻게 그럴 수 있는가 하는 생각이 든다. 그런데 아무리 종교성이 깊고 신앙생활을 열심히 하는 사람들일지라도, 자신들이 가지고 있는 확신과 다른 말을 들으면 그것이 참 진리인지 아닌지를 분별하여 받아들이지 않고 처음부터 거부한다. 그냥 거부하는 것이 아니라 자신의 정치적 종교적 확신과 다른 사람들에게는 성질을 부리고 없애 버리고 싶어 한다. 21장 36절과 본문 22절은 하나님을 믿는다는 사람들의 그런 모습을 반복해 보여준다. 그게 일반적으로 정치인들과 종교인들이 보여주는 전형적인 모습이다. 22절부터 함께 살펴보자.

> [22]이 말하는 것까지 그들이 듣다가 소리 질러 이르되, 이러한 자는 세상에서 없애 버리자, 살려 둘 자가 아니라 하여, [23]떠들며 옷을 벗어 던지고 티끌을 공중에 날리니.(22장)

조금 전까지 사도 바울의 구원 간증을 잘 듣던 사람들이 갑자기 소리를 질러 이 세상에서 없애버리자, 죽이라고 한 이유는 무엇 때문일까? 여러 가지가 있지만, 그들의 마음을 뒤집어 놓은 것은 바로 앞 21절에서 "내가 너를 멀리 이방인에게로 보내리라 하셨느니라", 즉 하나님께서 이방인에게 관심을 갖고 하나님의 종을 이방인에게 보내신다고 했기 때문이다. 그들은 이방인을 지옥의 불쏘시개쯤으로 생각했고, 자신들만이 하나님의 관심사요 사랑의 대상인 하나님의 백성이라는 자부심을 갖고 있었다. 그런데 하나님께서 그런 부정한 이방인들에게 관심을 가지셨고, 그런 형편없는 놈들에게 하나님의 종을 보내신다는 것을 도무지 받아들일 수가 없었다. 우리 하나님께서 그러실 리가 없다고 생각한 것이다. 게다가 거룩한 하나님께서 당신의 종을 더러운 이방인에게 보내겠다는 말도 안 되는 소리를 어디에서 한 것인가? 유대교의 심장부인 예루살렘 성전에서 한 것이다. 그러니 죽이라고, 저런 놈은 세상에서 없애 버리자, 살려 두면 안 된다고 소동을 벌인 것이다. 그러므로 이 사건에서 우리는 어떤 교훈을 받게 되는가?

하나님께서 그러실 리가 없다는 잘못된 종교적 확신에서 벗어나자 (22).

우리는 진리의 말씀을 전하면 사람들이 좋아할 것이라고 생각하지만, 그것은 착각이고 『사도행전』에서 계속 보았듯이 하나님의 말씀을 전해도 모두 호응하지는 않는다. 반발과 저항이 격화되기도 한다. 아닌 척하지만 사실 사람들은 자신들이 가지고 있는 관점과 대치하는 의견을 감당할 만큼 마음이 넓지 못하다. 특히 자신이 가지고 있는 정치나 종교적 확신과 다른 이야기를 할 경우, 더욱 강한 편견을 보이며 자신과 생각이 다른 사람들은 배격하려고 한다. 사도 바울의 벌인에도 우리 하나님께서 더러운 이방 죄인들에게 거룩한 종을 보낼 리가 없다고 확신하기에 그런 소리를 하는 놈은 없애버리고 싶었던 것이다.

바울은 가만히 있었으면 편했을 텐데, 왜 이런 위험 상황에서 굳이 복음을 증언함으로 위험에 빠지고 고난을 겪은 것일까? 그것이 과연 지혜로운 일일까?

복음서를 보면 우리 주님은 말씀하셨다. "나더러 주여, 주여 하는 자마다

다 천국에 들어갈 것이 아니요 다만 하늘에 계신 내 아버지의 뜻대로 행하는 자라야 들어가리라"(마 7:21). 다들 성경을 읽고 같은 하나님께 "주여 주여" 하지만, 다 교회에 다니고 세례를 받은 기독교인이라고 하지만, 그들이 모두 천국에 들어가지 못할 것을 성경은 분명히 밝혀주고 있다. 그러나 사람들은 그렇게 생각하지 않는다. 다른 사람들은 몰라도, 나는 세례도 받았고, 주일성수도 하고, 주님께 헌금도 하고 새벽기도도 잘 나가고, 교회의 궂은일도 했기 때문에 천국에 못 갈 리가 없다고 믿는 사람들이 많다. 그런데 그게 그렇지가 않다. 그것이 문제다.

이 유대인들도 바울의 구원 간증을 잘 듣고 있다가 자신들의 마음에 안 드는 부분이 나오자 소리를 지르고 없애버리라고 난동을 부리듯, 오늘날 기독교인들도 자신들이 생각하는 것과 다른 이야기가 나오면 똑같이 저항을 하고 설교자를 무시하거나 못마땅하게 여기는 것을 본다.

자신들이 하나님께서 선택받은 선민이라는 성경적 확신은 옳지만, 우리의 확신으로 말미암아 선택받지 못한 이방인은 부정하다는 논리적 귀결과, 그 결과 그런 사람들을 위해 하나님께서 일하실 리가 없다는 확신은 비성경적이다. 오늘날에도 우리는 예정되고 선택받은 사람이라 구원받지만, 그 예정론의 논리적 귀결로 구원받지 못한 사람은 지옥에 보내기로 예정되었다는 이중예정론을 확신하는 사람들은 귀한 신앙과 뛰어난 신학적 학문성을 가졌는지는 몰라도, 유대인들과 같이 하나님의 뜻과 성경의 범위를 벗어난 것이다. 우리 그리스도인들은 논리적 추론을 성경에 나타난 하나님의 진리라고 확신하면 안 된다. 오히려 성경적 진리는 우리 인간의 논리적 귀결과 달리, 파라독스처럼 보일 때가 더 많음을 알아야 한다.

나도 여러 교회에서 많이 설교를 해 보았지만, 자신들이 가지고 있는 신앙생활과 다르다고 생각되는 말씀이 나오면, "하나님께서 그러실 리가 없다. 저 목사가 뭘 몰라서 저런 소리를 한다, 하나님은 그런 분이 아니다"라는 생각을 하며 설교자를 무시하는 사람들이 여전히 있음을 보았다. 그리고 곧 자기 생각을 지지해 주는 다른 설교자를 찾는다. TV를 켜고 유튜브를 보면 설교자가 차고 넘치게 많기 때문이다. 때로 자기 성질을 못 이겨서 예배 중에 일어나 소리치거나 예배 후에 목사에게 달려드는 인격적으로 문제가 있는 몇 사람 빼고는 대부분 점잖게 앉아서 끝까지 예배 시간을 지키지만, 그런다고 그들이 다 성경적 설교를 받아들여서 앉아 있는 것이 아님을 나는 알고 있다. 이단적인 가르침이나 늑대 같은 거짓 설교자들의 잘못된 말을 깔깔거리며 그렇게 잘 받아들이는 사람들이, 참된 하나님의 종이 전하는 성경적 설교 앞에 어쩌면 그렇게 저항하는지 놀랍기까지 하다. 바울 서신을 보면, 사도 바울의 메시지보다 거짓 교사들의 말을 더 좋아했던 일이 지금도 한국 교회 안에서 반복되고 있는 것이다.

그러므로 우리는 항상 데살로니가 교인처럼 설교를 들으며, "그것이 성경 말씀 곧 하나님의 말씀인지 혹시 설교자 개인의 생각은 아닌지?" 혹은 "그것이 과연 오늘 본문, 성경이 말하는 바인가?" 묻는 습관을 가져야 한다. 그러나 그것이 성경이 말하는 바라면, 내 생각과 다르다고 무시하거나, 예배 중 자리를 박차고 일어나 나가거나, 그 설교에 악성 댓글을 달며 비난을 하거나, 주변 사람에게 설교자를 모함하거나 모욕하거나 하면 안 되는 것이다. 그것은 악한 행동이기 때문이다.

오늘 본문을 보며, 혹시 하나님의 보내신 사도 바울의 복음 앞에 저항하는 유대인 무리들과 닮은 모습은 우리에게 없는지 한 번쯤 곰곰이 생각해 볼 필요가 있다.

나는 우리가 믿는 바에 자부심을 가지고 열심을 보이는 것이 좋다고 생각한다. 그러나 내 생각과 다르다고 없애자, 죽이자고 달려들거나, 은밀히 내쫓을 계획을 세우는 것은 신앙의 열심이라고 볼 수 없다. 그 정도면 자아가 건강한 것이 아니라 병든 것이고, 심리적으로 문제가 있고, 영적으로도 문제가 있는 것임을 알아야 한다.

갑자기 분위기가 돌변해 바울을 해하려는 사람들의 모습에 당황한 천부장은 신속하게 바울을 안토니오 요새로 압송하라고 했다.

> [24]천부장이 바울을 영내로 데려가라 명하고, 그들이 무슨 일로 그에 대하여 떠드는지 알고자 하여 채찍질하며 심문하라 한대.

유대인이며 길리기아 다소 시민인데다가 헬라어까지 유창하게 하는 바울의 요청대로 사람들에게 말할 기회를 주었건만, 유대인들이 더욱 소동을 일으키자 천부장은 아무래도 바울에게 어떤 심각한 문제가 있다고 생각하게 된 것 같다. 그래서 군대 영내로 데려가게 한 후 도대체 바울이란 사람에게 어떤 문제가 있는 것인지를 밝히기 위해 심문할 것을 백부장에게 명령했다.

> [25]가죽 줄로 바울을 매니, 바울이 곁에 서 있는 백부장더러 이르되, 너희가 로마시민된 자를 죄도 정하지 아니하고 채찍질할 수 있느냐 하니.

오늘날도 그렇지만, 당시의 심문은 고문을 피해갈 수 없었을 것이다. 병사들은 심문하라는 상관의 명령대로 바울을 채찍질하기 위해 태형 틀에 가죽 줄로 묶었다.

이것은 매우 당황스러운 일이었다. 아무리 바울이지만 일이 이렇게 급작스럽게 돌아갈 줄 몰랐을 것이다. 일이 흘러가도록 내버려두고 컨트롤이 안 되게 돌아가는 것을 두고 볼 수만은 없었다. 그러면 복음 증거의 앞날을 어떻게 보장 받을 수 있단 말인가?

게다가 이것은 불법적 행동이었다. 바울은 그 자리에 서 있던 장교 백부장에게 즉각적으로 항의를 하기로 결심했다. 그래서, "당신들이 로마시민인 나를 적법한 절차를 거치지도 않고 이렇게 채찍질이란 처형을 행할 수 있습니까?"라고 항의했다. 잘못된 소리를 한 것이 아니었다. 로마시민을 정당한 재판 과정을 거쳐 분명한 유죄 판결이 나오기 전에 체형을 가하는 것은 로마법상 부당함을 지적한 것이다.

사실 바울은 이미 자신의 권리를 주장하고 그런 자리를 피할 수 있었다. 그러나 지금까지는 로마시민으로 가지고 있는 권리를 주장하지 않았다. 예를 들어, 빌립보에서 점치는 여종의 귀신을 쫓아내 수입이 끊어진 주인이 고발해서 옷을 찢어 벗기고 몽둥이질을 한 후 투옥했을 때도(행 16:16-24) 바울은 기꺼이 그 고난을 감당해 냈다. 아마도 그리스도의 남은 고난을 자기 몸에 채운(골 1:24) 자세로 선교를 해 온 것으로 보인다.

사도의 삶을 보면서 우리는 종종 조그만 특권이라도 있으면 거드름을 피우고, 그 특권을 이용해 편하게 살고 쉽게 일을 처리해보려는 모습은 없는지 먼저 돌아보게 된다. 예수 믿는다는 사람이, 없는 특권도 주장하고 연줄을 통해 빌려온 특권을 주장하며 빠져나가고, 남들은 받을 수 없는 혜택을 당연한 것처럼 주장하고, 아무도 가고 싶어 하지 않는 좁은 길은 피하고 힘없는 자를 몰아넣고 우리는 쉬운 길로 가려고 한다면 세상이 어떻게 볼지 생각해 봐야 한다.

그래서 만일 우리의 약삭빠른 행동이 주님의 이름을 욕되게 하고 기독교를 욕먹게 한다면, 불편을 감수하더라도 거부할 수 있어야 한다. 우리 예수 믿는 사람이 손해를 감수해야 복음을 증거할 기회를 얻기 때문이다. 그렇다고 정당하게 피할 수 있는 길을 굳이 걷고 고난을 당하려는 순교자 콤플렉스를 갖는 것도 물론 옳지 않다. 그러나 복음 증거의 기회가 있다면, 주께서 십자가를 지신 것처럼 우리도 손해를 볼 각오도 있어야 할 것이다.

☞ 하나님께서 원하신다는 잘못된 순교자 콤플렉스에서 벗어나자(23-25).

그런데 바울은 지금까지 내세우지 않던 로마시민권 이야기를 왜 꺼낸 것일까? 바울이 처한 당시 상황을 객관적인 시각에서 검토해 보자. 당시 채찍질이란 것은, 멜 깁슨이 감독한 영화 「패션 오브 크라이스트」가 극사실적으로 묘사한 것처럼 참으로 잔혹한 처형 방식이었다. 그 영화에서 보면 예수님께서 채찍질 당하실 때, 그냥 가죽 혁대 같은 것으로 맞는 것이 아니라 가죽 띠에 뼛조각이나 쇠붙이 등 날카로운 것을 붙여 여러 겹으로 꼬아서 만든 것으로 채찍질을 하는 것이었으므로 살점이 뜯겨 나가고 피투성이가 되어 출혈과 상처의 오염으로도 죽을 수 있는 극도로 잔혹한 고문이었다, 주님의 명령에 따라 로마까지 가서 복음을 증거해야 하는데, 여기서 개죽음을 당할 필요는 없었을 것이다.

가죽 줄로 묶여 채찍질을 당하기 직전, 바울은 비로소 백부장에게 자신이 로마시민권자임을 밝히고, 합법적인 재판과 유죄 판결이 나기 전에 태형에 처할 수 있느냐고 항의한 것이다. 없는 것을 봐달라고 한 것이 아니라, 로마시민권자가 가지고 있는 정당한 재판 받을 권리를 주장한 것이다.

그리스도인이지만 어떤 사람은 위험에 처하면 얼른 힘 있는 사람과 높은 사람을 찾아 연줄을 대려고 바쁘게 시도한다. 반면에 어떤 사람은 법적으로 정당한 대처 방안이 있어도 그런 것을 사용하면 안 되고 오직 기도만 해야 한다고 생각한다. 전자는 믿음이 없는 사람이고, 후자는 잘못된 믿음으로 신앙심을 오용한 것이다.

복음 전도자로 살 때 우리는 하나님만 의지하지만, 세상에 의해 방해받지 않고 혹은 세상이 우리의 말을 들어 줄 만큼 실력과 능력을 갖추고 있다면 그것은 좋은 것이다. 하나님보다 자신의 능력과 신분을 더 의지하지 않는다면 말이다.

앞에서도 언급했듯이 사도 바울은 처음부터 하나님보다 자신의 특권에 의지해 곤경을 면해 보려는 얄팍한 사람이 아니었다. 예수님처럼 우리의 죄를 대속하기 위해 어린양처럼 자신의 생명을 드려야 하는 상황도 아니면서, 그리스도인이라고 세상이 우리에게 불법적인 처벌을 할 때 아무 말 없이 당하는 순교자의 자세가 항상 최고는 아니다. 그래서 바울은 이런 상황의 불법성을 지적하고 자신이 가지고 있는 정당한 권리를 주장한 것이다. 그것은 잘못된 일도 아니고 믿음 없는 행동도 아니다. 오늘날도 기독교인이라고 권력 조직이나 어떤 국가나 종교 기관이 잘못된 압박에 무조건 당해주며 맥없이 기도만 하는 것이 미덕이요 신앙인의 자세라고 몰아가면 안 된다. 불법과 불의에 대해 정의를 요구하여 세상도 법에 따라 정의롭게 행하고, 약자들이 법의 피해를 받는 것이 아니라 법의 보호를 받도록 해주는 것도 교회와 그리스도인이 공의를 강물처럼 흐르게 하라는 성경이 내린 사명 중 하나를 수행하는 것이다.

바울의 정당한 재판 요구에 백부장은 당황한 것 같다.

[26]백부장이 듣고 가서 천부장에게 전하여 이르되, 어찌하려 하느냐? 이는 로마 시민이라 하니.

백부장은 신속하게 상관 천부장에게 달려가 보고를 했다. 개역개정은 이 상황을 또 다시 상황에 맞지 않는 이상한 어법으로 번역을 해 놓았다. 도대체 하급 장교가 상관에게, "어찌 하려 하느냐? 이는 로마시민이라"고 반말을 하겠는가? 이는 예배의 축도를 "주 예수 그리스도의 은혜와 하나님의 사랑과 성령의 교통하심이 너희 무리와 함께 있을지어다"라며, 삼위일체 하나님께 일상에서 상식적으로 할 수 없는 어투로, 주로 왕이 신하나 백성에게 사용하는 '~할지어다'라는 표현으로 번역해 놓은 것과 함께 대표적인 무례한 번역이다. 백부장은 아마 상관 천부장에게 "대대장님, 아까 체포해온 그 사람이 로마시민이랍니다. 이렇게 하면 안 될 것 같습니다. 어떻게 하면 좋겠습니까?"라고 물었을 것이다. 새 번역 성경은 "어떻게 하시렵니까? (현대인의 성경은, 어떻게 하실 작정이십니까?) 이 사람은 로마시민입니다"라고 잘 번역해 놓은 것도 있는데, 그런 번역들을 참조하면 오해 없이 본문의 분위기를 정확히 파악할 수 있을 것이다.

[27]천부장이 와서 바울에게 말하되, 네가 로마시민이냐? 내게 말하라.
이르되 그러하다. [28]천부장이 대답하되, 나는 돈을 많이 들여 이 시민권
을 얻었노라. 바울이 이르되, 나는 나면서부터라 하니, [29]심문하려던 사
람들이 곧 그에게서 물러가고 천부장도 그가 로마시민인 줄 알고, 또 그
결박한 것 때문에 두려워하니라.

법을 잘못 사용함으로 억울하게 한 인생을 고통 속으로 몰아넣을 수도 있지만, 제대로 사용된 법은 약자를 힘 있는 자들의 학대로부터 보호해주기도 한다.

백부장의 보고에 놀란 천부장이 재빨리 바울에게 달려온 것 같다. 그리고 바울에게 물었다. "당신이 로마시민이요? 말해보시오." 그러자 바울이 그렇다고 대답했다. 그렇다면 자신이 로마법 집행을 위반한 사항에 해당할 수도 있음을 그는 직감했다. 게다가 알고 보니 바울은 자신과 달리 나면서부터 로마시민권자가 아니던가?

이것은 놀라운 일이었다. 천부장은 로마시민권을 얻기 위해 얼마나 많은 돈을 들였는데, 이 사람은 태생이 로마시민이라니 놀란 것 같다. 당시 로마의 왕실이나 고위 귀족에게 많은 선물이나 후원금을 바쳐 그들이 오늘날의 스폰서라 하는 patron(후견인)이 되어 시민권을 하사받는 방식이 있었는데, 천부장의 이름이 당시 로마 황제였던 글라우디우스 이름을 얻을 것을 보면 많은 후원금을 통해 황제가 후견인이 되어 준 것 같다.

그 밖에 로마시민인 부모의 자녀로 태어나는 경우가 아니면, 외국인인 경우는 로마군대에서 계급에 따라 다르기는 하지만 적어도 20년에서 25년을 복무해야만 했다. 바울은 후자는 아닐 것이고, 그렇다면 그 부모가 로마시민권자였던 것 같은데, 바울의 성씨가 성경에 나오지 않으므로 유대인인 그의 부모가 어떻게 로마시민이 되었는지는 정확히 단언할 수는 없다. 다만 추정하기에는, BC 60년 경에 로마의 폼페이우스는 팔레스타인 지역을 정복했는데, 그때부터 많은 유대인들이 로마에 노예로 끌려갔었고, 나중에 그들이 자유인으로 풀려나며 로마시민권을 받았는데, 바울의 부모가 그런 경우였을 수가 있다. 그러나 바울의 교육 배경으로 보면 그 가능성도 적어

보인다.

또 다른 가능성은, 바울의 부모는 로마의 속주였던 길리기아 지방에 살고 있던 디아스포라였는데, 어떤 이유로 로마 당국에 큰 기여를 하여 그 댓가로 시민권을 받았을 가능성이 높아 보인다. 게다가 바울은 길리기아 다소시민권과 로마시민권의 이중 시민권을 보유한데다가 민족적 배경으로는 유대인으로 베냐민 지파에 유대교의 최고 스승이었던 가말리엘학파 사람이었으니 유대가문 중에서도 매우 강력한 배경을 가졌던 집안의 사람이었을 것으로 보인다.

이 모든 경우 중 어떤 것이 확실한 것인지 우리는 알 수 없다. 다만 분명한 것은 한 가지다. 바울은 우리 한국인이라면 감정적으로 싫어하는 이중국적자다. 즉 유대인이면서 동시에 로마시민권을 가진 이중국적자였다. 그것은 바울이 의도적으로 그렇게 자신을 만든 것이 아니라, 태어나면서부터 그런 상황이었다. 현대 우리 사회에서도 마찬가지지만, 그런 상황 속에서 태어난 사람들을 타인이 이중국적자라고 비난하는 것은 정당하지 않다.

아무튼 태어나면서부터 로마시민권자인 바울에게 당국이 정식 재판도 없이 함부로 구금하고 채찍질 같은 체형을 가하는 것은 불법적 행동이었다. 2018년초 1987이란 영화가 보여주었듯이 권력을 가진 자가 나라를 위한다는 명분으로 남영동 공안부서에서 김종철 등을 사적으로 고문을 행한 것이 불법인 것처럼 말이다. 누군가 그 부분을 지적하고 언급하지 않으면 자기 합리화를 하며 그런 불법과 악행을 계속하게 된다. 따라서 제대로 된 범죄 확인과 재판 과정 없이 함부로 고문하고 폭력을 행하는 데에 대해서는 입을 다무는 것은 옳은 것이 아니다. 그 부분에 대해 바울은 정당하게 이의를 제기한 것이다.

그 말을 듣자 사도를 심문하려던 사람들이 다 놀라서 “뒤로 물러났다”(29절)고 본문은 재미있게 묘사해 놓았다. 이 부분은 유다가 예수님을 잡기 위해 대제사장과 바리새 사람들에게 얻은 사람들과 군대를 데리고 와서 나사렛 예수를 찾는다고 할 때 주께서 “내가 그니라”라며 신적 자기 계시(*ego eimi*)를 했을 때 그들이 “뒤로 물러나며 땅에 쓰러진”(요 18:6) 상황을 연상시킨다. 이것은 우리 그리스도인들을 심판하려던 세상 권세 잡은 자들이 마지막 날에 당할 일이기도 한데, 주 예수님을 잡으려던 사람이나 하나님의 종 사도를 심판하려던 사람들이 모두 뒤로 물러나며 자빠지듯, 마지막 심판 날에 그들이 겪게 될 일을 우리는 감지하게 된다.

천부장은 당황한 정도가 아니라 아예 겁이 더럭 났다. 왜냐하면 로마시민권자는 정당한 법적 절차와 판결 없이 함부로 구금하거나 투옥하거나 처벌을 할 수 없는데, 함부로 결박하고 투옥하고 가혹한 심문과 처벌을 하라고 명령했기 때문이다. 바울이 고발이라도 하면 천부장은 입장이 보통 난처해지는 것이 아닐 것이다.

천부장은 두려워할 일에 대해 두려워 할 줄 알았다. 그렇다면 정의가 바로 세워질 기회가 있다. 오늘날의 문제는 두려워할 것을 두려워하지 않고, 두려워하지 말아야 할 것을 두려워하는 데에서 시작된다.

한 예로, 당국자들과 권력을 가진 자들은 잘못한 일에 대해 잘못을 인정하지 않는 것이다. 정당한 통치행위라고 한다던가, 갖은 핑계와 상황을 들이대며 다시 그 상황이 되도 그럴 수밖에 없을 것이라며 변명을 한다. 더 큰 문제는 자신들이 한 일이 왜 잘못인지 무엇이 잘못인지 모른다는 데에 있다. 지금도 너무나 많은 사람들이 지난 과거의 잘못을 바로 잡고, 억울하게 고통 받은 사람들을 회복시키고 보상하고 자신들의 과오를 뉘우치기보다는 정치적 보복이라는 말로 둘러대며 자신들은 잘못한 게 없고 억울하다는 태도를 견지한다. 그런 점에서 그들은 본문에 나오는 로마 천부장보다 못한 사람들이다.

두려워할 것을 두려워할 줄 아는 것에서 정의를 향한 발걸음이 시작되는 것이다. 자신이 가지고 누리고 있는 힘이 영원할 줄 알고 행동하는 사람들은 어리석은 것이다.

불은 따뜻하지만 잘못 사용하면 데일 수 있고 주변 사람까지 다 타죽게 만들 수도 있다. 그 점을 알고 불의 힘을 유용하게 사용하고 다스리는 것이 지혜다.

그리고 한 가지 더. 꺼지지 않는 불은 없다는 사실도 잊지 말자. 하나님 외에는 영원한 것은 없다. 그 사실을 잊지 말자.

두려워할 것을 두려워할 줄 아는 데서 정의가 시작된다면, 그 정의는 우리를 진리로 이끌어 줄 것이다. 그 진리에 대한 추구는 우리를 하나님께로 향하게 만들어줄 것이다. 그러므로

☞ 하나님의 공의 앞에서 세상이 두려워할 것을 두려워하게 만드는 사람이 되자(26-29).

오늘 살펴본 본문은 앞 장 후반부 21장 27-35절에 이어 유대 군중과 로마당국과의 두 번째 대치 장면이었다. 바울을 죽이려 한 유대인 무리나, 바울을 보호해준 로마군 장교 천부장이나 사실 둘 다 바울을 이해하지 못한 것이다. 그러나 차이점은 있다.

유대인 군중은 바울로부터 자신들이 그렇게 존중하던 성경이 말하려고 했던 하나님의 경륜에 대해 들었지만 받아들이지 못했다. 그러나 백부장은

지난 번 과실로부터 배운 것이 있어서 천부장에게 조심스럽게 처분에 대한 상의를 하며 잘못을 바로 잡으려 했다.

우리는 유대인 군중의 태도를 가지고 있는가, 아니면 이방인 백부장의 자세를 가지고 있는가? 우리는 각자 가지고 있는 조그만 힘들을 모아 힘없는 개인을 짓누르려고 하는가, 백부장이나 천부장처럼 자신에게 주어진 힘을 가지고 억울하고 약한 자를 보호할 수 있는 기회로 쓸 것인가? 우리에게 주어진 조그만 힘으로 남을 힘들게 만들기보다는, 눌린 자를 자유롭게 해주고 힘없는 자들을 구출해내는 하나님의 백성답고 하나님의 종다운 삶을 사는 우리 모두가 되면 좋겠다.

위기를 극복해 전도의 기회로 삼는 하나님의 사람

(행 22:30-23:11)

해마다 여름이면 장마로 도심이 물바다가 되어 침수 피해가 심했다. 그런데 2018년 여름에는 장마가 일찍 끝나면서 반복되던 홍수나 침수 피해를 면하고 해가 나서 많은 사람들이 내심 좋아했다. 그런데 해가 나는 날이 길어지면서 예상치 못했던 문제가 발생했다. 2018년 여름은 110년이 넘는 우리나라 기상관측 이래 기록적인 고온으로 서울 기온이 40도가 넘고, 대구는 아프리카보다 더 덥다며 '대프리카'란 신조어가 탄생했다.

일찍 장마가 끝나자 해마다 반복되던 홍수나 침수 피해 대신 예상치 못했던 고온과 가뭄의 공습이 시작되었다. 예년에는 가끔 태평양에서 발생한 태풍이 올라와서 비를 뿌려주며 대기 온도도 식혀주고 물도 공급해 주었는데 그나마도 한반도 상공의 고기압 때문에 일본과 중국으로 다 빗겨가서 더위를 식혀줄 비다운 비가 없다 보니 저수지마다 거북등처럼 갈라지고 농작물과 과수들이 타들어가기 시작했다. 강수량 부족과 고온 현상으로 4대강에 녹조가 극심해지자 식수원을 보호하고 강을 살리기 위해서는 4대강의 보를 열어 물을 흘려 보내야 한다는 의견이 강하게 제기되었다. 그러나 비가 오지 않아 농업용수가 부족한 형편이니 아무리 녹조가 들끓어도 보를 열어 강물을 흘려보낼 수가 없다는 것이 당국의 답변이었다. 녹조를 막고 강물을 보호하자니, 농업용수 부족을 초래해 농작물이 다 죽게 되므로 이러지도 저러지도 못하는 상황이 된 것이다.

이상 고온으로 사람들이 고통 받으며 에어컨을 많이 틀게 되자 전기세가 많이 나와 고민에 빠진 사람들에게 전기 누진세를 없애달라는 청원도 마찬가지다. 국가의 지도자 입장에서 국민들이 전기세 걱정 없이 시원하게 살 수 있게 만들어줘야 하지만, 그 경우 경영 평가의 압박을 받고 있는 국영기업인 한국전력은 그렇게 해줄 수 없다고 나오는 것이다. 무조건 국민편만 들어줄 수도 없고, 그렇다고 한전의 수익 보장만 해 줄 수도 없는 것이 양쪽 모두를 돌봐야 하는 리더의 갈등인 것이다. 지도자의 리더십은 평안할 때가 아니라, 이런 위기 상황에서 증명되는 것이다. 갈등 상황이 지도자가 가진 리더십을 보여주는 것이다.

본문에서는 로마시민인 바울을 확인도 안하고 매질을 하려던 실수로 위기에 처한 천부장과, 하나님의 백성이라는 유대인들에게 복음을 전하려다가 맞아죽게 된 위기에 빠진 사도 바울이 동시에 한자리에 처한 상황에서 시작된다. 이 상황은 어떻게 처리될 것인가 궁금해진다.

> 30 이튿날 천부장은 유대인들이 무슨 일로 그를 고발하는지 진상을 알고자 하여 그 결박을 풀고 명하여 제사장들과 온 공회를 모으고 바울을 데리고 내려가서 그들 앞에 세우니라.(22장)

천부장은 자신의 잘못을 바로 잡기 위해 다음날 즉각적으로 그의 결박을 풀었다. 지도자로서 즉시 잘못을 바로 잡고 신속한 대응을 시작했다.

그리고 진상 규명을 위해 로마식 재판 전에, 먼저 고발한 유대인들의 공회를 소집시키고 그들 앞에서 로마의 권한으로 보호 상태에서 정당한 고발과 피의자의 변호를 보장해주기로 했다.

이런 일을 하게 된 것은 앞에서 살펴본 것처럼 자신들이 법적으로 잘못된 일을 벌였음을 인정한 것이다. 이런 행동이 지도자의 용기다. 잘못된 것을 바로 잡기 위해서는 자신이 잘못한 것을 인정하고 행동을 바꿔야 하는데, 그때 체면이 말이 아니게 된다. 그때 정의를 바로 잡기 위한 용기 있는 행동이 요구되는 것이다.

그들은 로마시민인 바울을 적절한 재판 절차도 없이 구금하고 채찍질 같은 형벌을 가하려고 형틀에 묶는 잘못을 했다. 그러자 바울은 로마시민권자인 자신에 대한 부당한 과정을 문제 삼았다. 그 상황을 파악한 그들은 잠시 두려움에 떨었다. 그렇다고 행동을 바꾸면, 유대인 무리들이 또 난동을 부릴 수 있다. 그것도 두려울 것이다.

그러나 잘못이 무엇인지, 그리고 그 고발이 정당한 것인지 확인하려는 천부장의 태도는 지혜로운 것이다. 어떤 사람이 잘못했다고 확신하려면, 혹은 그 고발이 정당하고 피의자를 유죄로 처벌하려면 먼저 그 사안에 대한 진상을 밝혀야 한다. 즉 정의를 구현하기 위한 첫 번째 행동은 항상 진상을 밝히는 것이다.

세월호 유가족도 그렇고 이대 목동병원에서 아기를 잃은 부모들과, 제천 화재 참사 사건의 유족도 똑 같은 말을 한 적이 있다. 우리는 "진상을 알고자 하는 것입니다"였다. 많은 정치인들과 사람들은 그들에게 죽은 가족을 이용해 보상금을 노린다고 할 때마다 죽은 자식과 가족을 이용해 자신들을 돈밖에 모르는 사람으로 취급하는 그 무자비함에 그들은 치를 떨며 다만 진상을 규명하고 다시는 이런 일이 생기지 않게 해 달라고 호소하고 있는 것이다.

천부장은 그런 자세가 있었다. "진상을 알고자 하여"(30절)란 구절이 이렇게 아름답게 들릴 수가 없다.

나도 직장생활을 할 때뿐 아니라, 목회를 할 때나 교수로 있을 때나 제일 힘든 것은 일이 많아 힘들고 피곤한 것이 아니었다. 하지도 않은 말을 했다고 하며 나를 그런 사람 취급할 때였다. 그때마다 항상 바랐던 것이 있었다. 당사자인 나를 불러서 정말 그랬느냐 물어주고, 그런 말을 했는지, 그런 행동을 했는가를 확인해 주었으면 하는 것이다.

사람들의 고발(인지 무고인지도 모르면서)만 듣고 변호의 기회를 주지도 않고 판정을 내리는 것은 정의를 굽게 하는 잘못이다. 그런 일이 몇 번 반복되면, 누가 그런 곳에서 열심히 일하고 누가 최선을 다하고 누가 희생을 하겠는가? (필자의 『변혁적 기독교 리더십』이라는 책의 갈등 해결 부분을 참조하라.)

천부장은 당시 위치와 신분상 로마 법정이나 산헤드린공회를 열 수 있는 권한은 없었다. 그러나 법정으로 보내기 전에 적어도, 이 고소가 적절한 것인지 판단하기 위해 바울을 고소한 사람들을 청해 사실 확인을 하기 위해 산헤드린공회 소집을 유대인 지도층에게 요청한 것 같다. 그것은 감정적 비난과 군중의 무리한 고소와 모함이 판치는 세상 앞에서, 피고소인에게 자신을 변호할 기회를 줄 수 있는 적절한 판단이었다. 그런 면에서 이방인 지도자의 행동은 칭찬받아 마땅하다. 그럼 그 공회에서 바울의 첫 마디는 무엇이었을까?

1 바울이 공회를 주목하여 이르되, 여러분 형제들아. 오늘까지 나는 범

사에 양심을 따라 하나님을 섬겼노라 하거늘.(23장)

그것은 "나는 범사에 양심을 따라 하나님을 섬겼다"는 사실 선언이었다. 하나님을 "양심"을 따라 섬겼다고 할 때 양심은, 어느 쪽 사람들이든지 모두 자신은 율법대로 하나님을 섬긴다면서 서로 다투는 상황에서 선과 악을 구별하여 진리를 향해 우리를 나가게 하는 하나님께서 주신 인간의 본성이다. 그것은 여러 영어 성경들이 번역했듯이 선한 혹은 깨끗한 의식이다. 하나님을 섬겼다는 말은 어떤 봉사를 했다는 말보다는 하나님 앞에서 규정에 따라 그의 시민답게 살았다는 뜻이다.

즉, 나는 당신들이 기소했듯이 율법과 성전을 모욕하며 하나님께 잘못하기는커녕, 깨끗하고 선한 의식으로 하나님 앞에서 그의 백성답게 살아왔다고 공회원들을 정면으로 응시하며(개역개정: 주목하여) 선언한 것이다. 비록 그들은 힘을 가진 권력자였지만, 바울은 그들을 향해 추호의 두려움도 없었다. 이것은 단호한 선언이었다.

이렇게 그들의 고소에 대한 정면 반박으로 첫 마디를 열었다. 그러자 대제사장이 분노하여 감정적으로 대응한다. 바울이 하나님을 대적했다고 보았기 때문이다. 2절을 보자.

[2]대제사장 아나니아가 바울 곁에 서 있는 사람들에게 그 입을 치라 명하니, [3]바울이 이르되, 회칠한 담이여, 하나님이 너를 치시리로다. 네가 나를 율법대로 심판한다고 앉아서 율법을 어기고 나를 치라 하느냐 하니.(23장)

대제사장 아나니아는, 요세푸스의 기록에 의하면, AD 47-57년까지 재임하고 그 아들 이스마엘이 대제사장직을 이어받았지만, 재임 중 독단적인 행동을 일삼고 친 로마정책을 편 것으로 인해 암살당한 인물이다. 그는 여기서도 성격대로 피고의 입을 치라고 소리를 지른 것 같다.

이 상황은 예수님께서 대제사장 안나스에게 심문을 받을 때(요 18:20-21) 나는 숨어서 말한 것이 없고 모든 유대인들이 모이는 회당과 성전에서 공개적으로 가르쳤는데, 어찌하여 내게 묻는 것인지, 내 말을 들은 사람들에게 물어보라고 하자(요 18:23), 주님 곁에 서 있던 경비병이 대제사장님에게 그게 무슨 말버릇이냐고 손으로 예수님의 얼굴을 친 것과 같은 상황을 『사도행전』의 저자 누가가 묘사하고 있는 것으로 보인다. 모세의 율법은 우리나라의 현내 법률과 같이 피의자가 유죄로 확정되기 전까지는 무죄로 추정하도록 되어 있는데, 임의 처벌을 한 것은 대제사장으로서 율법을 위반한 것이다.

게다가 이 상황은 사적인 자리가 아니라 로마법정에 보내지기 전의 공적인 청문회 자리로서, 공회로 열린 작은 유대 법정이었다. 그 자리에서 이스라엘의 법대로 재판하기보다는 율법에 어긋나는 행동이 자행되고 있음을 3절에서 바울은 다시 지적한다. 특히 "회칠한 벽"이란 시석은 주님께서 『마태복음』 23장 27절에서 외식하는 서기관들과 바리새인들에게 "회칠한 무덤"이라고 책망하셨던 것을 다시 떠오르게 한다. "회칠한 담"이라고 한 것은 사실 『에스겔』 13장 10-15절의 인용으로, 선지자나 제사장의 위선에 대해 "하나님께서 쳐서 회칠한 담을 무너뜨릴 것"이라는 선언에 근거한 것이다. 대제사장을 향한 바울의 이 선언은 최고위급 종교 지도자의 자존심을 뒤집어엎는 일격이었을 뿐 아니라, 충격적인 도발로 비쳤을 것이다. 게다가

"나를 율법대로 심판한다고 앉아서 율법을 어기고 있다"는 구체적 지적은 대제사장의 심기를 심히 불편하게 만들었을 것이다. 이 말은 『레위기』 19장 15절에서 재판할 때에 가난한 사람이라고 두둔하거나 세력가라고 편을 들어준다든지 하는 불의를 행하지 말고 공정하게 재판하라는 율법을 위반한 것이라는 지적을 한 것이기 때문이다. 게다가 "하나님이 너를 치시리로다"는, 『신명기』 28장 22절에 의하면, 율법에 불순종한 자를 향한 하나님의 저주 선언문인데, 이것을 대제사장에게 하였으므로 충격이 더 컸을 것이다.

홧김에 내뱉는 말도 성질을 돋우지만, 이처럼 잘못에 대해 구체적으로 조목조목 지적하는 것처럼 분노를 일으키는 것은 없을 것이다. 바울 입장에서는 비록 팩트에 근거해 사실을 지적한 것이지만, 이런 구체적 지적은 대제사장에게는 자신에 대한 도전으로 여겨져 도저히 참을 수 없는 분노를 불러일으켰을 것이다. 바울의 소위 구체적 '팩트 폭격'에 열 받은 대제사장 아나니아는 다음 장(24:1)을 보면 검사를 대동하고 와서 총독 앞에서 정식으로 고발을 하게 된다.

본문을 볼 때 우리 기독교인들은 대개 사도 바울 편에 서 있기 때문에, 대제사장 아나니아가 바울에게 잘못한 것만 눈에 들어올 것이다. 그리고 "유대교가 역시 문제야!"라고 쉽게 말할 수 있다. 그러나 우리 자신에게는 혹시 그런 부분이 없는지 돌아볼 필요가 있다.

우리의 문제도 우리만 국가와 헌법을 옹호하는 자처럼 행세하지만, 실제로는 우리도 법을 어긴다는 사실이다. 송강호 주연의 「변호인」이라는 영화가 다룬 '부림사건'이나, 1987년에 민주화를 요구하던 시위대와 최근 촛불 행진에 대한 종북몰이나, 청와대 국정원 기무사의 모든 문제를 수사해 보면 그들은 모두 국가를 위하여 한 일이고 법대로 했다고 우긴다. 이제야 조금씩 진실이 드러나고 있지만, 지난 세월 잘못된 일들에 대해 교회가 입을 다물고 있었음을 우리는 부끄러워해야 한다. 특히 보수교회일수록 인권 문제에 대해, 정의 문제에 대해, 가톨릭교회들에 비해 어떤 태도를 보였는지 우리는 돌아보고 사과할 것을 사과할 수 있으면 좋겠다.

신앙 측면에서도 마찬가지다. 우리는 기독교와 진리를 옹위하는 자처럼 행세하지만 실제로는 기독교를 망치기도 한다. 똑똑하다는 사람들조차 사회법 위에 영적 법이 있다는 허울 좋은 구호를 외칠 때 눈감고 넘어가려고 한다. 하나님의 교회이며 그리스도께서 머리되신 교회를 자신이 개척했다고 자기 것인 양 자식에게 세습하는 잘못에 대해 지적하면, 교회를 넘어뜨리기 위한 좌익 빨갱이들의 도전이라는 식으로 밟아버리려는 사람들의 영적 송북몰이에 어찌 그리도 분별력 없이 한패가 되어 소리 높여 주어 삼창해가며 부르짖는지, 도대체 그 많은 예배와 성경 공부와 제자 훈련은 무슨 소용이 있는 것인지 참으로 안타깝다. 교인들을 이렇게 만든 우리 한국 교회 일부 목회자들의 태도가 성경적 기독교와 교회를 망치고 있음을 정녕 모르는 것인지, 소경이 소경을 인도하는 꼴이다. 상당수의 대형교회 목사들이 자신들이 가문에 따라 세습되던 유대교 제사장들처럼 행동하고, 자신들만 한국 교회를 위하는 것처럼 가장하며, 한국 교회의 정의를 외치는 사람들을 치는 것을 봐야만 하는 것이 우리의 슬픈 현실이다. 자신이 법을 수호한다며 불법을 자행하는 사람들과, 자신이 하나님의 말씀을 수호한다며 성경 말씀에 위배되는 행동을 하는 사람들에게 오늘 본문은 "너희들이야말로 하나님의 복음을 전한다며 그 자리에 앉아서 성경 말씀을, 복음을 어기느냐? 회칠한 담이로구나!"라고 외치고 있는 것임을 우리는 들었으면 좋겠다. 성경의 이런 가르침이 오늘 한국 교회에서 더 이상 허공을 치는 메아리가 되지 않고, 우리 자신을 돌아보게 만드는 말씀이 되면 좋겠다.

> [4]곁에 선 사람들이 말하되, 하나님의 대제사장을 네가 욕하느냐? [5]바울이 이르되, 형제들아 나는 그가 대제사장인 줄 알지 못하였노라. 기록하였으되 너의 백성의 관리를 비방하지 말라 하였느니라 하더라.(23장)

이런 바울의 대담한 도전을 보며 놀란 주변 사람들은 바울에게 어떻게 하나님의 대제사장을 욕하느냐고 했다. 위기에서 그 문제를 극복하고 나오려던 바울은 또 다른 위기에 봉착했다. 지금 이 청문회장에서 자신을 공박하던 유대교 지도자를 몰아친 것이 도를 넘었음을 갑자기 인식하게 되었기 때문이다.

사실 바울은 오랜 시간 예루살렘을 떠나 선교사로 다녔기 때문에 대제사장의 얼굴을 잘 몰랐던 것 같다. 사도는 즉시 자신의 잘못을 인정하며 사과했다. 이것도 용기 있는 하나님의 참된 종의 태도다. 누가 뭐라 하든, 잘못된 점을 지적받았을 때 인정하고 고치려는 태도를 사람들은 그리스도인들에게 그리고 목회자들로부터 보고 싶은 것이었다.

언론에 계속 오르내린 대형교회들과 목회자들에게 세상이 기대했던 것도 다른 것이 아니라 바로 그것이었을 것이다. 그런 태도는 교회의 위상을 추락시키는 것이 아니라, 교회와 주의 종들을 존경하게 만드는 비결이다.

바울은 모르고 한 자신의 언사 문제를 인정했을 뿐 아니라, 적극적으로 그 잘못은 자신도 하나님 말씀에 위배되었음을 스스로 분명히 지적한다. "너는 재판장을 모독하지 말며 백성의 지도자를 저주하지 말지니라"(출 22:28)고 하기 때문이다. 그렇게 함으로써 바울은 자신이 성전과 율법을 모독하고 지키지 말라고 했다는 기소가 잘못된 것임을 간접적으로 보이는 것이다. 즉 자신은 모세 율법을 존중하며, 또한 실질적으로 율법을 어기고 있는 유대교 지도자들에 비해 자신은 율법을 잘 지키는 사람임을 보여주는 것이다. 이것이 한 가지 위기에서 벗어나려다가 또 다른 위기에 빠진 난처한 상황에서, 그리스도인으로서 보여야 할 태도다.

성경 말씀에 비추어 자신의 잘못을 인정하고 시인하고 고치는 것, 그것만이 우리와 교회가 살 길이다. 그러므로 우리는

진상을 밝히고 잘못을 바로잡는 그리스도인이 되자(22:30).

이 상황은 어떻게 보면 유대교라는 종교의 이름으로 모여 로마 권력과 결탁하여 정치적인 세력이 되어버린 산헤드린공회에 이제 바울도 정치적인 수사로 맞서기 시작하는 부분이기도 하다.

당신이 반격한 사람이 대제사장이란 지적에 바울 자신도 흥분을 가라앉히고 냉정을 되찾았다. 그리고 즉시 다른 대처 방안을 모색했다. 6절처럼 그는 재판정의 사람들을 찬찬히 둘러보고 상황을 파악하기 시작한다.

> 6바울이 그 중 일부는 사두개인이요 다른 일부는 바리새인인 줄 알고 공회에서 외쳐 이르되, 여러분 형제들아. 나는 바리새인이요 또 바리새인의 아들이라. 죽은 자의 소망 곧 부활로 말미암아 내가 심문을 받노라.(23장)

우리도 위기에 처했을 때 감정적이 되어 흥분하지 말고 냉정을 찾아야 한다. 그리고 먼저 상황을 파악하고, 그에 따른 대책을 강구해야 한다.

공회는 크게 나눠 바리새인들과 사두개인들로 구성된 양당 체제임을 그는 파악했다. 그들은 교리적으로 절대로 하나가 될 수 없는 사람들인데, 로마 권력 하에서 이스라엘을 대변하는 정치적 세력이 되기 위해 공회란 조직으로 결탁된 상태였다. 그들은 반 유대교적인 암세포로 보이는 바울을 척결하기 위해 연합전선을 펴서 공격해 들어오는 것이다. 그럼 이 문제를 타개할 전략은 무엇일까?

『마가복음』 13장 11절을 보면, 주님은 "사람들이 너희를 끌어다가 넘겨줄 때에 무슨 말을 할까 미리 염려하지 말고, 무엇이든지 그때에 너희에게 주시는 그 말을 하라. 말하는 이는 너희가 아니요 성령이시니라"고 약속하지 않으셨던가? 이러한 바울의 일련의 위기 대처는 인간적 술수가 아니고, 성령의 인도하심임을 이해할 수 있기 바란다.

이제 주님께서 바울에게 지혜의 말씀을 주셨는데, 현 위기를 타결하기 위한 두 가지 시도 중 첫째로 바울은 자신의 바리새인이라고 자신의 정체성을 분명히 밝히는 것이다.

바울은 1절에서 하나님 앞에서 자신은 그의 백성답게 살아왔다고 했는데, 이제 여기에서는 자신을 바리새인이라 소개한다. 『빌립보서』 3장 5-6절에서 "나는 팔일 만에 할례를 받고, 이스라엘 족속이요, 베냐민 지파요, 히브리인 중의 히브리인이요, 율법으로는 바리새인이요, 열심으로는 교회를 박해하고 율법의 의로는 흠이 없는 자라"고 한 것보다는 간결하지만, 여기서는 그런 상세한 자기 소개가 중요한 것이 아니라 자신의 정체성을 규정하는 것이 목표다.

어떤 위기 상황에서 자신의 정체성을 분명히 밝히는 것은 좋은 전략이다. 황희 정승의 양비론이 제일 좋은 처세술처럼 생각하는 것이 세상이지만, 하나님 나라에서는 정확한 자신의 정체성을 밝히는 것이 더 중요하다. 현재 공회를 구성하고 있는 바리새인과 사두개인 양 쪽 모두로부터 호감을 얻으려고 잔머리를 굴리지 않았다. 그것은 줏대 없는 정치인들의 태도일 뿐이다. 그는 동물과 새 양쪽으로부터 다 지지를 얻으려는 박쥐처럼 행동하지 않고, 자신이 바리새인임을 분명히 했다. 그렇게 한 궁극적 이유는 무엇 때문일까? 그것이 무엇인지는 조금 후 자세히 드러나게 될 것이다.

사두개파와 바리새파가 공회란 조직 속에서 연합전선을 펴서 바울을 척결하려는 이 위기 타개를 위한 두 번째 전략은 공회 재판의 주제를 재설정하는 것이다.

앞으로 자신이 전할 복음의 핵심은 그리스도 예수의 우리 죄를 위한 대속적 죽음과 부활이다. 사도는 이 복음에 물을 타지 않고 분명히 전해 왔고 앞으로도 그럴 것이다. 다만 공회의 일부를 차지하고 있는 사두개인들에게 정면 도전을 하지 않으면서도 복음의 진리를 밝히려면 진실을 말하되 지혜롭게 표현하는 것이 좋다. 그래서 예수의 부활이란 직접적 표현보다는, 그들이 수용할 수 있는 '죽은 자의 소망'이란 큰 그릇 속에 자신의 입장을 담았다. 사실 그것만 해도, 『사도행전』 5장 33-39절에서 이미 본 것처럼, 모세의 율법인 오경에 문자적으로 명시되지 않은 부활 교리를 거부하는 해서학적 보수 세력에 해당하는 공의회의 다수 세력인 사두개인들로부터의 표를 포기한 것이다. 이처럼 바울은 자신이 이런 부당한 공격을 받는 이유가, 부활이란 주제로 설정하여 두 세력 앞에 새로운 이슈로 던지는 고도의 전략으로 나아간다. 이런 표현이 불편한 사람도 있겠지만, 사실 사회 속에서 우리의 모든 행동은 정치적이고 교회에서 목사의 발언과 행동도 정치적인 것이다. 그러나 우리는 정치라는 것을 아주 부정적이고 나쁜 것으로 보기 때문에 교회와 목사는 정치적이지 말아야 한다고 주장하지만, 설교와 주장이 자신과 같을 때는 정치적이라고 안하고 자신의 관점과 다르면 정치적이라고 항의하는 모순적 태도를 보이는 것임을 직시하기 바란다.

1절에서 바울이 하나님을 '섬긴다'는 표현도 예배적 사역적 섬김에 해당하는 *latreuo*라는 표현 대신 *politeuomai* 같은 정치적 단어를 쓴 것이나, 이스라엘 종교 지도자들의 법정인 산헤드린공회에서 유대교 지도자들의 불법적 명령에 대해 힐문하자 공회원들이 네가 하나님의 종 대제사장을 모욕하느냐고 하자 5절에서 몰랐다며 모세 오경에도 재판관이나 지도자를 비난하지 말라고 했음을 잘 안다고 한 행동이나, 성전과 율법을 모욕했다고 고소당한 상황에서 지금 보는 6절처럼 사두개파와 바리새파 사이에서 절대로 교리적으로 연합할 수 없는 부활 교리 때문에 자신이 심문을 받는 것이라며 토론의 프레임을 바꿔버린 것, 이 모든 사도의 행위는 사실 정치적인 것이다. 정치는 이 세상을 끌어가기 위한 사회적 법적 방식이지, 그 자체가 잘못된 것은 아니다. 다만 정치의 주체인 국민을 이용하고 자신들의 이익을 위한 정략적 잘못된 행동을 하는 것이 잘못일 뿐이다. 따라서 『사도행전』 23장의 바울의 위기 타개 전략 속에서 교회는 어떻게 해야 하나님 나라와 이 땅의 백성들을 위해 선한 의지 가운데 행하는 것이 지혜로운지 이제 배워나가야 할 것이다. 왜냐하면 교회도 국가와 사회 속에 존재하고 행해야 하기 때문이다. 교회와 목사는 정치적이면 안 되는 것이 아니라, 성경적이고 선한 정치가 무엇인지 이해하여, 악한 정치적 행위들을 극복하고 복음의 진보와 하나님께서 사랑하시는 사람들을 위해 움직여야 한다. 6절의 이런 바울의 새로운 주제 설정은 복음과 사도를 없애려는 연합 세력에 금이 가게 만들었다.

[7]그 말을 한즉, 바리새인과 사두개인 사이에 다툼이 생겨 무리가 나누어지니. [8]이는 사두개인은 부활도 없고 천사도 없고 영도 없다 하고 바리새인은 다 있다 함이라.(23장)

이 위기 상황에서 바울의 선택은 어리석은 전략이 아니었다. 사실 그가 그렇게 한 이유는 청문회장의 구성원이 한 쪽은 폭넓은 해석학적 접근을 했던 바리새파이고, 또 한 쪽은 문자적 해석학으로 인해 오경에 명시되어 있지 않은 부활을 믿을 수 없다는 사두개파와 제사장들 두 부류로 구성되었음을 파악했기 때문이다. 이 부분에 대해서는 조금 후 더 자세히 알아보겠다. 주후 2세기에는 에세네파까지 3파전이었지만 당시의 공회는 바리새파와 사두개파 두 그룹이 주종을 이루고 있었다. 초기에는 로마의 권력에 붙어 유대교의 지위를 이어가려 했던 유대교 주요 보수 인물들인 사두개파가 더 많았다. 그들은 조금 전 지적했듯이 성경을 문자적으로만 해석하는 보수 세력으로, 성경이 원래 의미하고자 했던 바를 보려고 하지 않았다. 우리 한국 교회를 봐도 문자적 성경해석 방식을 선호하는 보수 기독교 세력이 역사적으로 훨씬 더 권력을 추구하고 권세에 접근했던 것과 유사하지 않은가? 그런데 그들은 어차피 군중을 선동해 자신들의 기득권을 위협한다고 생각되는 바울을 정죄해서 죽이려고 하는 사람들이지, 바울이 전하는 그리스도의 복음을 믿으려고 하는 사람들이 아니었다.

물론 BC 1세기부터 점점 늘어나서 당시 다수를 차지했던 바리새파도 예수의 복음을 전하는 바울에게 호의적이지는 않았다. 그런데 바울은 어차피 이 재판에서 빠져 나와서 나중에 로마인들과 이방인들에게 복음을 전하는 것이 목표가 아니던가? 그러므로 자신이 가지고 있는 예수님의 복음에 대한 자세를 분명히 함으로써 도무지 교리적 합의를 볼 수 없는 두 그룹의 간극을 더 크게 해서 바울 처형에 대한 일치된 판결을 내리지 못하게 하는 것이 사실 훨씬 지혜로운 전략이었던 것이다.

다루기 힘든 커다란 문제를 처리하기 위한 해결책으로 산업공학이나 컴퓨터공학에서는 수리알고리즘 해법으로 '분할과 정복(divide and conquer)' 방식을 사용하는데, 지금 바울이 보여주고 있는 종교정치적 책략이 바로 이것이다.

하나님께서 심문당할 때 지혜를 주시고 대답할 말을 주시겠다고 약속하셨던 것처럼, 바울의 입에 담아 주신 지혜의 말씀대로 그가 설정한 부활 교리란 프레임은, 그들의 관심을 바울이란 사람에 대한 것에서 교리로 시각을 바꾸어 놓았고, 그 결과 그들은 두 패로 나뉘어 두 그룹 사이의 갈등이 급작스럽게 심화되었다.

이제 바울과 유대인 사이의 갈등이 아니라, 유대인 고발자들 간의 내부적 갈등으로 양상이 바뀌었다. 결국 그들은 두 패로 나뉘어 서로 다투기 시작했다. 『사도행전』 15장에서 바울도 마가 문제로 바나바와 다투어 서로 갈라서지 않았던가? 서로 다투고 나뉨은 항상 그렇듯이 파멸의 지름길이기에 성경은 항상 다툼을 주의하라고 한다.

우리나라도 산업화되면서 이전보다 잘살게 되었지만, 경제적 발전만이 지상 목표가 되어 그것을 추구해가면서 권력을 유지하고 높은 성장을 추구하며 많은 부작용도 겪어왔다. 그 중 하나가 우리의 통일을 원치 않는 일본, 중국, 러시아와 미국이란 강대국 사이에서 우리는 남북으로 나뉘어 같은 우리 민족을 적으로 삼고 살아온 것도 슬픈 역사인데, 더욱 안타까운 것은 우리 한국 내에서도 경상도와 전라도가 나뉘고 심지어 국가가 섬기고 보호해야 할 국민을 적으로 삼아서 불법적으로 구금하고 고문하고 모함하고, 이제는 자기와 조금이라도 다른 생각이나 말을 하면 진보와 보수로 대립시키거나 블랙리스트와 화이트리스트로 나누는 일을 해왔다.

교회도 그 가운데 한 쪽에 서서 권력의 편에 서서 약자와 소외된 자를 보호하라는 하나님의 말씀을 무시해오며 자신과 다르면 정치적이니 진보좌파로 몰아가는 일에 앞장서 왔다. 사회는 사회대로, 교회는 교회대로 이 모든 죄악을 회개하고 하나님의 말씀 안에서 하나 되는 비전을 가지고 새로운 발걸음을 내디뎌야 할 것이다. 둘로 나뉘고, 그 작은 나라 안에서 다시 동서 지역으로 나뉘고, 이념적으로 또 나뉜 이 나라를 위해 기도하고, 종교정치적 정략으로 인해 수많은 교파로 나뉜 이 나라의 교회를 위해 우리는 기도해야 한다.

9크게 떠들새, 바리새인 편에서 몇 서기관이 일어나 다투어 이르되, 우리가 이 사람을 보니 악한 것이 없도다. 혹 영이나 혹 천사가 그에게 말하였으면 어찌 하겠느냐 하여.(23장)

본문 9절을 해석하기 전에 앞의 8절을 짚고 넘어갈 것이 있는데, 8절에서 사두개파의 신앙은 부활과 천사와 영의 존재 3가지를 다 믿지 않았고, 바리새인은 그 세 가지를 다 믿었다는 식으로 번역하고 받아들이는데, 사실 유대인치고 천사와 영의 존재를 믿지 않는 사람들은 없었다. 그럼 8절은 원래 어떤 뜻인가 하면, 사두개인들은 그들의 문자적 성경 해석 방식에 의해 부활을 받아들이지 않았는데(눅 20:27 참조), 천사 형태의 부활이든 영적 부활이든, 두 가지를 다 믿지 않았다는[1] 의미다. 실제로 역사가 요세푸스에 의하면,[2] 당시 사두개인들은 사람이 죽으면 영이 육체와 함께 소멸한다고 믿었고, 반면에 바리새인들은 영혼이 불멸하여 새 생명으로 넘어갈 수 있다고 믿었기에[3] 부활도 천사 형태나 영으로 일어날 가능성이 있음을 인정했던 것이다. 그래서 9절에서 보듯 바리새파 율법학자들이 일어나 사두개파와 달리 자신들과 같은 신학적 연장선 상에 있는 것으로 보이는 바울의 가르침이 교리적으로 문제가 없다고 변증하고 나서게 된 것이다. 이것은 『사도행전』에서 전략적으로 매우 중요한 부분이다. 왜냐하면 바울의 복음은 바리새파로 알려진 유대교와 연속성을 가진, 즉 아브라함과 모세와 다윗과 선지자의 반열에서 이어지는 야훼 하나님의 구원사의 정점을 이루는 것으로 제시되는 것이기 때문이다.

또한 9절에 나타난 바리새파 신학자들의 태도는, 바리새파의 유명한 율법학자였던 랍비 가말리엘이 베드로와 사도들의 사상과 행동이 사람으로 났으면 무너지겠지만 만일 하나님께로부터 났으면 너희가 사도들을 무너뜨릴 수 없겠고 도리어 하나님을 대적하는 자가 될 수도 있다(행 5:34-40)고 했던 말과 같은 맥락에서 이해될 수 있을 것이다.

그리고 바리새파 사람들의 주장에 대한 본문의 언급은 바울의 선교적 측면에서도 중요한데, 유대교가 당시 로마에서 합법적인 종교로 인정을 받은 상태였는데, 이렇게 되면 기독교도 로마에서 합법적인 종교가 되어 선교에

1) 즉 J. Fitzmeyer 등의 지적처럼 천사와 영에 대한 *meite ... meite* 중복 부정 언급은 앞의 부활에 대한 부정 *mei* 과 동격으로 봐야 한다.

2) 플라비우스 요세푸스, 『유대 고대사』(*Antiquitates Judaicae*), 18.1.4 §16; 『유대전쟁사』, 2. 8. 14 §§164-165.

3) 『유대고대사』, 18. 1. 3 §13.

장애물을 제거할 수 있기 때문에 이 상황은 중요한 분깃점이 될 수 있기 때문이다.

> [10]큰 분쟁이 생기니, 천부장은 바울이 그들에게 찢겨질까 하여 군인을 명하여 내려가 무리 가운데서 빼앗아 가지고 영내로 들어가라 하니라.(23장)

7-10절을 보면 유대인들은 공회에서 자신들끼리 다투다가, 바리새파 율법학자들이 자신과 같은 신학적 노선을 가진 것으로 보이는 바울 편을 들기 시작하자, 두 그룹 사이에 언성이 높아져 결국 공회에 분쟁이 생겼다. 이렇게 하여 바울 vs '사두개파&바리새파' 연합 전선의 대결은, 사두개파 vs '바울&바리새파' 연맹의 대결이란 새로운 국면으로 넘어갔다. 이것은 바로 사도 바울이 자신의 정체성을 바리새파의 후예로 설정하고, 또한 공회의 주제를 계속 고발당해 왔던 성전과 율법 모독이 아니라 부활 교리란 프레임으로 재설정한 목표가 달성된 것이다.

공회에서 사두개파와 바리새파 사이에 큰 소동이 다시 일어나자, 이러다가는 로마시민인 바울을 로마 법정에 세우기도 전에 살해될 것 같은 위기마저 느낀 천부장은 로마 군인들에게 신속하게 바울을 빼내어 다시 안토니오 요새의 영내로 데려가도록 명령함으로 이 위기 상황은 종결된다. 결국 바울의 분할과 정복 전략은 성공했다.

상황을 파악해 위기를 극복할 수 있는 지혜로운 그리스도인이 되자 (23:1-10).

이렇게 하여 바울을 정죄하여 처단하고자 했던 유대인 지도자들의 종교적 권력인 공회는 갈라져 무력화되었고 그들의 종교정치적 목적은 사라졌으며, 하나님은 세상 권력의 상징인 로마의 천부장과 군대를 통해 사도 바울을 보호하게 된 것이다. 그러나 사도 바울의 보호, 그것이 하나님의 궁극적 목적은 아니었다. 그러면 무엇인가? 그것이 마지막 구절 11절이다.

> 11그날 밤에 주께서 바울 곁에 서서 이르시되, 담대하라. 네가 예루살렘에서 나의 일을 증언한 것 같이 로마에서도 증언하여야 하리라 하시니라.(23장)

어떤 위험에 빠져도 바울은 더 이상 두려워할 필요가 없다. 지금까지 본 것처럼 결국 주께서 건져주실 것이기 때문이다. 왜냐하면 이것은 바울 개인의 사적인 문제가 아니라, 하나님의 문제이기 때문이다. 하나님은 처음부터 바울을 로마에서 복음의 증인으로 쓰려고 선택했고 사명을 주셨다. 그래서 예루살렘의 유대교 지도자들에게도 증언하게 하셨고, 그뿐 아니라 궁극적으로는 당시 세계의 중심이요 땅 끝인 로마에 가서도 증인의 역할을 하도록 하실 것이기 때문이다. 하나님의 궁극적 목적은 예루살렘에서 담대히 복음 증언했듯이, 로마에 가서도 담대히 증언하라는 것이다.

그 목적을 위해 주님은 바울의 입에 지혜의 말씀을 담아주셨고, 하나님이 세운 나라 이스라엘이 그것을 감당 못하자, 세상의 로마 권력을 사용하셔서라도 하나님의 뜻을 이루어내시는 것이다. 사실 22장 18절에서는 예루살렘에서 속히 나가라고 주님께서 바울에게 말씀하셨던 것을 기억하는가? 왜냐하면 그들은 네가 내게 대하여 증언하는 말을 듣지 아니할 것이므로. 그런데도 이런 곤란한 상황에서도 바울은 그들에게 복음의 핵심인 예수님의 부활을 증거한(23:6) 것이다. 주님은 그것을 칭찬하셨다.

전에도 주님은 선지자들을 통해 네가 예루살렘에 가면 체포될 것이라고 알려주셨는데도 그는 고집스럽게 들어가서 체포되고 결박되고 핍박받는다. 그들은 네가 하는 말을 안들을 것이니 예루살렘에서 떠나라고 했는데도 바울은 굳이 예루살렘에서 복음을 전한다.

이상한 것은 주님은 바울을 야단치지도 잘못했다고 하시지도 않는다. 11절에서 "네가 예루살렘에서 나의 일을 증언한 것 같이 로마에서도 증언해야 한다"고 하시는 말씀 속에는 떠나라고 해도 떠나지 않고 바울이 예루살렘에서 증언하는 행동을 어느 면에서 인정하고 받으시는 것이 깔려 있다.

이것은 무슨 말인가? 하나님은 종 바울을 긍휼히 여기셔서 예루살렘에서 고난 당할 것을 미리 알려주시며 막으시지만, 바울은 복음을 위해 그리고 주님을 위해 죽으면 죽으리라는 자세로 행동했고 주님은 그를 불순종했다고 책망하지 않으시고 그 헌신을 받으신다는 것이 『사도행전』에 계속 나타나는 흐름이다.

나는 지금 여러분에게 주님의 명령에 불순종하고 거역하라는 것이 아니다. 그러나 우리의 태도가 복음을 위해 주님을 위해서 희생과 목숨을 걸고 섬기겠다는 분명한 결단이 요구되고, 오히려 성경은 우리에게 이런 자세를 간접적으로 요구하고 있다는 것을 간파할 수 있기를 바라는 것이다. 하나님께서는 우리를 아껴서 복음을 위해 헌신할 때 우리에게 닥칠 위협을 알려주시고 피할 수 있도록 긍휼을 베푸신다. 그럼에도 불구하고 복음을 위해 우리의 목숨까지 바치겠다는 헌신으로 나아가는 것을 성경은 높이 평가하고 있는 것이다.

그럴 때에 주님은 10절에서 보았듯 당신의 종을 보호하시고 우리의 헌신과 주님의 뜻이 이루어질 수 있도록 인도하시는 것이다. 그리고 주님은 이런 보호하심과 당신의 궁극적인 목적을 우리에게 다시 확증해 주심으로 우리를 견고케 하신다. 그리고 11절처럼, "담대하라. 네가 로마에서도 증언하여야 하리라"고 말씀하시는 것이다. 주님은 우리에게 어떤 위험 속에서 불안해 떨지 말고 담대할 것을 주문하신다. 왜냐하면 당신이 세운 증인이므로 주인되신 하나님이 보호하고 사명을 이루실 것이기 때문이다. 그러므로 증인에게 요구되는 것은 항상 담대함이다.

이것은 『사도행전』 전체를 통해 끊임없이 반복되는 증언이다. 주의 영을 받으면, 즉 성령이 우리에게 임하시면 우리는 복음의 증인이 되고, 성령 충만은 우리를 복음의 증인으로 살 수 있는 담대함을 주신다는 것이다. 그 사상이 지금 여기서 다시 반복되는 것이다. 그러므로

어떤 위기 상황에도 담대한 증인이 될 수 있는 그리스도인이 되자(11).

지금까지 보았듯이 바울은 하나님의 거룩한 도성이라는 예루살렘에서 세 번째 공격을 받았다. 17장 5-8절과 19장 23-41절에 이어 본문 23장에서 또 다시 공격을 받은 것이다. 한두 번이면 참지만 세 번이나 목숨의 위협을 당했다. 그럼에도 불구하고 두려워 떨지 말고 담대해야 했다. 그것이 주님의 뜻이다. 그것이 소명으로 사명의 길을 걷는 사람들의 자세다.

그리고 바울이 대단한 것은 천부장의 잘못에 대한 두려움과, 공회에서 당한 위기를 복음 증거의 기회로 삼았다는 것이다. 우리도 그런 지혜로운 증인들이 되면 좋겠다.

아이러니: 주의 종이 하나님의 백성으로부터 공격받고, 로마인들로부터 보호받다

(행 23:12-35)

수년 간 계속된 일이기는 하지만, 2018년 7월에도 시리아 남부에서는 IS 자살 폭탄 테러로 250명이 사망했다. 특히 5월에는 이슬람이 주요 종교인 인도네시아의 제2의 도시 수라바야 시내에 있는 교회와 성당 3곳을 자살 폭탄 공격을 하여 11명이 숨지고 40명이 부상한 일이 있었다. 그 자살 폭탄 공격에는 여자 1명과 어린이 두 명을 포함한 5명 이상이 가담한 것으로 알려졌다. 어떻게 여자와 어린아이들까지 그런 일에 동원할 정도로 모질 수가 있는지 생각만 해도 가슴이 아프다.

그런데 자신의 몸에 폭탄 띠를 감고 들어가 터뜨려 함께 죽는 이 끔직한 일을 수행할 수 있는 힘은 신앙, 다름아닌 알라신에 대한 헌신에서 나온 것이다. 이런 것을 보면 종교적 신념이 얼마나 대단한 것인가를 알 수 있다.

자신의 종교에 대한 헌신은 자신의 종교적 신념과 다른 사람에 대한 증오로 발전하고, 그것은 그들을 제거하려는 열망으로 발전한다.

같은 하나님을 믿는 유대인들 사이에도 그런 일은 존재했다. 유일하신 하나님 외에 또 다른 신으로 보이는 예수 그리스도를 전파하는 바울을 제거하는 것이, 자신이 하나님에 대한 신앙의 고결함과 헌신을 표현하는 것이라고 생각한 사람들이 많았다. 그래서 오늘 본문 12절 이하와 같은 사건이 발생한 것이다.

> [12]날이 새매 유대인들이 당을 지어 맹세하되, 바울을 죽이기 전에는
> 먹지도 아니하고 마시지도 아니하겠다 하고, [13]이같이 동맹한 자가 사십
> 여 명이더라. [14]대제사장들과 장로들에게 가서 말하되, 우리가 바울을 죽
> 이기 전에는 아무 것도 먹지 않기로 굳게 맹세하였으니.(23장)

바울을 없애려고 했던 유대인들의 계획이 10절처럼 수포로 들어가자, 유대인들은 '당을 지었다'고 했는데 어떤 당파를 만들었다는 뜻이 아니라, 40여 명이 모여 공모를 했다고 번역하는 것이 좋을 것이다.

하나님을 믿는 신앙인이라면서 누구를 미워하여 그를 죽이기 전에는 아무 것도 먹지 않겠다고 맹세를 하는 것을 보면, 사람의 종교성은 참으로 무서운 것이라 아니할 수 없다. 특히 자신의 종교적 신념을 위해 자기 몸을 불사르게 내줄지라도 사랑이 없으면 아무 유익이 없음(고전 13:3)을 우리는 기억해야 할 것이다. 그들은 금식으로 맹세를 확약하기까지 했는데, 이런 것이 바로 종교성이다. 자신의 신념과 결단을 보이기 위한 금식과 기도와 예배는 하나님 앞에서 아무런 가치가 없는 것인데, 여전히 많은 기독교인들이 자신이 원하는 기도응답을 받을 때까지 금식으로 하나님 앞에 매달리며 자신의 종교성을 증명하려고 애를 쓴다.

> [15]이제 너희는 그의 사실을 더 자세히 물어보려는 척하면서 공회와 함
> 께 천부장에게 청하여 바울을 너희에게로 데리고 내려오게 하라. 우리는

그가 가까이 오기 전에 죽이기로 준비하였노라 하더니.(23장)

신앙이 있다 하지만, 그 신앙적 신념으로 자신과 다른 사람을 무대의 중심에서 제거하거나, 사람을 죽이는 것도 아무렇지 않게 생각하는 사람들은 술수에도 능하다. 자세히 물어보는 척 가장을 하기도 하고, 권력가에게 접근하여 그를 예루살렘으로 이동시키도록 청탁을 하는 술책도 쉽게 구사한다. 아무래도 로마 군대의 보호와 치리 영역에서 벗어나 자신들의 손아귀에 들어 와야 암살하기가 편하기 때문일 것이다.

하나님의 일을 하는 하나님의 사람이라면 이런 술수, 청탁, 거짓된 말과 조작을 이렇게 쉽게 하면 안 된다. 교회 안에서, 선교지에서, 기독교 선교단체에서도 하나님의 사람은 하나님의 일을 수행하는 과정도 하나님의 방법으로 해야지, 내 마음에 안 드는 사람을 제거하기 위해 이런 인위적인 조작을 하면 안 된다. 증오와 미움으로 인한 조작을 하는 행동은 부정하고 싶지만 살의에 해당하고, 이런 살의의 역학이 인간 사이를 파괴하는 것이다. 그것을 구별하지 못하는 사람은, 어떤 종교적 열심에도 불구하고 영적인 사람이 아니다. 우리도 하나님의 일을 하면서 쉽게 청탁을 하고, 거짓말을 하고, 조작을 하는 것은 없는지 자신을 돌아봤으면 좋겠다. 그리고 그런 삶의 방식을 버릴 결단을 내리기를 바란다.

내 생각과 다른 사람을 제거하고 싶은 악한 마음을 버리자(12-15).

16바울의 생질이 그들이 매복하여 있다 함을 듣고 와서 영내에 들어가
바울에게 알린지라. 17바울이 한 백부장을 청하여 이르되, 이 청년을 천
부장에게로 인도하라. 그에게 무슨 할 말이 있다 하니, 18천부장에게로

데리고 가서 이르되, 죄수 바울이 나를 불러 이 청년이 당신께 할 말이
있다 하여 데리고 가기를 청하더이다 하매, [19] 천부장이 그의 손을 잡고
물러가서 조용히 묻되, 내게 할 말이 무엇이냐.(23장)

성경은 바울의 생질이 이런 암살 음모와 매복 상황을 어떻게 알았는지는 말하지 않는다. 성경의 목적은 이런 일 가운데에 하나님께서 어떻게 개입하시고 처리하는지를 보여주는 데에 있기 때문이다. 하나님의 종을 암살하려는 이런 음모는 어떤 경로를 통했는지 바울의 생질이 알게 되었고, 로마 군영에 들어가 바울에게 그 사실을 알렸다. 바울은 한 백부장에게 부탁해서 전할 말이 있다며 그를 천부장에게 데려가 달라고 했다. 이 상황을 보면 바울은 비록 매여 있었지만 그리스도인답게 존경받을 만한 삶의 모습이 있었기에 백부장도 그의 말을 들어주고 누군지도 모를 젊은이를 천부장에게 데려가준 것이 아닌가 하는 생각이 든다. 어떤 상황에서도, 특히 역경에서 빛을 발하는 것은 우리의 인격과 성품이다. 만일 바울이 종교적 신념에만 가득차서 괴팍한 행동을 했다면 로마군의 장교로서 유대인 죄수의 이런 청을 들어주었을 리가 없다. 19절을 보면 고위 장교인 천부장도 기본적으로 성품이 따뜻했던 사람인 것 같다. 할 말이 있다고 인도된 유대인 젊은이의 손을 잡아 주며, 내게 할 말이 무엇이냐고 조용한 데에서 편히 말하도록 이끌어주었기 때문이다.

[20]대답하되, 유대인들이 공모하기를 그들이 바울에 대하여 더 자세한
것을 묻기 위함이라 하고 내일 그를 데리고 공회로 내려오기를 당신께
청하자 하였으니, [21]당신은 그들의 청함을 따르지 마옵소서. 그들 중에서

바울을 죽이기 전에는 먹지도 않고 마시지도 않기로 맹세한 자 사십여 명이 그를 죽이려고 숨어서 지금 다 준비하고 당신의 허락만 기다리나이다 하니, [22]이에 천부장이 청년을 보내며 경계하되, 이 일을 내게 알렸다고 아무에게도 이르지 말라 하고.(23장)

바울 암살을 공모한 유대인들의 계략을 전해주고, 그들의 거짓된 청을 받아주면 왜 안 되는지를 천부장은 알게 되었다. 이제 유대인 암살자들은 천부장의 허락, 말 한마디만 기다리고 있음을 깨닫게 된 그는 청년을 보내며 오히려 이 일을 내게 알렸음을 발설하지 말라고 부탁한다. 그리고 조치를 취한다.

[23]백부장 둘을 불러 이르되, 밤 제 삼 시에 가이사랴까지 갈 보병 이백 명과 기병 칠십 명과 창병 이백 명을 준비하라 하고, [24]또 바울을 태워 총독 벨릭스에게로 무사히 보내기 위하여 짐승을 준비하라 명하며.(23장)

백부장 둘을 불러 보병 200명과 기병 70명과 창병 200명을 밤 9시까지 준비하라고 명령한다. 그리고 바울을 태워 보낼 짐승도 준비시킨다. 『누가복음』 10장 34절에서도 강도 만난 사람을 주막으로 호송하기 위해 선한 사마리아인은 "자기 짐승"에 태워보냈다고 한다. 유대 땅에서는 나귀나 노새겠지만, 로마 군대는 말을 사용했으므로 말이나 마차를 준비한 것이다. 아무튼 천부장은 바울을 벨릭스 총독에게 보내며 암살을 막기 위해 이런 중무장한 군대로 자신의 지휘 하에 있는 바울을 보호하기 위한 최선을 다 하였다.

이것이 하나님께서 개입하셔서 문제를 해결하는 방식이다. 아무리 인간이 궤계를 짜고 술책을 부려도 하나님은 인간의 계략을 깨고 바울을 로마에 증인으로 보내겠다는 자신의 뜻을 이루신다. 그러므로

✍ 인간의 계획과 술수를 무력화시키고 자신의 종을 보호하시는 하나님께 감사하자(16-24).

이방인 장교 천부장은 자신의 범위 내에서 최선을 다했을 뿐 아니라, 자신의 지휘권 밖의 사태에 대비해서도 신중하게 대비를 하였다. 그것은 25절 이하에서 보듯이 총독에게 넘기며 사려 깊은 편지를 보낸 것이다.

> [25]또 이 아래와 같이 편지하니, 일렀으되 [26]글라우디오 루시아는 총독 벨릭스 각하께 문안하나이다. [27]이 사람이 유대인들에게 잡혀 죽게 된 것을 내가 로마 사람인 줄 들어 알고 군대를 거느리고 가서 구원하여다가.(25장)

앞 장 특히 22장 25-26절을 보면, 물론 이것은 온전한 사실이 아니다. 물론 유대인들이 바울을 해치려고 해서 구한 것까지는 사실이지만, 로마 사람인지는 나중에 채찍질하며 심문하라는 명령 후에 백부장이 보고하여 알게 된 것이기 때문이다. 그것은 자신의 행동을 정당화하고 긍정적으로 보고하려는 태도요 일종의 과장이라 할 수 있다. 그러나 이것은 이어지는 바울의 무죄 추정을 항변하기 위해 자신이 사건의 처음부터 개입해 전모를 파악하고 있었음을 벨릭스 총독에게 알리기 위한 시도로 보인다.

[28]유대인들이 무슨 일로 그를 고발하는지 알고자 하여 그들의 공회로 데리고 내려갔더니, [29]고발하는 것이 그들의 율법 문제에 관한 것뿐이요 한 가지도 죽이거나 결박할 사유가 없음을 발견하였나이다. [30]그러나 이 사람을 해하려는 간계가 있다고 누가 내게 알려 주기로 곧 당신께로 보내며 또 고발하는 사람들도 당신 앞에서 그에 대하여 말하라 하였나이다 하였더라.(23장)

게다가 천부장은 유대인들의 고발 사항에 대해서도 자신이 그들의 공회로 피의자를 데려가 성실하게 조사를 해보았음도 주지시킨다. 이렇게 하여 천부장은 맡은 바 자신의 소임을 다 했다. 그러나 고발에 대한 조사 결과, 혐의가 없음을 분명히 지적한다.

『사도행전』의 저자는 바울의 수난사를 계속 예수님의 수난사와 오버랩시킨다. 이러한 29절의 지적은 예수님의 처형과 마찬가지로 사도 바울의 처벌 역시 죄가 없음을 밝힌 것이라는 점에서 의미가 있는 부분이다.

다만 유대인들의 고발은 사회 윤리적 범죄가 아니라 철저하게 그들의 율법에 관련된 종교적 문제일 뿐임을 분명히 한다. 로마 당국과 군대는 유대인들의 종교적 문제는 그들의 자치권에 해당하는 것이고 사회 정치적 문제가 아니므로 천부장이 처리할 문제가 아니기 때문이다.

30절에서는 20-22절에서 언급된 것처럼, 바울의 생질로부터 알게 된 정보에 따라 천부장 자신이 피의자를 잘 보호하여 총독에게 이렇게 잘 인계하게 되었음을 밝히며 자신이 최선을 다했음을 피력하고 있는 것이다.

[31]보병이 명을 받은 대로 밤에 바울을 데리고 안디바드리에 이르러, [32]이

틀날 기병으로 바울을 호송하게 하고 영내로 돌아가니라. [33]그들이 가이사랴에 들어가서 편지를 총독에게 드리고 바울을 그 앞에 세우니.(23장)

천부장이 명령한 대로 병사들은 유대인 고발자들의 소동을 피해 밤 9시에 출발하여 안디바드리까지 62킬로미터 거리를 한밤중에 이송하는 치밀함을 보였다. 그리고 그들은 영내로 귀환했지만, 아무리 훈련된 보병이라도 62킬로미터(서울 방배동에서 출발하여 평택시청까지의 거리로, 150리 길이다!)란 먼 거리를 한밤중에 행군한다는 것은 쉬운 일이 아니었을 것이다.

다음날 바울을 인계받은 기마병들은 총독이 주둔하고 있는 가이사랴의 헤롯 관저까지 다시 백리 길(대략 40킬로미터)을 바울을 호송해 갔다. 그리고 천부장의 보병에게 인계받은 편지를 기병들이 총독에게 전달했다.

[34]총독이 읽고 바울더러 어느 영지 사람이냐 물어 길리기아 사람인 줄 알고, [35]이르되, 너를 고발하는 사람들이 오거든 네 말을 들으리라 하고 헤롯 궁에 그를 지키라 명하니라.(23장)

총독은 죄수를 인계받아 왜 천부장이 자신에게 보냈는지를 확인한 후 이름과 출신지 같은 간단한 심문을 하고, 고소인들이 올 때까지 총독 관저가 있는 헤롯 궁에 구금하고 지키도록 했다.

천부장이든 백부장이든, 그들은 다 자신이 맡은 바 소임을 성실하게 수행했다. 물론 천부장은 실제 상황보다는 약간의 과장을 섞어가며 총독 앞에서 생색을 내고 싶어 하는 모습도 엿볼 수 있다. 그럼에도 불구하고 그는 자기 나름의 최선을 다해 바울을 보호했고, 흥분한 유대인 무리들을 상대로 지혜롭게 판단하여 대응했음을 인정해야 한다. 또한 치안 책임자로서 죄수를 함부로 심문하는 불법을 저지르지도 않았고, 제대로 알아보지도 않고 죄수를 처벌하는 경박함도 없었고, 고발자나 피의자 양 쪽의 의견도 성실히 다 청취하였다. 그리고 유대인 고발자 무리들과 암살자들의 소동을 피하기 위해 군대를 동원해 한밤중에 바울을 이송하는 치밀함도 보였다.

오늘날 우리나라는 법치 국가라고 자부하지만, 2천 년 전 로마제국의 이 천부장만큼도 못한 부분은 없는지 돌아봐야 한다. 가지고 있는 조그마한 권력을 휘둘러 애매한 사람들을 불법 사찰하고, 약자와 억울한 자들에게 유전무죄 무전유죄란 소리를 듣는 일은 없는지 특히 검찰과 경찰과 법원처럼 치안을 담당하는 쪽이나 정부나 국회에서 일하는 그리스도인들은 자신을 돌아봐야 할 것이다. 그런 쪽에서 일하는 사람뿐 아니라, 기업이든 어떤 조직과 기독교 기관에서 일하는 사람들도 천부장만도 못한 일은 없는지 자신의 직무 수행을 돌아봐야 한다.

우리가 일을 처리할 때 윗사람에게 인정받고 승진하지 못할지라도, 항상 억울한 사람이 생기지 않도록 하는 것이 지도자의 임무다. 그러므로 우리 그리스도인들이 혹시 지도자의 자리에 서게 되거든 이방인 천부장 못지않은 사람이 되어야 한다. 즉

☜ 우리의 영향권 안에서 억울한 사람이 생기지 않게 배려하는 지도자가 되자(25-34).

전도자의 입장에서는 또한 세상이 비록 정의롭지 못해서 바울처럼 애매히 고난을 당해도, 복음의 진보와 빛과 소금의 사명을 위해 우리를 부르신 하나님께서 일하셔서 결국 주님의 계획을 이루실 것을 믿어야 한다. 하나님

께서 11절에서 바울을 로마에 보내 증언시키기로 계획하셨기 때문에 주님은 천부장의 마음을 움직여서 바울을 벨릭스 총독과 결국은 로마의 황제 앞에 서게 이끄실 것이다. 그러나 그 과정이 모두 평탄하고 편한 길은 아니다.

이미 22장 전반부에서부터 우리는 계속 아이러니한 상황을 보아 왔다. 하나님의 백성은 하나님의 종 바울을 죽이려 하고, 이방인인 로마군 장교는 하나님의 종을 하나님의 백성으로부터 보호한다. 이것은 얼마나 놀라운 하나님의 역사하심인가?

성경은 누가의 손을 통해 이방인 로마인들이 성전에서 사도 바울을 구하고(21:32-33), 의회에서도 구해주고(23:10), 이제 세 번째로는 암살자의 손에서 구해준다는 것이다. 왜 불신 이방인은 우호 세력이 되고, 왜 친구여야 할 유대인들은 적대 세력이 되는 것일까?

예수님의 십자가 죽음 장면에서도 그가 진실로 하나님의 아들이었다고 선언하는 것도 이방인 로마의 백부장(마 27:54; 막 15:39 등)이었다.

그리고 『사도행전』을 읽으며 계속 떨쳐버릴 수 없는 생각은, 어찌하여 하나님의 백성이라는 사람들이 예수님을 십자가에 처형해 죽이려고 안달을 하더니 이제는 사도 바울을 잡아 죽이려고 그렇게 몸이 달아있는지 참으로 안타깝다는 것이다. 하나님께서 보내신 메시아도, 구원의 복음을 전하는 하나님의 종도 잡아 죽이려는 것은 하나님의 일과 대척점에 서 있는 어둠의 일이요 마귀의 일 아닌가? 그 일에 왜 하나님의 백성들이 앞장서고 있는 것일까? 하나님을 믿는다며 왜 때로는 그렇게 하나님의 백성들이 하나님의 일을 막는 것일까? 하나님의 백성이 그러면 주님은 유대인들이 무시하던 사마리아 사람을 통해, 때로는 이방인인 페르시아의 고레스 왕을 통해서도 (대하 36:23 스 1:3), 아닥사스다 왕(스 7;12)을 통해서도 자신의 뜻을 이루어 오셨다. 본문에서도 하나님의 백성들이 종 바울을 죽이려고 하자, 하나님은 로마 군대의 천부장을 통하여 사도 바울은 로마에 증인으로 가는 길에 한 걸음 더 가까이 나가게 하신다. 이것은 한편으로는 얼마나 비극적인 상황인가?

그렇다면 우리 그리스도인들도 때로 하나님의 일을 막고 방해하는 일은 없는지, 그래서 결국 하나님께서는 불신자와 세상을 통해 당신의 뜻을 이루시는 것을 보게 되는 일은 없는지 돌아볼 필요가 있다.

문제는 그런 일을 하면서도 일부 그리스도인들은 자신들이 지금 무슨 짓을 하고 있는지를 모른다는 것이다. 그러므로 맹목적적인 종교적 열성이 아니라, 성도들이 참으로 하나님의 일과 인간의 일을 구분하고 영적인 안목을 갖고 그것이 인격과 성품으로 증명되는 신앙을 갖도록 교회는 방향을 바꿔줘야 할 것이다. 우리가 제 역할을 못해 하나님께서 세상 사람들을 통해 우리들을 부끄럽게 하시는 일은 없으면 좋겠다.

최악의 환경에 처했을 때 성도가 기대할 수 있는 최저선

(행 24:1-23)

살다보면 여러 가지 곤경에 처할 때가 있다. 예수님을 믿어도 어려움에 빠질 때가 있다는 말이다. 그럼 예수 믿는 것이 뭐가 다르냐고 하는 사람도 있는데, 예수 믿는다고 어려움이 없는 것이 아니라, 어려움에 처했을 때의 모습이 다르고 예수님과 함께 그 문제를 해결할 수 있다는 것이 다르다. 바울은 하나님의 종이지만 억울한 고소를 당하고 골치 아픈 법정 다툼에 처하게 되었다. 우리는 이때 바울이 그 문제를 대하는 모습에서 무엇을 배울 수 있는지 함께 살펴보자.

> [1] 닷새 후에 대제사장 아나니아가 어떤 장로들과 한 변호사 더둘로와 함께 내려와서 총독 앞에서 바울을 고발하니라, [2] 바울을 부르매, 더둘로가 고발하여 이르되.(24장)

더둘로를 개역개정 성경은 변호사라고 했는데, 그 헬라어 단어 *retor*에서 수사학(rhetoric)이란 영어 단어가 나온 것을 보면, 그는 오늘날의 변호사라기보다는, 법정의 말쟁이요 일종의 변사임을 알 수 있다. 즉 때로 억울한 자의 변호사 역할을 하기도 하지만, 오늘 본문에서처럼 죄인을 고발하고 구형을 요구하니, 이 경우는 오늘날의 검사의 역할에 해당한다.

바울이 법정에 불려나오자, 더둘로는 그의 죄목을 고발한다. 이때 지혜로운 변사들이 항상 그러하듯이, 그는 먼저 재판장을 칭송하고 존경을 표현하며 고발을 시작한다.

> [3]벨릭스 각하여. 우리가 당신을 힘입어 태평을 누리고 또 이 민족이 당신의 선견으로 말미암아 여러 가지로 개선된 것을 우리가 어느 모양으로나 어느 곳에서나 크게 감사하나이다. [4]당신을 더 괴롭게 아니하려 하여 우리가 대강 여짜옵나니 관용하여 들으시기를 원하나이다.(24장)

더둘로는 로마 행정관인 벨릭스 총독으로 인한 안징과 사회 변화를 칭송한다. 아부라고 생각할 수도 있지만, 어떤 부분은 사실이었을 것이다. 상대를 인정하고 존중하는 것은 훌륭한 커뮤니케이션의 출발점이며, 이후에 자신이 주장할 것을 위해 전략적으로 좋은 전개다. 더둘로는 *retor*답게 '어느 모양으로나 어느 곳에서나' 크게 감사한다고 화려한 수사학적 표현을 구사한다. 원어에서도 유사 발음의 단어를 반복 사용한 어구인데, 이런 수사학적 표현은 『히브리서』 1장 1절에서 하나님께서 우리에게 계시하신 것을 "여러 부분과 여러 모양으로" 말씀하셨다는 구절에서도 볼 수 있듯이 당시에 많이 쓰던 방식이다. 그리고 이제 긴 말로 당신을 힘들게 하지 않고 바로 논고를 시작할 테니 너그러운 마음으로 잘 들어달라고 겸양적 자세로 본론으로 들어간다.

> [5]우리가 보니 이 사람은 전염병 같은 자라. 천하에 흩어진 유대인을

다 소요하게 하는 자요, 나사렛 이단의 우두머리라. [6]그가 또 성전을 더
럽게 하려 하므로 우리가 잡았사오니, ([6후반-8전반] 없음). [7](없음).(24장)

이제 본격적으로 고발이 시작되는 5절을 보면 연사의 세 치 혀가 내뿜는 달변이 보인다. 얼마나 매끄러운가? 이것이 훈련된 수사학과 논리학과 철학의 힘이다. 그런데 문제는 사실에 근거하지 않았다는 것이다. 말 잘하는 사람이 사실에 근거하지 않을 때 그것처럼 위험한 것이 없다. 전에 어느 목사님이 재능도 많고 말도 잘하는 젊은 목사에게 "당신같이 잘난 사람이 말까지 잘하니 정말 위험하다"고 경고하는 것을 들은 적이 있다. 참된 목자의 자세도 없고, 성경 본문의 의미도 제대로 못 다루면서 설교의 말만 잘하는 것은 가장 위험한 일이라고 조심하라는 사랑의 충고였다. 불행히도 더둘로는 사실에 입각하지 않고 훈련된 수사학과 논리적 전개로 상대를 궁지에 몰아 넣는 데 아주 뛰어났다.

하나님의 종을 전염병 같은 자라고 비난할 뿐 아니라, 해외 주둔 유대인들에게 모두 소요를 일으켰다고 바울을 정치적 혁명을 일으키려는 반역자처럼 몰아간다. 그런데 그 사회 정치적 문제에 해당하는 소요의 사유라고 대는 것들을 보면, 이단적이고 성전을 모독(21:28)한 것이라는 종교적인 근거를 제시하고 있는 것이다. 로마 당국에 대한 고발은 정치와 치안 문제여야 하는데, 이것은 근본적으로 잘못된 일이다.

[8]당신이 친히 그를 심문하시면, 우리가 고발하는 이 모든 일을 아실
수 있나이다 하니, [9]유대인들도 이에 참가하여 이 말이 옳다 주장하니
라.(24장)

더둘로는 자신이 훈련받은 수려한 어법과 능력을 이용해 약한 자를 억압하고 길을 굽게 하여 사람들에게 억울한 일을 만든다. 정의를 왜곡하고 자신에게 부여된 조그만 권력을 이용해 자신의 이익을 채우고, 정당한 방법으로 일하려는 사람들의 기를 꺾고 타인을 억울하게 만드는 사람들은 항상 자신들이 기업과 국가와 국민을 위해 그렇게 했다고 생각한다. 그들이 잘못한 점이 지적되거나 징계를 받게 되면, 그들은 자신들이 정치적 탄압을 받고 있다고 주장하며 자신들만 억울하다고 한다. 이것이 이 세상의 비극이다. 뉴스에서 보는 일들이 다 그런 것들 아닌가? 악인들은 항상 자신이 무엇을 잘못했는지 모른다는 것이다.

그런 사람들의 혹세무민에 휩쓸려 9절처럼 옳다고 동조하는 무리도 항상 있기 마련이지만, 그들이 아무리 목청 높여 외친다 해도 그것이 사실도 아니고 진실이 아니다.

또 다른 더둘로의 문제점은, 8절에서 보듯이, 그는 총독이 심문해 보면 이 고발이 옳다는 것을 알 수 있을 것이라는 확신에 사로잡혀 있다는 것이다. 지금은 내가 증거가 없지만, 특검을 하거나 특검 연장을 하면 자신의 주장이 사실이라는 것이 다 밝혀질 것이라고 우긴다. 현재 증거를 가지고 고발을 하고 처벌을 해야 함에도 불구하고, 당신이 더 심문해보면 다 알 것이라는 주관적 확신으로 우기고 처형을 요구한다. 우리는 이런 사람이 돼서는 안 된다. 그러므로

☞ 주어진 재능으로 사실을 굽게 하고 사람들을 미혹하지 않게 조심하자 (1-9).

그런 고발자의 달변에 총독은 어떻게 행동하는가?

[10]총독이 바울에게 머리로 표시하여 말하라 하니, 그가 대답하되 당신이 여러 해 전부터 이 민족의 재판장 된 것을 내가 알고 내 사건에 대하여 기꺼이 변명하나이다.(24장)

변사 더둘로의 칭송에 우쭐하여 벨릭스 총독은 한껏 자존감이 부풀어 올라, 거만하게 고갯짓을 하며 이제 바울에게 자신을 변호할 기회를 준다.

이들과 대조적으로, 바울은 매우 겸손한 태도로, 재판장으로 앉아 있는 총독을 존중하는 모습으로 시작한다.

[11]당신이 아실 수 있는 바와 같이 내가 예루살렘에 예배하러 올라간 지 열이틀밖에 안 되었고, [12]그들은 내가 성전에서 누구와 변론하는 것이나 회당 또는 시중에서 무리를 소동하게 하는 것을 보지 못하였으니, [13]이제 나를 고발하는 모든 일에 대하여 그들이 능히 당신 앞에 내세울 것이 없나이다.(24장)

바울의 논증은 전문적 변사인 고발자 더둘로에게 전혀 뒤지지 않게 논리적이다. 더둘로가 8절에서 심문하면 다 알 수 있을 것이라고 말한 것처럼, 바울도 총독이 심문하면 진실이 무엇인지 정말 알 수 있을 것이라고 11절에서 말한다. 조목조목 사실을 짚어 보자는 것이다.

왜 그렇게 자신 있게 말 하느냐 하면, 예루살렘에 온 지 12일밖에 안 되는데, 예루살렘의 평화를 깨고 무슨 대단한 소요를 주동하고 혁명을 일으킬 수 있겠냐는 합리적 논증을 하는 것이다. 고발의 정황적 불가능성을 지적하는 것이다.

게다가 자신이 예루살렘에 간 것은 예배하러 간 것이라는 종교적 이유임을 분명히 한다. 만일 자신이 소요나 혁명을 일으키기 위한 것이라면, 성전에서 누구를 만나 논쟁을 하거나, 회당이나 거리에서 군중을 선동한 것을 본 적도 없을 것인데, 만일 그랬다면 그들이 당연히 당신 앞에 고발할 때 그 증거를 제시했을 텐데 그런 것이 없다는 사실이 내 주장을 변증하는 것이라고 설득력 있게 자신을 변호한다.

객관적 증거를 들이대도 아니라고 부정하는 사람도 있지만, 바울은 자신의 혐의는 아무런 증거가 없는 단순히 추정에 의한 모함이요 근거 없는 고발이란 점을 또박또박 잘 논증하고 있다.

이처럼 반로마적 사회 정치적 혐의는 모두 잘못된 것이며, 자신의 문제는 철저히 종교적인 문제에 관련된 것임을 순차적으로 14절에서 밝힌다. 왜냐하면 유대인 내의 종교적 논쟁은 로마 법정의 고발 대상이 아니기 때문임을 바울도 총독도 잘 알고 있기 때문이다.

> 14그러나 이것을 당신께 고백하리이다. 나는 그들이 이단이라 하는 도를 따라 조상의 하나님을 섬기고 율법과 선지자들의 글에 기록된 것을 다 믿으며.(24장)

자신이 고발당한 것은 그들이 이단이라고 주장하는 종교적인 문제임을 바울은 분명히 한다. 그런데 그나마도 사실이 아닌 것이 자신은 참된 길인 하나님의 도를 전한 것인데, 그 도는 본질적으로 그들이 주장하는 정통 유대교 신앙처럼 조상의 하나님을 섬기고, 토라 즉 율법과 예언서를 믿는 것이기에, 이 문제는 유대인의 공회에 가져갈지라도 문제가 될 수 없다는 것이다.

이때 고발자들은 이단이라고 하지만, 바울은 그것을 '도, the Way'(19:9, 23; 22:4; 24:14, 22등 참조)라고 한다. 바울은 9장 2절에서 '그 도'를 따르던 사람을 핍박했다고 고백하던, 자신이 핍박할 때 기독교를 일컫던 표현이다. 이 말은 쿰란공동체에서 많이 사용되던 표현인데, 주 하나님의 도(18:25이하) 혹은 구원의 도(16:17)라고도 일컬어지는, 복음을 일컫는 또 다른 중요한 용어다.

진리의 근원이신 하나님께로 가는 유일한 길인 복음이 The Way, 도, 그 길이라면 우리는 누구인가? 그 길 위의 사람들이요 그 길을 걷는 천성을 향해 걷는 순례자들이다. 『마가복음』 10장 52절은 맹인이었다가 고침을 받은 바디매오가 예수님을 만난 후 "예수를 길에서 따르니라"고 표현했던 것도 그런 의미다. 이것이 성경이 말하는 우리 기독교인들의 신앙생활의 모형이다. 『히브리서』는 참된 안식(히 4:11)에 이르는 그 길 즉 복음을 하나님의 말씀(히5:12)이며 동시에 그리스도의 도(히 6:1)라 부른다. 『히브리서』는 그것을 이렇게 표현한다. "그 길은 우리를 위하여 휘장 가운데로 열어 놓으신 새로운 살길이요"(히 10:20). 그러므로 우리는 그 길을 통해 하나님의 성소 안으로 담대히 들어갈 수 있고(히 10:19), 그 길을 걷다가 뒤로 물러나 멸망하지 않아야 하며(히 10:39), 오직 믿음으로(히 11장) 여리고를 돌고 홍해를 건너는 경주(히12:1)를 해야 하는데, 그때 우리를 둘러싼 허다한 증인들이 있음을 잊지 말라며 격려했던 것이다.

그럼 바울이 전한 도, 복음의 핵심은 무엇인가? 한 단계씩 청중들을 더 깊이 데려간다.

[15]그들이 기다리는 바 하나님께 향한 소망을 나도 가졌으니, 곧 의인과 악인의 부활이 있으리라 함이니이다.(24장)

우리 믿음의 궁극, 즉 바울 복음의 핵심으로 제시되는 것은, 그들이나 바울이나 모두가 기다리는 궁극적 소망에 대한 것인데, 그것은 '부활'이다. 『사도행전』 초반인 오순절 성령 강림 사건 후 행해진 베드로의 설교에서도 다윗을 인용하여, "내 영혼을 음부에 버리지 아니하시며, 주의 거룩한 자로 썩음을 당하지 않게 하실 것임이로다"(행2:27)고 한 후, 31-32절에서 그리스도의 부활을 설교의 클라이맥스로 만들었던 점을 기억하라.

『사도행전』의 후반에 와서는 달라졌는가? 아니다. 특히 바울은 이미 "부활로 말미암아 내가 심문을 받노라"(행 23:6)고 유대인의 고발의 핵심이 부활에 관련된 것임을 분명히 했다. 그리고 본문 24장 15, 21절에 이어, 25장 19절에서 다시, "예수라 하는 이가 죽은 것을 살아있다"고 주장하고, 그 다음 장에서는 "이 소망으로 말미암아. . . . 죽은 사람을 살리심을"(행 26:7-8) 또 언급하고, 26장 23절에서, "그리스도가. . . . 죽은 자 가운데서 먼저 다시 살아나셨다"고 한 후, 『사도행전』의 마지막 부분인 28장 20절에서도 자신의 핍박 이유가 바로 이 "이스라엘의 소망으로 말미암은" 것임을 시종일관 말한다. 그것은 복음의 핵심이 바로 부활에 대한 문제임을 『사도행전』의 처음부터 끝까지 일관성 있게 보여주는 것이라는 사실을 주목하기 바란다.

이것은 누가의 『사도행전』에 나타난 복음의 핵심일 뿐 아니라, 『로마서』와 『고린도전서』 등 바울 서신에도 계속 반복 강조되는 복음의 정점이다. 우리 한국 보수 기독교는 전통적으로 십자가와 죽음에만 집착해왔지만, 사실 복음의 핵심인 부활을 조금 더 강조하여 균형을 맞추면 좋겠다.

본문 15절에서 사도 바울이 유대인에게 핍박을 받은 가장 큰 교리의 차이와 이단이라는 소리를 들은 이유는, 예수 부활에 대한 증언 때문이라고 하는 것이다. 이로 보건대, 사도 바울이 외친 복음의 핵심은 예수가 죽은 자 가운데서 다시 살아났다는 부활이었다. 그것이 이스라엘의 소망이기 때문이라는 것이다.

오늘날 기독교를 흔히 구원의 종교라고 하지만, 구원을 죄 사함을 받고 천당 가는 티켓을 받는 수준으로만 이해하면 안 된다. 기독교는 15절처럼 신자나 불신자나, 의인이나 악인 모두 부활할 것을 가르친다. 즉 성경이 말하는 부활은 우리 믿는 기독교인들만 하는 것이 아니다. 이 점에서 우리 한국 기독교인들이 오해를 많이 하고 있는데, 성경이 말하는 부활은 의인과 악인 모두가 겪을 일이다. 이 사실은 필자나 『사도행전』의 저자 누가가 헷갈려서 잘못 말한 것이 아니다. 사도 바울은 물론 복음서도 그렇게 가르치고 있다. 『요한복음』 5장 28-29절에서, "이를 놀랍게 여기지 말라. 무덤 속에 있는 자가 다 그의 음성을 들을 때가 오나니, 선한 일을 행한 자는 생명의 부활로, 악한 일을 행한 자는 심판의 부활로 나오리라"는 주님의 말씀이나, "이는 우리가 다 반드시 그리스도의 심판대 앞에 나타나게 되어 각각 선악 간에 그 몸으로 행한 것을 따라 받으려 함이라"는 『고린도후서』 5장 10절이 동일하게 증언하고 있고, 『로마서』 2장 5절이나 『고린도후서』 5장 10절도 그것을 암시하고 있다. 『사도행전』 21장에서는 다시 그것을 죽은 자 모두의 부활이라고 반복한다.

이것은 성경의 마지막 책 『요한계시록』 20장의 가르침이기도 하다. 마지막 때 하나님의 크고 흰 보좌에서의 심판대에는 생명책이 펼쳐 있고, 그 앞에 큰 자나 작은 자나 할 것 없이 모든 죽은 자들이 서서 자기 행위를 따라 심판을 받게 되는데(계 20:12), 이때 『계시록』은 "바다가 그 가운데에서 죽은 자들을 내주고 또 사망과 음부도 그 가운데에서 죽은 자들을 내주매 각 사람이 자기의 행위대로 심판을 받고"(20:13)라고 의인과 악인 모두의 부활이 있을 것임을 명확히 가르치고 있다.(이에 대한 좀 더 상세한 해설은 필자의 강해집 『요한계시록에서 보는 새로운 시작』(도서출판 대서, 2017)을 참조하기 바란다.)

구약시대나 신약시대나 모든 하나님 백성들의 소망은, 비록 이 땅에서의 삶은 정의가 없을지라도 마지막 날에 의인이나 악인이나 모두 부활하여 하나님의 심판대 앞에 서서, 의인은 상을 받고 악인은 심판을 받는(계 22:12-15) 것이다. 『마태복음』 25장 31절 이하에서 마지막 심판의 자리에 양과 염소가 좌우에 모두 서게 될 것을 분명히 가르치고 있는데, 그것이 정의다!

그럼 오늘날 우리 그리스도인들의 관심은 무엇이어야 하는가? 단순히 부활이 아니다. 의인으로서의 부활이다! 악인도 부활하나 그들은 영으로 영벌의 고통 속에서 영원히 살 것이고, 의인은 몸으로 부활해 새 하늘과 새 땅으로 새로워진 이곳에서 그리스도 예수님과 함께 영원히 다스리며 낙원 즉 새 에덴의 삶을 살게 될 것이다. 이것이 우리의 소망인 것이다.

☞ 기회가 주어지면 복음의 핵심인 부활의 도를 제대로 전하도록 준비하자(11-15).

그리스도인은 이런 교리만 주장해서는 안 된다. 우리가 전파하고자 하는 복음이 불신자들과 대적하는 자들에게 와 닿게 하려면 무엇이 더 필요할까?

[16]이것으로 말미암아 나도 하나님과 사람에 대하여 항상 양심에 거리낌이 없기를 힘쓰나이다. [17]여러 해 만에 내가 내 민족을 구제할 것과 제물을 가지고 와서.(24장)

바로 이 소망을 가진 참된 그리스도인이라면 이 땅의 삶에 모든 것을 걸지 않고, 있다가 사라질 재물에 목숨 걸지 않고 하나님께서 주신 것을 하나님의 백성인 형제자매들을 위해 함께 나누게 된다. 고린도와 마케도니아 교인들은 그들이 비록 자신들을 이방인이라고 무시했지만 기근으로 고통 받는 가난한 예루살렘의 유대인 형제들을 위해서 구제의 헌금을 했다(고전 16:1-3; 고후 8-9장; 롬 15:23-33 등 참조). 그것이 복음대로 사는 신앙이다.

바울은 고통 받는 이웃을 향한 구제와 헌금 생활에도 힘쓰고, 항상 양심에 거리낌 없는 삶을 살아왔다고 말한다. 대적자들과 불신자들은 우리의 교리의 정확성과 엄밀성에 감복하는 것이 아니라, 이처럼 바른 삶이 있을 때 우리가 전하는 말에 귀를 기울인다. 따라서 복음 전도자들은 말과 혀로만 사랑하지 말고 오직 행함과 진실함으로 사랑하라는 말씀에 순종하여 복음 전파의 기반인 삶이 있어야 한다. 그러므로 본문이 우리에게 주는 교훈은 이것이다.

☞ 전하는 복음에 합당한 삶의 뒷받침으로 부끄러울 것 없는 전도자가 되자(16-17).

바울은 이제 복음 신앙의 열매로 이스라엘을 위한 구제금을 가지고 예루살렘에 온 것이다. 그것도 그냥 온 것이 아니라, 율법대로 나실인의 서약 등 정결례를 할 때(21:23-26) 자신이 낼 재물도 가지고 하나님께 예배드리기 위해 왔다는 것이다.

[18]드리는 중에 내가 결례를 행하였고 모임도 없고 소동도 없이 성전에
있는 것을 그들이 보았나이다. 그러나 아시아로부터 온 어떤 유대인들이
있었으니, [19]그들이 만일 나를 반대할 사건이 있으면 마땅히 당신 앞에
와서 고발하였을 것이요, [20]그렇지 않으면 이 사람들이 내가 공회 앞에
섰을 때에 무슨 옳지 않은 것을 보았는가 말하라 하소서.(24장)

그러니 그들의 고발처럼 폭동이나 소요를 일으킨 것이 아님은 물론, 유대교의 종교적 문제로 봐도 자신은 유대인의 성전과 율법을 어지럽게 한 것이 아님을 주장하고 있는 것이다. 만일 그랬다면 당연히 그들이 그 증거를 가지고 와서 당신 앞에 나를 고발하지 않았겠느냐는 것이다. 군중을 모아 어떤 소요를 일으킨 적이 있기는커녕 이스라엘의 규례대로 정결례를 하고 있는 것을 유대인들도 보았으며, 그래서 당시에 어떤 고발자도 없었던 점을 분명히 짚고 넘어간다. 사실이 아니면 증거를 대든지 증인이 나서라고 말해 달라며, 마지막 의혹 하나도 남지 않게 사도는 당당하게 발언한다.

그러니 이들의 고발은 지금 이 로마법정의 치안 문제에 대한 소요나 로마에 대한 반역 등과는 아무 상관이 없고, 로마법정의 범위를 넘는 부활 등 유대교 교리에 대한 것이므로 이 자리가 적절치 않은 것임을 지적하는 것이 21절이다.

[21]오직 내가 그들 가운데 서서 외치기를 내가 죽은 자의 부활에 대하
여 오늘 너희 앞에 심문을 받는다고 한 이 한 소리만 있을 따름이니이다

하니.(24장)

이미 앞에서 지적했듯이, 『사도행전』은 계속해서 사도가 전한 메시지의 핵심이 예수님의 부활에 대한 것임을 보여준다. 그것은 『사도행전』 17장 18, 32절은 물론 바로 앞 장 23장 6, 8절에 이어, 지금 보고 있는 24장 15절에서도 계속 반복되어 나타났다. 사도들이 핍박을 받은 것도 바로 이 부활의 메시지이고, 사도는 끊임없이 부활을 외쳐 왔다.

그런데도 「사도행전』을 읽을 때 사람들은 여전히 성령 받아 방언하는 것과 기적에 초점을 맞추고 있는 것은 아쉬운 일이다. 게다가 복음 메시지의 핵심도 여전히 십자가의 죽음에만 머물고 있지, 예수님의 대속적 삶은 물론 기독교의 궁극인 부활에 대한 메시지가 훨씬 적은 것은 참으로 안타까운 일이다.

그런데 부활에 대한 가르침은 유대인 종파마다 다른 신학적 관점이라서 이런 유대교의 종교적 문제는 로마법정의 범위를 넘어선 일임을 사도는 다시 지적하는 것이다.

> 22벨릭스가 이 도에 관한 것을 더 자세히 아는 고로 연기하여 이르되, 천부장 루시아가 내려오거든 너희 일을 처결하리라 하고.(24장)

벨릭스 총독의 부인은 24절에 의하면 유대인 여자 드루실라였다. 따라서 사도가 전한 부활하신 예수님의 도인 기독교에 대해서 부인에게 들어서 익히 알고 있었기에 더 이상 그 이야기를 들을 필요를 느끼지 않았던 것 같다. 21절의 바울 주장처럼 그렇다면, 이 사건은 휴정 처리하는 것이 낫다고 생각하고, 천부장 루시아가 다시 오면 너희 종교적 문제는 너희끼리 처리할 수 있도록 해줄 것이라고 돌려보낼 생각으로 이 재판을 마무리했다. 그러면서 어떻게 사건을 마무리하는가?

> [23]백부장에게 명하여 바울을 지키되, 자유를 주고 그의 친구들이 그를 돌보아 주는 것을 금하지 말라 하니라.(24장)

이것은 구금이 아닌 보호다! 이런 감옥 생활이 어디 있는가? 곤경에 처한 바울을 옥에 가두는 것이 아니라, 오히려 자유를 주고 로마 장교에게 명령하여 바울을 지켜주라고 한다. 그리고 그의 친구들이 와서 돌봐주더라도 막지 말라고 한다.

물론 인도주의자였던 아그립바는 수감 중 죄수가 미결수일 경우는 매일 목욕을 하고 편히 잘 수 있는 침대를 제공하고, 사식과 필수용품을 친지가 제공해주는 것을 허용하기는 했지만(요세푸스, 유대고대사 18:204), 로마 당국을 대표하는 총독이 유대인 죄수로 끌려온 사람에게 이렇게 처분하는 것은 놀라운 일이다. 이것이 바로 하나님께서 일하시는 방식이다.

인간적인 입장에서 바울의 처지를 보면 그렇게 억울할 수가 없었을 것이다. 도대체 내가 무엇을 잘못했다고, 그렇게 계속 감옥에 가고 매를 맞고 모함을 당해야 하는가? 너무나 원통하다고 하나님을 원망할 수도 있었을 것이다. 그런데 큰 그림을 보면 그렇지가 않다.

지금 여기서 풀려나면 바울은 흥분한 군중들에게 맞아 죽든지, 그것을 모면해봤자, 23장 12-13, 21절에서 보듯이, 그를 죽이기 전에는 먹지도 마시지도 않겠다고 맹세하고 대기하는 암살자들이 기다리고 있을 뿐이다. 지금 풀어줘서 나가게 하면 사도는 이러나저러나 죽게 된다. 그래서 하나님은 주님의 때가 이를 때까지 로마의 권세를 사용해 그를 유대인들의 위협으로부터 보호받게 하셨다. 이것이 위기에 처한 당신의 종들을 하나님께서 대하시는 방법이다. 우리는 때로 우리가 처한 상황 속에서 원망이 먼저 올라오지만, 이 모든 것을 보았다면 태도를 바꿀 수 있다. 그럼 어떻게 살아야겠는가?

우리가 처한 최악의 상황을 최선으로 바꿔주시는 주님을 믿음으로 살자(22-23).

열심히 기도했는데 상황이 바뀌지 않으면 우리는 생각해 볼 필요가 있다. 왜 상황을 전환시켜 주지 않는 것인가? 그것은 지금은 이 상황이 더 나은 선이기 때문이다.

그리고 한 번 더 생각해 볼 필요가 있다. 이것이 정말 역경이고 최악의 상황일까? 믿음의 눈으로 보면 하나님의 큰 그림이 보이게 될 것이다. 최악의 상황처럼 보이지만, 그 속에서 하나님께서 허락하신 위로가 있고 보호의 손길이 있다는 것을!

우리의 기도가 상황을 변화시키지 못할 때, 하나님은 우리를 지켜주시며 함께 하시고 계시다는 것을 알아야 한다. 그것이 우리가 신앙으로 살 때, 역경 속에서도 우리가 기대할 수 있는 소망의 최저선이다.

축복과 번영을 추구하는 세상에서 보여야 할 제자의 선택

(행 24:24-25:12)

험한 세상을 살아나가려면 그래도 몇 가지 속으면 안 된다고 인생 선배들이 해주던 말들이 있었다. 여러분도 다 알다시피 그 중 하나는 '이거 밑지고 파는 겁니다. 남는 것 없습니다'라며 파는 장사꾼의 말이다. 과거에 남대문 시장이나 용산 전자상가에서 많이 듣던 말인데, 요즘도 그러는지는 모르겠다. 사업을 하면서 과연 손해를 보면서 장사를 할까 궁금하다.

또한 우리가 옷가게에서 어떤 옷을 만져보면 다가와서, "어머 물건 보는 눈이 있으시네요. 너무 잘 어울리세요. 훨씬 젊어 보이셔요. 마지막 하나 남은 건데 오늘만 특별히 싸게 드릴게요"라는 말도 속아 넘어가면 안 될 말이라고 들었다. 남이 가져갈까 봐 싸게 준다 해서 얼른 샀는데, 다음 날 가보면 또 걸려 있더라는 것이다.

아무리 먹고 살기 위해 장사로 하는 것이지만 그 중 정말 나쁜 것은, 분별력 없는 노인들에게 공짜로 효도 관광 시켜 준다고 버스에 태워서 한두 군데 보여주고는 가난한 노인들에게 수십만 원 하는 건강식품을 팔고, 쑤시고 아픈 사람들을 다 낫게 했다는 기적의 온열매트를 떠안기는 것이라고 생각한다. 그건 단기 전략이고, 체험방을 운영하며 장기간 공을 들여 노인들에게 이백만 원이 넘는 치료용 침대를 파는 경우도 있다. 물론 우리 부모님도 그 피해자 중의 하나다. 그들은 여기저기 아프지 않은 데가 없는 노인들을 정말 위하는 척하며 소소한 선물도 쥐어서 보내니까, 몇 번 다니다 보면 쉽게 넘어가서 할부로 사시는 것 같다.

체험적으로 확인된 바에 의하면 돈 벌려는 사람들이 우리를 위해서 하는 말들은 진실된 경우가 별로 없다는 것이다. 오늘 본문에도 그런 사람이 나온다.

> 24수일 후에 벨릭스가 그 아내 유대 여자 드루실라와 함께 와서 바울
> 을 불러 그리스도 예수 믿는 도를 듣거늘, 25바울이 의와 절제와 장차 오
> 는 심판을 강론하니, 벨릭스가 두려워하여 대답하되, 지금은 가라. 내가
> 틈이 있으면 너를 부르리라 하고.(24장)

드루실라는 아그립바 2세의 누이로서, 벨릭스의 세 번째 부인이고 벨릭스는 드루실라의 두 번째 남편이다.

벨릭스 총독(행정장관)이 며칠 후 아내와 함께 바울을 불러 예수님을 믿는 길에 대해 들었다고 한다. 그의 유대인 아내는 당연히 하나님의 길에 대한 관심이 있었을 것이고, 22절에서 보았듯이 벨릭스도 아내에게 예수님의 가르침에 대해 어느 정도 들었을 것이기에 더 알고 배우고 싶었을 것이다. 그러나 그의 진심이 과연 예수 믿는 도에 있었던 것인지는 의심스럽다.

24절을 보면 그가 비록 신앙에 관심이 있어 보이지만, 그렇다고 모두가 구원에 이르는 믿음을 갖는 것은 아니다. 비록 그의 양심은 복된 소리에 관심을 갖게 이끌었지만 25절처럼 바울이 분명하게 의와 절제와 심판에 대해 강론하자 거리를 가지려고 한다.

바울의 심판 얘기를 듣고 벨릭스에게 두려움이 생겼다고 해서 그가 구원받는 믿음을 가진 것도 아니다. 로마 역사가 타키두스는 벨릭스에 대해, "그는 온갖 수치스러운 짓을 하면서도 벌을 받지 않아도 된다고 믿는 사람이었다"고 기록했다. 그러므로 이 구절을 보고 벨릭스가 기독교를 믿게 되었다고 생각하는 사람은 순진한 종교인들이다.

의와 절제와 심판에 대한 반응은 오직 회개하는 것이고, 구원받는 믿음은 단지 두려움이 아니라 참된 회개에 이은 구원자 예수님에 대한 믿음과, 하나님과 진리를 사랑하려는 마음이 따라야 한다.

일찍이 헤롯 안티파스[1])도 동생의 아내인 헤로디아를 취해 결혼한 일이 옳지 않다(막 6:18)고 세례 요한이 설교하자 못마땅하게 여기고 그를 투옥했지만, 그래도 그를 "의롭고 거룩한 사람으로 알고 두려워하여 보호하며 또 그의 말을 들을 때에 크게 번민을 하면서도 달갑게 들었다"(막 6:20)고 한다.

오늘날 우리 한국 교회 교인들도 다들 진리를 사랑하는 것처럼 말하지만, 특정 주제의 설교는 싫어하고 거부하는 경향을 보인다. 교회 안의 종교인들이 들어야 하나 듣기 싫어하는 주제는 여전히 정의와 절제의 삶과 앞으로 있을 심판에 대한 메시지다. 다른 사람들이 어떻게 살든, 사회의 약자들이 어떤 곤경에 빠지든, 얼마나 억울한 일을 당하든 관심 없이 자기 중심적인 성공을 추구하는 사람들은 공의와 정의와 진실에 관심이 없다. 허리가 새우처럼 구부러진 홀로 사는 노파들이 무거운 손수레를 끌며 아픈 무릎을 두드려 가며 하루 종일 종이 박스를 주워서 고물상에 팔아봤자 2천

1) 헤롯 안디바에 대해서는 김덕수, 『성령충만과 증인 공동체- 사도행전 강해1권』, 151.

원 남짓밖에 못 받으니 쪽방 월세를 못 내고 아침에 라면도 못 먹어 어제 먹다 남긴 라면 국물만 먹고 나왔다고 눈물짓든 말든 상관없이, 하나님 말씀을 나누고 교회 일을 위해 멋진 레스토랑에서 5만 원짜리 식사를 하는 사람들에게 절제의 삶을 이야기하면, 분위기 파악 못한다는 비난을 받는 공공의 적이 될 것이다.

앞날이 꽃길만 펼쳐지기를 꿈꾸는 사람들에게 장차 올 심판을 논한다는 것은 멍청이들이나 하는 바보 같은 소리일 뿐이고, 그런 설교보다는 긍정적 사고와 축복과 위로의 말씀을 듣고 싶어 한다. 그런 사람들은 참된 복음을 전하는 설교자를 불편해 하고 멀리 할 것이다. 오늘날 대한민국 교회 안에도 벨릭스와 같은 부류의 사람들이 많다.

성경이 말하는 의로운 삶과 회개, 절제, 그리고 장차 올 심판처럼 복음을 제대로 적나라하게 전하면 그들은 듣기 싫어서 다음에 다시 부르겠다, 다음에 듣겠다고 한다. 그것은 회개하기 싫은 죄인들의 전형적인 회피 멘트다. 그것을 순진하게 정말 다음에 다시 불러서 들으려고 하는 줄 알면 곤란하다.

만일 정말 다시 부르면 그것은 회개의 복음과 심판 얘기를 들으려고 하는 것이 아니다. 그럼 무엇 때문에 다시 부르는 것일까? 26절을 보자.

> 26동시에 또 바울에게서 돈을 받을까 바라는 고로 더 자주 불러 같이 이야기하더라. 27이태가 지난 후 보르기오 베스도가 벨릭스의 소임을 이어받으니 벨릭스가 유대인의 마음을 얻고자 하여 바울을 구류하여 두니라.(24장)

먼저 알아야 할 것은 벨릭스가 24절에 이어 26절에서도 또 바울을 자주 불러 예수님의 도에 대해 들었다고 하여 전도가 된 것이라고 생각하는 일부 전도팀 사람들도 너무 인간 이해가 부족하고 순진한 것이란 점이다. 목회자들 가운데 유명 인사가 자신을 불러 기독교에 대한 이야기를 듣는 것을 자랑스럽게 여기는 것을 가끔 본다. 그러나 회개하고 거듭나는 일은 없이 계속 목회자를 불러서 기독교에 대한 이야기만 듣고자 하면, 더욱 분명하게 복음을 전하고 회개의 결단과 믿음을 촉구해야 한다. 벨릭스처럼 목회자를 불러서 이야기만 듣는다고 그들이 다 전도되었다며 세례를 주는 것은 성급할 뿐 아니라 기독교적으로 위험한 일이다.

벨릭스가 바울을 다시 부른 이유는, 그의 회개와 참된 믿음을 가로막은 장애물이기도 한데, 그것은 무엇이었을까? 그것은 또한 벨릭스의 마음을 사로잡은 우상이기도 하다. 그것이 무엇인지 26-27절이 보여준다.

두 가지가 있었는데, 첫 번째는 26절에서 보듯이 돈을 사랑함이었다. 그것이 벨릭스가 바울을 다시 부른 직접적인 이유다. 벨릭스는 소송을 2년 이상 질질 끌며 뇌물을 받기를 기대했다. 벨릭스 총독은 이미 17절에서 바울이 그리스에서 예루살렘 성도들을 위한 상당량의 돈(구제헌금이다!)을 가지고 왔다는 소식을 들었다. 그는 돈에 관심이 있었기에, 뇌물 받을 기회를 기대하며 계속 불렀던 것이다. 그가 바울을 내보내지 않고 보호하라고 한 것도 어쩌면 바울이 감옥에서 나가기 위해서 가지고 있던 돈을 줄지도 모른다는 생각이 스쳤기 때문일 것이다. 그것이 보통 돈을 사랑하는 사람들이 하는 짓이다. 요세푸스의 『유대고대사』에 의하면, 그 당시에도 율리우스의 법은 돈을 받고 죄수를 풀어주는 것을 금지하고 있었지만, 권력을 가진 사람들은 항상 법 위에서 행동한다. 이것이 한 번 실수로 한 일이 아님은, '더 자주'란 어구를 통해 빈번한 습관적 행동이었음을 성경은 보여준다.

벨릭스의 마음을 사로잡고 있었던 두 번째 우상은 27절에서 보듯, 사람들로부터 받는 인기와 명성 추구였다. 돈과 함께 인기와 명성 혹은 명예욕도 참으로 무서운 죄악이다.

벨릭스는 왜 유대인의 마음을 얻고자 했겠는가? 단지 유대인의 유익을 위함이라면 이런 행동 외에도 얼마든지 선한 치적을 남길 수 있었을 것이다. 벨릭스는 유대인들에게 살해를 당하도록 내주면 혹시 받을 수 있는 돈도 못 받을 뿐더러 문제가 생길 것 같으니, 바울을 감옥에 가두어 둠으로 그들의 환심을 사려고 한 것이다. 그런 마음 속 깊은 곳에 있는 것은 군중의 마음을 얻고, 치적을 남기고 명성을 쌓고 인기를 얻는 것이다.

앞에서 헤롯 안티파스를 언급했었는데, 그는 파티에 참석한 사람들을 춤으로 즐겁게 한 헤로디아의 딸에게 많은 사람들 앞에서 자신의 권력을 뽐내기 위해 무엇이든지 원하는 대로 주겠다고 허세를 부렸다. 그러자 어미 헤로디아의 사주를 받은 딸이 세례 요한의 목을 달라고 하자, "자기가 맹세한 것과 그 앉은 자들로 인하여"(막 6:26) 결국 주의 종 세례 요한을 죽이고 만다(막 6:27-28). 헤롯 왕과 벨릭스 총독 모두 자신의 권력을 과시하고 체면을 중시하며 사람들의 마음을 얻고 싶어 하는 공통된 마음에 사로 잡혔던 사람들이었다.

이런 두 가지 욕망은 불신자만이 아니라 요즘은 기독교인들에게서도 볼 수 있다. 장로인 과거의 통치자도 이런 저런 사업을 벌여 뇌물을 수수했다는 의혹을 받고 있고, 심지어 불교 승려에게도 돈을 요구해 수억을 받았다는 보도를 본 적이 있다. 목회자들도 다를 바 없다. 이런 저런 명목의 헌금, 기부금, 발전 기금과 장려금의 명목으로 물질을 요구하기도 한다. 또한 자신의 사업과 신학이란 업적, 그리고 자신의 이름과 호로 칭해질 예배당과 건축물을 남기고 싶어 한다. 죽은 다음에 후대가 그를 추모하는 학술대회나, 그를 기념하여 기존 건물에 고인의 호를 붙이는 것은 아름다운 일이겠지만, 자신의 이름을 남기기 위해 살아생전 자신의 동상을 세우는 것과 같은 일은 눈살을 찌푸리게 할 뿐 아니라, 그리스도인으로서의 태도를 의심받게 할 뿐이다.

심지어 이것이 하나님의 교회요 이 예배당은 하나님께 봉헌했다고 말은 하지만, 자신이 개척한 것이라 내 것이라고 생각하기에 남 주기 아깝다는 생각을 하는 것이며, 그것이 이어져서 내 자식에게 물려줘야겠다는 생각으로 이어지는 것이다. 그것은 세습이 아니라, 승계라고 하든 계승이라고 하든 그건 말장난일 뿐이고 이런 행농에 대해 세상 사람들도 혀를 찬다는 것을 왜 알지 못할까? 만일 알면서도 밀어붙이는 것이라면 그것은 목사도 욕심에 사로잡힌 것이 분명하고, 세상은 교회에 더 이상 소망이 없다고 생각할 것이다. 그러니 양심이 있는 원로 목회자들은 명성교회 사태에 대한 소속 교단의 판결을 내릴 총회 재판국이 빌라도의 법정이 되지 않도록 기도하자고 기도회를 소집했던 것이다. 그러면서 한국 교회 역사상 가장 부끄러운 결의였던 신사참배 결의에 버금가는 결정이 되지 않기를 위해 기도했다는 보도를 보았다. 예수를 믿는다면서 기독교인들이 세상 사람들과 똑같은 행동을 하는 것은, 아니 더 교묘하게 죄악을 정당화하려고 몸부림치는 모습을 세상 사람들은 참으로 불편하게 보고 있다. 그러므로 깨어 있는 그리스도인들의 사명은 무엇인가? 우리 이웃을 보며,

회개와 믿음을 방해하는 돈과 명성, 사랑에서 벗어나는 제자가 되자 (24-27).

남보다 많이 가졌지만 더 많은 돈을 바라고, 하나님의 칭찬으로 만족하지 못하고 사람들로부터 환심을 사거나 인기와 명성을 추구하는 것은 하나님의 사람이 아닌 세상에 속한 사람들의 전형적인 특징이다. 그것이 27절에서 벨릭스 총독이 보인 모습이었다.

그런 상태로 2년이란 세월이 흘렀고, 벨릭스 총독은 임기를 마치고 퇴임하고 후임으로 보르기오 베스도가 총독으로 부임했다는 소식으로 24장의 마지막 부분을 맺는다. 무고한 바울은 억울한 옥살이를 2년이 넘도록 하면서, 그 긴 시간 사도는 하나님께서 로마로 보내시겠다는 약속을 믿고 하나님의 때를 기다리며 인내하고 있었을 것을 생각하면 가슴이 미어지며 존경심이 솟구친다.

이렇게 24장이 마무리되고 25장은 신임 총독의 예루살렘 순방 사건으로 시작한다.

> [1]베스도가 부임한 지 삼 일 후에 가이사랴에서 예루살렘으로 올라가니.(25장)

베스도는 행정관 총독으로서의 책임을 다하기 위해 부임한 지 3일 만에 관저가 있던 가이사랴에서 예루살렘을 향해 부지런히 나선다. 신임 총독으로서 자신이 책임을 맡고 있는 예루살렘의 관심 사안에 대해 듣고 논의를 하려는 의지가 있었던 것 같다.

그러자 정권이 바뀐 초기야말로 자신들이 원하는 것을 얻어낼 기회라는 것을 잘아는 이스라엘의 고위층들이 다시 움직이기 시작한다.

[2]대제사장들과 유대인 중 높은 사람들이 바울을 고소할새, [3]베스도의 호의로 바울을 예루살렘으로 옮기기를 청하니 이는 길에 매복하였다가 그를 죽이고자 함이더라.(25장)

그들은 정세와 기류 변화에 밝은 자들이었다. 그동안 2년이 넘는 시간이 흘렀지만, 증오는 식지 않았고, 그들은 다시금 바울을 고소하고 암살하려는 계획을 재가동했다. 그들을 24장 1절에서는 대제사장과 장로들이라 했는데, 25장 2절에서는 대제사장과 유대인 고위층이라고 하고, 다시 15절에서는 대제사장과 장로들이라고 한다. 즉 2절은 그들이 비록 종교인이지만 하나의 고위 정치 세력일 뿐이라고 성경이 정의하는 것이다. 그런 정치 세력들은 항상 그렇듯이 뱀처럼 지혜롭고 술수에 밝다. 그들은 신임 총독에게 바울을 예루살렘으로 이송시켜 주는 호의를 베풀어 달라고 청했다. 속셈은 23장 16에서도 그랬듯이 매복했다가 바울을 암살하려는 것이었다.

[4]베스도가 대답하여, 바울이 가이사랴에 구류된 것과 자기도 멀지 않아 떠나갈 것을 말하고, [5]또 이르되, 너희 중 유력한 자들은 나와 함께 내려가서 그 사람에게 만일 옳지 아니한 일이 있거든 고발하라 하니라. [6]베스도가 그들 가운데서 팔 일 혹은 십 일을 지낸 후 가이사랴로 내려가서 이튿날 재판 자리에 앉고 바울을 데려오라 명하니.(25장)

신임 총독으로서 정치적으로는 유대인 지도층의 환심을 사는 것이 이득이겠지만, 베스도는 그들의 청탁을 거절한다. 바울은 가이사랴에 그대로 구류되어 있을 것이고, 자신도 예루살렘에 오래 머물지 않고 돌아갈 것이니,

바울에게 옳지 않은 점이 있으면 나와 함께 가이사랴로 가서 고발하라고 단호하게 말했다. 베스도는 지도자로서 적어도 힘 있는 자들의 청탁과 시류와 인기에 흔들리지 않았다.

실제로 베스도는 예루살렘에 오래 머물지 않고 열흘 후에 가이사랴로 돌아갔다.

> [7]그가 나오매 예루살렘에서 내려온 유대인들이 둘러서서 여러 가지 중대한 사건으로 고발하되 능히 증거를 대지 못한지라.(25장)

5절에서 총독이 말한 것에 따라 예루살렘의 지도자들도 가이사랴로 따라갔다. 총독은 약속대로 그 다음날 즉시 바울을 소환해 주었다. 바울이 재판정에 들어서자 그들은 중죄에 해당하는 죄목으로 바울을 고발했지만, 그 사실을 여전히 증거에 입각하여 입증하지 못했다. 증거를 대지 못하고 혐의에만 근거한 고발은, 그 당시나 오늘날의 우리나라에서나 증거주의 법정에서는 유죄 판결과 처벌로 이어질 수가 없다.

> [8]바울이 변명하여 이르되, 유대인의 율법이나 성전이나 가이사에게나 내가 도무지 죄를 범하지 아니하였노라 하니.

이제 바울이 자신을 다시 변호한다. 유대인들의 고발 죄목인 율법 문제나 성전을 모독했다는 두 가지 죄목은 물론, 여기서 처음으로 언급되는 세 번째 죄목인 로마 황제에 대한 반역죄도 전혀 범하지 않았다고 분명하게 주장한다. 율법을 범하고 성전을 모독했을 경우 스데반처럼 유대인에게는 처형을 당할 수도 있기 때문에 그 부분도 혐의가 없음을 밝혔고, 로마법정에서 처벌하기 위해 모함한 로마 황제 가이사에 대한 범죄도 전혀 근거가 없음을 분명히 밝힌 것이다. 이렇게 다시 한 번 성경은 바울에 대한 그들의 고발이 전혀 근거가 없고, 사도가 무죄한 것을 강조하고 있다.

> 9베스도가 유대인의 마음을 얻고자 하여 바울더러 묻되, 네가 예루살렘에 올라가서 이 사건에 대하여 내 앞에서 심문을 받으려느냐? 10한반부바울이 이르되, 내가 가이사의 재판 자리 앞에 섰으니 마땅히 거기서 심문을 받을 것이라.

예루살렘의 종교 정치 세력들이 3절에서 바울을 예루살렘으로 이송하여 재판하자고 했을 때는 단호히 거절했던 총독이지만, 이제 자신을 따라 가이사랴까지 내려와 바울을 고발하는 것을 보고 베스도는 마음이 흔들리며 그들의 눈치를 보는 것 같다. 그래서 9절에서 보듯이, 바울에게 내가 예루살렘으로 가서 재판을 해줄 테니 그곳 법정으로 가서 마지막 심문을 받지 않겠느냐는 제안을 한다. 이런 말 뒤에 있는 동기를 성령은 꿰뚫어 보고 9절 전반은 이것을 "베스도가 유대인을 마음을 얻고자 하여" 한 말이라고 기술한다.

24장 27절에서 전임 총독 벨릭스의 문제도 유대인들의 환심을 사려고 한 것이었듯이, 이제 본문 25장 9절의 후임 총독 베스도도 유대인들의 환심을 사기 위해 바울을 정치적 볼모로 삼으려는 것임을 성경은 반복해 지적한다. 힘 있는 사람들은 종종 사람들을 위해서 하는 것처럼 말하지만, 결국 자신을 위한 것이고, 그것이 세상 사람들의 변치 않는 속성임을 우리는 간과해서는 안 된다.

바울은 그 속셈을 간파하고 그 제안을 거부했다. 이유는 자신이 총독의 재판정에 선 것은 (로마시민으로) 사회법으로 최종 권위인 로마황제의 재판 자리이기 때문에 선 것이라고 한다. 그러니 앞으로도 내가 설 곳은, 증거도 없이 처벌하려는 유대인들의 재판정이 아니라 당연히 로마의 가이사(Caesar)의 법정이고, 옮긴다면 예루살렘이 아니라 로마에서 재판을 받겠다는 것이다. 그러면, 이처럼 악한 세상에서 우리 그리스도인들은 어떻게 살아야 하겠는가?

우리를 위하는 척하며 속이는 세상에 넘어가지 않는 지혜로운 제자가 되자(25:1-10a).

바울은 하나님께서 주신 지혜로 세상 사람들의 교활한 술수에 속지 않고 하나님을 믿는 믿음으로 담대한 결정을 내린다. 그것은 무엇인가?

> 10후반부당신도 잘 아시는 바와 같이, 내가 유대인들에게 불의를 행한 일이 없나이다. 11만일 내가 불의를 행하여 무슨 죽을 죄를 지었으면 죽기를 사양하지 아니할 것이나, 만일 이 사람들이 나를 고발하는 것이 다 사실이 아니면 아무도 나를 그들에게 내줄 수 없나이다. 내가 가이사께 상소하노라 한대.

예루살렘이 아니라 로마로 가서 황제의 법정에 서기로 결심한 이유를 10절 후반과 11절에서 밝히는데, 주심 판사로 앉아 있는 베스도 총독도 알다시피 자신은 유대인들에게 불의를 행한 일이 없고, 만일 그들의 고발처럼 그런 사실이 있다면 내가 죽음을 피하지 않고 재판을 받겠지만, 이런 혐의는 사실이 아니므로 총독을 포함한 그 누구도 나를 그들에게 내어줄 수 없다는 논리를 펼쳤다. 그것이 사실 로마가 그토록 주장했던 정의요 법이 아니던가! 그러면서 바울은 간결하게 한 마디로 마무리한다. 나는 로마 황제에게 상소하겠다!

사도는 세상을 의지하지는 않지만, 복음의 증인으로 로마에 서야 할 것이라는 주님의 말씀을 이루기 위해 세상의 정의 곧 로마의 정의를 기꺼이 사용한다. 로마시민이 가지고 있는 상소권을 적절하게 사용하겠다는 것이다. 그것이 하나님께서 주신 지혜다.

> 12베스도가 배석자들과 상의하고 이르되, 네가 가이사에게 상소하였으니 가이사에게 갈 것이라 하니라.(25장)

베스도는 배석 재판관들과 의논한 후, 그의 상소를 허락한다. 그 경우 행정 장관은 항소 사건을 로마로 이첩해야 했다. 총독은 그 결정이 하나님 나라에서 어떤 의미를 갖는지 전혀 모른 채 결정을 내렸을 것이다. 그러나 하나님은 세상 법정의 모든 일들도 그의 섭리 하에 두시고 세상 모든 일을 이끌어가고 계시나.

사도 바울은 모국보다 이방 땅 로마의 법정을 선택했는데, 그것은 험하고 긴 여행을 떠나야 하는 것이고, 이 힘든 재판이 언제 끝날지 모르는 것이기에 쉽지 않은 결정이었음을 우리는 알아야 한다. 그럼에도 불구하고 그런 선택을 한 것은, 자신을 인도하시는 하나님을 믿는 믿음이었고, 또한 로마에 가서 증거하라는 하나님의 명령에 순종하기 위한 기회를 선택한 믿음의 순종이었다.

✎ 하나님의 뜻을 이루기 위해 좁고 험한 길을 택하는 믿음의 제자가 되자(10-12).

그 길의 마지막은 다 알 수 없다. 알 수 있는 것은 이 길은 넓은 대로가 아니라, 꽤 길고 험한 과정이 될 것이라는 것뿐이다. 그럼에도 불구하고 하나님의 뜻을 이루기 위해, 혹은 주님의 명령에 순종하기 위해 우리는 기꺼이 험하고 좁은 길(마 7:14)을 선택할 수 있을까?

그것이 우리의 믿음을 증명하는 선택이다. 그 선택의 믿음을 오늘도 주님은 보기 원하신다.

모두를 만족시키고 싶은 욕망 앞에서

(행 25:13-27)

어떤 아이를 보았다. 그 아이는 초등학교 때부터 공부도 잘해 반에서 항상 1-2등을 독차지했고, 학교가 끝나면 피아노 학원에 가서 연습도 하고 발레도 했다. 중학교 고등학교에 올라가며 옆에서 보기에도 안쓰러울 정도로 김밥으로 저녁을 때워가며 이 학원 저 학원 다니며 잠도 제대로 못 자며 성적을 유지하려고 애쓰는 것을 보았다. 힘들지 않느냐고 하자, 그 아이는 자기 능력의 한계를 알지만 엄마 아빠의 기대가 너무 커서, 혹시 실망시킬까 무서워서 열심히 하고 있다고 대답했다. 상당히 많은 아이들이 그렇게 살고 있다. 물론 다른 사람의 주목을 받고 인정을 받고자 하는 마음이 우리의 최선을 끌어내는 동기로서 긍정적 역할을 하기도 한다. 하지만 다른 모든 사람을 만족시키기 위해 산다는 것은 자기 인생이 아닌 남의 인생을 대신 살게 만드는, 행복과는 거리가 먼 곳으로 이끌어가는 부정적 요인으로 작용할 수도 있음을 알아야 한다. 문제는 모든 사람을 만족시키려고 하는 행동이 우리를 참된 만족에서 벗어나게 하는지도 모르고 산다는 것이다. 오늘 본문에도 그런 사람의 이야기를 볼 수 있다.

사도 바울은 모든 사람의 구원을 위한 예수 그리스도의 은혜의 십자가와 부활의 복음을 전했지만, 동족 유대인들이 볼 때는 성전과 율법과 선민 유대인 중심 사상, 그리고 전통적인 제사장 중심의 종교 생활의 질서를 허문다는 오해를 받아 살해의 위협을 받고 유대교 고위 지도자들에 의해 고발을 당해 벨릭스 총독의 관할 하에 갇혔었다. 2년이란 시간이 지나 후임 총독으로 베스도가 부임하게 되었다. 베스도 총독의 부임 초기에 있었던 일을 우리는 25장 초반에서 보았고 이어지는 것이 13절 이하의 본문이다.

> 13수일 후에 아그립바 왕과 버니게가 베스도에게 문안하러 가이사랴에 와서.(25장)

며칠이 지난 후에 아그립바 왕과 그의 한 살 어린 여동생 버니게가 가이사랴를 방문해 신임 총독 베스도를 만나 서로 인사를 나누는 자리가 있었다. 아그립바는 『사도행전』 12장에서 죽은 유대왕 헤롯의 손자로 마르쿠스 율리우스 아그립바 2세이고, 버니게는 로마식으로 발음하면 베로니카다. 이 집안은 복잡한데, 버니게는 남편이 죽자 오빠인 헤롯과 함께 살아 물의를 일으켰던 여자였다.

> 14여러 날을 있더니, 베스도가 바울의 일로 왕에게 고하여 이르되, 벨릭스가 한 사람을 구류하여 두었는데, 15내가 예루살렘에 있을 때에 유대인의 대제사장들과 장로들이 그를 고소하여 정죄하기를 청하기에.(25장)

그들이 가이사랴에 여러 날 머물자, 베스도 총독은 유대왕 아그립바에게 바울 사건에 대해 이야기를 하게 되었다. 그는 전임 총독이었던 벨릭스가 구류해 둔 바울이란 사람이 있는데, 자신이 예루살렘에 갔을 때에 유대인의 고위 정치 세력인(2절) 대제사장들과 장로들이 그를 고소했을 뿐 아니라(7절), 이미 유죄 판결을 해 놓고는 자기에게 정죄해 주기를 요청한 적이 있다고 그들의 속셈을 짚어가며 얘기를 꺼냈다. 이것은 앞 단락 7절에는 없었는데 베스도 총독의 입을 통해 유대인 고위층의 음흉한 속내가 드러난 부분이다. 정치적 세력의 음흉함은 고위 정치꾼들이 알아보는 법이다. 우리의 속셈을 몰라서 덮어주는 것이 아니라, 다 셈법에 의해 슬쩍 눈감아주고 있을 뿐이다.

[16]내가 대답하되, 무릇 피고가 원고들 앞에서 고소 사건에 대하여 변명할 기회가 있기 전에 내주는 것은 로마 사람의 법이 아니라 하였노라. [17]그러므로 그들이 나와 함께 여기 오매 내가 지체하지 아니하고 이튿날 재판 자리에 앉아 명하여 그 사람을 데려왔으나, [18]원고들이 서서 내가 짐작하던 것 같은 악행의 혐의는 하나도 제시하지 아니하고.(25장)

그러면서 베스도 총독은 유대 지도자들의 고소 사건이 있을 때, 나는 그 증거를 확인하고 피고가 원고 앞에서 자신을 변호할 기회를 주지 않는 것은 법치국가인 우리 로마의 법이 아니라고 말했다면서, 아그립바 왕 앞에서 로마 총독의 권위를 드러내며 생색을 냈다. 그런데 25장 앞부분을 보면 이것은 사실이 아니었다. 유대 고위층들은 바울을 예루살렘으로 호송 요청을 했고, 베스도는 자신의 총독 관저 관할 하에 그가 구류되어 있고 자신도 곧 돌아갈 것이니 거기서 재판하자고 한 것뿐이다. 오히려 10-11절을 보면 로마법정의 규정대로 해주기를 호소한 것은 바울이었다.

17절을 보면 베스도 총독은 전임자 벨릭스와 달리 자신은 부지런히 일을 하는 사람이라서, 돌아오자마자 신속하게 재판을 열어 바울을 세웠는데도 피고 바울이 악행을 했다는 증거를 그들은 하나도 제시하지 못했다고 했다. 그런데 그것이 자신이 예상했던 대로라고 말하면서 다시 한 번 자신의 신속한 일처리와 함께 통찰력 등 자신의 능력을 생색낸다. 이처럼 베스도 총독은 계속해서 자신이 법률적으로 완벽했고, 정의로우며, 매우 열심히 일했고, 예지력까지 갖춘 사람임을 은근히 드러내고 싶어 하는 사람임을 엿볼 수 있다.

재미있는 것은 이런 사실들을 『사도행전』의 기록자 누가는 어떻게 알았을까 하는 것이다. 이것은 아그립바 왕과 베스도 총독 사이의 사적인 대화였고, 누가가 그 사이에 자리를 잡고 앉아 대담을 하나씩 보고 쓸 수가 없고 그들의 대화를 누가에게 녹음해서 제공해 주는 스파이가 있었을 수도 없었을 것이다. 이것은 내러티브 문학의 특징 중 하나인 시간과 공간의 제약을 받지 않는 전지적 관점을 가진 나레이터의 역할[1]이다. 물론 성경의 인간 저자를 통해 그 기능을 하게 하신 것은 성령님이시다. 그것이 바로 성경은 성령의 감동으로 기록되었다는 말 속에 함축되어 있는 의미다.

이미 9절에서 『사도행전』의 기록자 누가는 베스도의 속마음을 다 감찰해서 들여다보고 있었고, 14-22절처럼 총독과 유대왕이란 고위 관리 사이의 대화까지 다 알고 전체 이야기를 끌어가는 것이 서사문학에서 전지적 화자(narrator)의 역할인데, 누가는 성령의 감동을 받아 『사도행전』을 이런 이야기 구조로 끌어가는 것이다. 따라서 『사도행전』은 역사서라고만 폭을

1) 이런 Narrative 문학과 Story 구조의 특징과 Narrator에 대한 이론은 Rhoads, Dewey and Michie가 공저한 *Mark As Story*(MN,USA: Augsburg Fortress, 1999)란 책의 제2장을 참조하라. 요즘 TV에 '전지적 참견 시점'이라는 예능 프로그램이 방영되는 것 같은데, 이런 narrator의 기능을 다루는 용어에서 차용한 것으로 보인다.

좁혀서 볼 것이 아니라, 성경의 다른 서사문서처럼 내러티브 특성을 가지고 있다.

아무튼, 이렇게 총독 같은 권력자나 작은 자나, 가진 게 많은 자나 적은 자나 사람들은 모두 자신을 알아주기를 바라고 인정받고 싶어 한다. 그러다보니 과장을 하거나 생색을 내기 위해 자신도 모르는 사이에 거짓말을 하기도 한다. 나중에 진실이 밝혀져 망신을 당할 때도 있지만, 아무 일 없이 지나가면 그런 행동은 반복되고 그것이 습관이 되고 결국은 우리의 성품이 되어 버릴 수도 있으니 조심해야 한다.

동시에 18절은 무죄한 예수님이 고초를 당하셨듯이 바울도 실제로 아무 죄가 없으며, 이것은 단지 종교 권력의 모함에 의한 것임을 로마 당국이 확증해 주는 데에 의미가 있다. 이어지는 19절은 바울이 미움을 받게 된 근본적인 그리고 신학적인 이유를 제공하며 이 사실을 재확증해 줄 것이다.

> [19]오직 자기들의 종교와 또는 예수라 하는 이가 죽은 것을 살아 있다
> 고 바울이 주장하는 그 일에 관한 문제로 고발하는 것뿐이라. [20]내가 이
> 일에 대하여 어떻게 심리할는지 몰라서 바울에게 묻되, 예루살렘에 올라
> 가서 이 일에 심문을 받으려느냐 한즉, [21] 바울은 황제의 판결을 받도록
> 지키를 지켜 주기를 호소하므로 내가 그를 가이사에게 보내기까지 지켜
> 두라 명하였노라 하니.(25장)

베스도 총독의 19절 진술을 통해 성경은 바울이 핍박받고 있는 문제의 핵심은, 로마 당국이 볼 때 사회 정치적인 문제는 전혀 없고 오직 유대인들의 종교적 문제에 관한 것이고 특히 예수님의 부활에 대한 것이었음을 다

시 한 번 지적해 준다. 23장 6절과 24장 27절 등 앞에서도 이미 여러 번 강조했듯이 바울이 전한 복음의 핵심, 기독교의 근본은 이렇게 예수님의 죽으심에 머물지 않고, 예수님의 부활에 있다. 그 신학적 의미에 대해서는 앞에서도 언급했지만, 26장에서 더 깊이 고찰해 볼 것이다.

이런 이야기를 하다가 베스도는 아그립바 왕 앞에서 또 다시 생색을 내기 시작한다. 로마 행정관인 자신이 특정 범죄나 정치적 문제에 대한 것이 아닌, 유대교의 종교적인 사안에 대한 심리라서 예루살렘에 가서 심문을 받겠느냐고 했다는 것이다. 총독은 '내가 이 일에 대하여 어떻게 심리할는지 몰라서'라며 상당히 겸손한 척하며 말했지만, 사실은 예루살렘에 갔을 때 바울을 그곳으로 데려와 재판 받게 해달라는 유대교 고위직들의 청구가 있었고, 자신은 곧 가이사랴로 돌아가니 그것은 불가하고 원하면 가이사랴에서 재판하라고 했었다. 그런데 거기까지 쫓아 와서 바울 사건을 처리하기 원했던 유대교 지도자들을 보며 총독으로서 유대인 고위직들을 무시할 수 없고 그들의 비위를 맞춰주고 싶은 마음에서, 바울에게 예루살렘에 가서 재판 받는 것이 어떻겠느냐고 은근히 떠 본 것이 9절 성경 말씀이 보여주려던 사실이었다. 즉 바울에게 그런 말을 했던 것은 유대인들에게서 환심을 얻고자 한 총독의 정치적 속내에 의한 것임을 성경은 드러내주었다. 그런데 그런 사실은 숨기고 자신이 매우 공평하고 죄수를 배려하는 것처럼 포장해서 아그립바 왕에게 말한 것이다.

그런데 유대교 지도자들의 요청대로 예루살렘으로 보내게 되면, 바울은 예루살렘으로 가는 길에서 암살당할 처지였다. 그래서 바울은 로마 황제의 법정으로 상고를 함으로 최종 판결이 날 때까지 로마의 보호권을 요구했던 것이다. 이렇게 바울이 거절함으로 베스도의 얄팍한 술수도 수포로 돌아가고 말았다. 이것이 앞에서 본 사건의 진상이다.

아무리 세상은 서로 속고, 알면서도 속아주고, 음흉한 셈법으로 자신의 속내를 가린 채 껄껄거리며 거래를 하며 살아가는 것이지만, 본문처럼 결국 하나님이 다 아시고 인간의 속 깊은 데까지 다 통찰하시는 성령이 이렇게 성경에 다 드러내신다. 그러므로 우리는 그렇게 술수를 쓰고 배려하는 척하며 거짓되게 살면 안 된다. 그리스도인이 세상 사람들과 다른 것은 우리는 마지막 날에 심판대 앞에서 우리의 모든 삶이 다 펼쳐지고 드러날 것(계 20:12)을 알고 사는 것이다. 그러므로 거짓되게 과장하고 생색내고 속이고 술수 쓰며 살지 않도록 우리 모두 기도하며 살아야 할 것이다. 이런 것을 통해 우리는 첫 번째 교훈을 얻게 된다.

☜ 사람의 속 깊은 곳까지 통찰하시는 성령 앞에 부끄러울 것 없이 살아가자(13-18).

그런데 사람이 자신을 과시하고 사람들 앞에 잘 보이려고 하다 보면 더 깊은 문제 속으로 빠져 들어갈 수 있다.

> 22아그립바가 베스도에게 이르되, 나도 이 사람의 말을 듣고자 하노라. 베스도가 이르되 내일 들으시리이다 하더라.(25장)

사실 바울은 로마 황제 앞의 재판을 원한다며 상고를 요청했고 그것을 허락했으면, 로마로 보내주면 되는 것이었다. 그런데 유대왕 헤롯 아그립바 2세는 헤롯 안디바가 『누가복음』 23장 8절에서 "나도 그(예수)의 소문을 들었으므로 보고자 한 지 오래였고, 또한 무엇이나 이적 행하심을 볼까 바랐던 연고러라"고 한 것처럼 호기심이 많은 사람이었던 것 같다. 그가 "나도 이 사건에 대해 관심이 있고 그 사람의 말을 듣고 싶다"고 하자, 베스도 총독은 선뜻 그를 다시 재판정에 세워주겠다고 선심을 쓴다.

그런데 어떤 명목으로 그를 재판정에 다시 세울 것인가? 로마의 관리요 정치인인 그에게는 어려운 일이 아니었다. 27절처럼 명분을 만들면 된다. 그럼 그 과정이 어떻게 진행되는지 23절부터 하나씩 살펴보자.

> [23]이튿날 아그립바와 버니게가 크게 위엄을 갖추고 와서 천부장들과 시중의 높은 사람들과 함께 접견 장소에 들어오고 베스도의 명으로 바울을 데려오니, [24] 베스도가 말하되, 아그립바 왕과 여기 같이 있는 여러분이여, 당신들이 보는 이 사람은 유대의 모든 무리가 크게 외치되 살려두지 못할 사람이라고 하여 예루살렘에서와 여기서도 내게 청원하였으나.(25장)

성경은 총독이 법정을 마치 국빈들을 대상으로 하는 연회를 여는 듯이 했다고 묘사한다. 『사도행전』 12장의 헤롯의 모습이 연상된다. 그런데 멋시게 치러입은 국빈인 예루살렘을 통치하던 유대왕 아그립바와 버니게 부부가, 아무리 고위급 군 장교와 그 도시의 요인들을 대동해서 큰 위엄을 갖추고 등장해도 여동생을 아내로 들인 망나니일 뿐이다. 그들이 으스대며 들어오자 베스도는 바울을 대령시키고는, 이 사람은 너희 유대인들이 살려둘 수 없는 사형감이라고 예루살렘에서만이 아니라 여기까지 와서 고발하지 않았느냐고 입을 열었다.

[25]내가 살피건대, 죽일 죄를 범한 일이 없더이다. 그러나 그가 황제에게 상소한 고로 보내기로 결정하였나이다. [26]그에 대하여 황제께 확실한 사실을 아뢸 것이 없으므로 심문한 후 상소할 자료가 있을까 하여 당신들 앞, 특히 아그립바 왕 당신 앞에 그를 내세웠나이다. [27]그 죄목도 밝히지 아니하고 죄수를 보내는 것이 무리한 일인 줄 아나이다 하였더라.(25장)

문제는 로마 당국의 대행자인 나 총독이 살펴본 바에 의하면, 그런 혐의가 없다는 것이다. 게다가 그가 황제에게 상고를 했기 때문에 나는 그를 로마로 보내야 하는데, 확실한 죄목이나 혐의도 없이 네로 황제의 법정으로 보낼 수가 없으니, 지금 여러분 유대 통치자들 앞에 추가 조사를 위해 세운 것이라고 일장 연설을 한 것이다.

그런데 이 상황에는 총독이 혐의가 없으면 당신이 석방하면 될 것을 왜 나에게 보냈냐는 책망을 받을까 두렵고, 그렇다고 풀어주자니 자신이 통치하는 예루살렘의 유대인 유력자들의 반발이 두려워 진퇴양난에 빠져 난감해 하는 우스꽝스런 모습이 비춰지고 있는 것이다. 사람들은 높은 자리에 올라가고 결정권을 휘두르고 싶어 한다. 그러니 그런 자리에 올라가면 이전에는 없었던 위험에 봉착하기도 한다. 많은 고위직 유력자들이 때로 자신의 권세를 휘두르며 한껏 거드름을 피우지만, 실상은 이렇게 이쪽저쪽 눈치를 보며 두려워하는 모습에 빠지게 된다. 혹시 당신도 모두를 만족시키려고 그렇게 눈치만 보며 사는 인생을 살고 있지는 않은가? 그것은 너무도 힘들고 피곤하고 쉼이 없는 인생의 방식이다.

베스도 총독은 아그립바 왕이란 이스라엘 권력자와 유대인 고위층과 무리들을 다 만족시켜 주려다가, 이제 자신도 무죄한 사람임을 알고 있는 하나님의 종을 다시 한 번 괴롭히는 일을 하게 된다. 바울을 다시 한 번 굳이 세울 필요가 없는 재판정에 다시 세우는 것이다. 26장에서 보겠지만, 그것은 로마 법정에 세웠으면 이 사건에 대한 책임자는 총독 자신인데, 아그립바가 자기도 알고 싶다고 해서 그렇게 해주려다가 잠시지만 재판권을 넘겨주는 꼴을 겪게 되는 것이다. 우리 그리스도인들은 이런 삶을 살면 안 된다. 힘 있는 자의 눈치를 보고, 고위층 인사들의 눈치를 보며 모든 사람을 만족시키려고, 죄 없는 사람들, 힘없는 사람들을 괴롭히는 삶을 살면 안 된다. 그러므로

권력자와 대중을 만족시키기 위해 하나님 앞에 부끄럽게 살지 말자(22-27).

돈을 벌고 싶은 사람이라면 모든 사람들이 사고 싶을 히트 상품을 개발하고자 하는 야심이 있을 것이다. 그러나 많은 경험이 있는 사업가라면 그게 얼마나 허황된 생각인지 충고해 주려고 할 것이다. 생각해 보라. 초등학생부터 70대 할머니까지 모두가 만족할 여성지를 만드는 것과 20대 여성을 위한 월간지를 기획하는 것 중 어느 쪽이 성공 가능성이 높을 것인지? 보석이나 반지 디자인 하나를 해도 모든 남자와 여자가 다 좋아할 디자인이 가능할까?

너무나 많은 사람들이, 특히 젊은이들이 그들의 부모, 선생님, 친구들 그리고 수많은 다른 사람들의 기대에 부응하기 위해 애쓴다. 그러다보면 어느새 타인이 자신의 삶을 주관하도록 허용한 것을 발견하게 될 것이다. 한 가지 분명한 것은 모든 사람을 만족시키려고 애쓰는 삶의 방식은 실패로

가는 지름길이란 사실이다.

실제로 우리가 살아가면서 고달픈 것은, 우리가 만나는 모든 사람, 우리 주변의 모든 사람을 만족시키고 싶은데, 그것이 잘 안 되어서 생기는 문제가 아닌가? 그렇게 살려고 하는 것은 우리 인생을 힘들게 만들기도 하지만, 더 큰 문제는 잘못된 삶을 살게 된다는 데에 있다.

다른 사람이 자신에 대해 어떻게 생각하는지를 걱정하며 그들을 만족시키려고 몸부림치는 삶은 그들이 내 삶을 지배하는 것이고, 내가 살아야 할 소명의 삶은 사라지게 된다. 그것은 우리의 삶을 향한 하나님의 목적을 놓치게 만든다. 그러나 가장 보람 있는 삶은 베스도 총독처럼 사는 것이 아니라, 바울처럼 사는 것이다.

그러나 이 모든 삶의 교훈보다 더 중요한 본문의 성경신학적 의미는 사실 25절에 있다.

25전반부 내가 살피건대 죽일 죄를 범한 일이 없더이다.

오늘 본문은 신임 베스도 총독의 이런 줏대 없는 행동들을 길게 나열하고 있는데, 그러면서 성경이 우리에게 보여주고 싶은 것은 이 한 가지다. 예수님께서 유대교 지도자들의 잘못된 재판에 의해 무죄한데도 정죄당하고, 이방인의 손에 넘겨져 이방 로마 당국에 의해 십자가 처형을 당했다. 그런데 복음서의 마지막 부분을 보면 이방인 로마 장교 백부장의 입을 통해 "이 사람은 진실로 하나님의 아들이었도다"(막 15:39)는 고백을 듣게 하신다.

마찬가지로 그의 제자 사도 바울도 같은 길을 걷고 있음을 『사도행전』

은 보여주고 싶은 것이다. 그리고 이방인 로마 총독 베스도의 입을 통해 바울도 '내가 살피건대 죽일 죄를 범한 일이 없다'는 선언을 하게 하여 바울 역시 무죄함을 입증해 주는 것이다.

또한 유대교 종교 지도자들이 예수님을 처형할 때는 자신들의 종교적인 문제를 정치적인 프레임으로 각색해서 고발하여 이스라엘 땅 안 예루살렘에서 처형을 성사시켰지만(눅 23:4, 14, 22), 이번에 바울에 대해서는 그 전략은 실패로 돌아가고 만 것을 보여준다.

하나님은 이제 바울을 당시의 땅 끝 로마로 보내서 세상의 한복판에서 모든 민족의 구원을 위한 예수님의 복음을 증언하게 만드시고 말 것이다. 인간의 모든 경영을 무효화하고 결국 자신의 뜻을 이루실 하나님의 크신 손 아래 우리는 무릎을 꿇게 될 것이다.

지금까지 우리는 대조적으로 산 두 사람의 이야기를 보았다. 로마의 행정관으로서 법대로 처리하며 로마 당국을 만족시키고 싶은 마음을 가진, 유대교 고위직과 유대 분봉왕과 유대인들도 만족시켜주고 싶었던 베스도 총독이 사는 방식이 그 하나였다.

그리고 어떤 역경이 와도, 조금만 굽히고 아니라고 하면 될 것을, 그렇게 긴 감옥생활을 하면서까지 하나님의 뜻대로 로마에 증인으로 가서 복음을 증거하겠다고 꿋꿋이 그 힘든 길을 기꺼이 걸었던 바울을 보았다. 그러므로 이 모든 것을 본 우리는 이제 어떻게 살아야 할까?

☜ 모든 사람을 만족시키려 애쓰기보다 단 한 분 하나님만 만족시키는 사람이 되자(25).

모든 사람을 만족시키려는 사람은 아무도 만족 시키지 못한다. 그러나 자신을 부르신 그 한 분을 만족시키는 삶을 산 바울은 수많은 세월 더 많은 사람을 위한 참으로 복되고 영광스런 삶을 살게 된 것을 우리 모두는 알고 있다.

이제 그리스도인으로서 우리는 이 두 가지 삶의 방식 중 어떤 방식의 삶을 살 것인지 또 다시 선택을 요구 받는다.

하나님께 택함 받은 선민이라는 자부심이 부서질 때

(행 26:1-23)

판사나 검사 혹은 변호사가 되려면 사법고시만 합격한다고 혹은 법학전문대학원을 졸업하고 자격시험을 패스한다고 되는 것이 아니다. 사법연수원을 거치고 판사나 검사시보 생활을 하며 훈련을 받는다. 목사가 되기 위하여 일반대학교 4년에 신학대학원 3년을 마친 후 전도사 1년 강도사 2년 등 최소한 3년간의 수습목회자 생활을 하며 훈련을 받는 것처럼 말이다.

『사도행전』 후반부, 특히 유대인들에게 고발을 당한 후 구속된 바울의 삶을 보면 마치 변호사로서 훈련을 받는 것 같다. 당시에는 국선변호사를 제공해 주는 것도 아닌 상황이었고, 바울은 법정에 서면 스스로 자신을 변호해야 했다. 동시에 기회만 되면 지혜롭게 자신이 믿고 전하는 바 복음의 핵심을 잘 증거했다.

이미 25장 8-11절에서 보듯이, 바울은 베스도 총독 앞에서도 자신을 논리정연하게 잘 변호해냈고, 총독이 유대인 고위직들의 눈치를 보느라 위험한 상황에 이르게 될 때에는 로마의 황제에게 상고를 해 로마 법 규정에 따른 보호 속으로 들어가기도 했다. 지금까지 했던 것은 이방인 로마 행정관 앞에서 자신은 로마법 상 범죄 행위가 없고 무혐의라는 사실에 대한 변호였다면, 26장에서는 유대인 통치자 앞에서 자신이 종교적으로도 무죄함을 입증해야 하는 변호란 점에서 주장의 핵심은 같지만 그 전개하는 방식과 색깔이 조금 다르다. 같이 살펴보자.

> [1]아그립바가 바울에게 이르되, 너를 위하여 말하기를 네게 허락하노라 하니, 이에 바울이 손을 들어 변명하되, [2] 아그립바 왕이여. 유대인이 고발하는 모든 일을 오늘 당신 앞에서 변명하게 된 것을 다행히 여기나이다. [3]특히 당신이 유대인의 모든 풍속과 문제를 아심이니이다. 그러므로 내 말을 너그러이 들으시기를 바라나이다.(26장)

로마 총독 베스도로부터 재판권을 넘겨받은 유대왕 헤롯 아그립바가 주심 판사처럼 행동하여 바울에게 변호권을 허락하는 모습으로 시작된다. 앞에서도 지적했지만, 유대인들로부터 바울이 고발되어 자신의 재판권 하에 들어왔으면 총독이 소신껏 재판하고, 상고하면 로마의 황제 법정으로 넘기면 되는데, 총독은 아그립바 왕의 호기심을 만족시키려다가 잠시지만 그 권한을 넘겨주는 형국이 되어버린 것이다.

그런데 아그립바 왕은 로마와 유대인 당국자가 모두 모인 자리여서 그랬는지, 그래도 바울에게 자신을 변호할 기회를 준 것은 매우 훌륭했다고 생각된다. 오늘날 사회에서나 교회에서도 어떤 사람에게 의심스러운 점이 있을 때는 반드시 이렇게 그에게 자초지종을 설명할 기회를 주어야 한다. 남들의 고발과 모함을 듣다 보면 정말 그렇게 여겨져서 그를 쉽게 죄인 취급을 하는 경우가 있는데, 그 전에 합당한 증거를 요구하고 혐의가 있는 사람에게는 자기 변호를 할 수 있는 기회가 주어져야 한다. 한 번도 자기 이야기를 해보지도 못하고 모함으로 인해 나쁜 사람 취급당하고 좌천되거나 열심히 일했던 자리에서 잘려나가는 경우가 얼마나 흔한가?

다행히 결정권자 앞에서 자기 입장을 펼 기회가 있어서 그 상황을 설명하려고 하면, "어디서 변명이야? 유치하게 변명하지 말아!"라며 몰아대는 것은 비민주적일 뿐 아니라 혹시라도 억울한 모함을 받아 힘든 사람에게는 다시 한 번 깊은 상처를 주는 아주 잘못된 행위다. 혹시 그리스도인 가운데에도 권위적으로 그런 행동을 습관적으로 하는 사람이 있다면 그는 자신이 헤롯 아그립바 2세만도 못한 사람은 아닌가 자성해 보아야 할 것이다.

그런데 아그립바 왕이 어떤 사람인지 안다면, 비록 그가 휴머니즘에 의지하고 가능하면 정의롭게 하려고 애쓴다 할지라도 정의로운 판정이 내려질 것이라고 기대하기 어렵다. 그래도 그런 재판관 앞이지만, 공적인 자리에서 피의자는 어떤 자세를 보여야 할까?

바울은 2절에서 이처럼 유대인들의 고발에 대해 자신을 변호하게 해준 것에 대해 감사를 표시하고, 아그립바 왕을 유대의 풍속과 쟁점에 대해 잘 아는 전문가라고 인정해 주는 예의바른 자세로 자기 변호를 시작한다. 간혹 법정에서 판사를 무시하거나 불신하는 태도를 보이는 경우가 있는데, 그것은 어리석은 자세이며, 비록 판사가 전지하지 않고 온전히 정의로울 수는 없지만 겸손한 자세와 존중하는 자세로 논리적으로 변호를 하여 더욱 바른 판단을 내릴 수 있게 해야 할 것이다.

> [4] 내가 처음부터 내 민족과 더불어 예루살렘에서 젊었을 때 생활한 상황을 유대인이 다 아는 바라. [5]일찍부터 나를 알았으니 그들이 증언하려 하면 내가 우리 종교의 가장 엄한 파를 따라 바리새인의 생활을 하였다고 할 것이라.(26장)

바울이 로마법을 위반한 범죄 사실이 없음은 이미 총독이 확인해 준 것이므로, 그 문제를 다시 언급할 필요가 없다. 이제 자신을 고발한 유대 지도자들의 쟁점에 따라 신앙 문제에만 집중한다. 그의 논증의 출발점은 자신을 고발한 유대인들도 바울 자신이 젊었을 때부터 어떤 신앙생활을 해왔는지 이미 알고 있다는 사실이다. "예루살렘에서 생활한 상황을 유대인이 다 아는 바라"는 주장에 대해 고발인들이 반박하지 않는 것을 보면, 바울은 유대인들 사이에서도 꽤 알려진 뛰어난 신앙인이었던 것으로 보인다. 4절에서 "처음부터 내 민족과 함께 예루살렘 생활"을 했다는 것은, 비록 21장 39절에서 밝혔듯이, 로마의 또 다른 속국 길리기아 지역 다소란 시에서 태어났지만 예루살렘 성에서 젊은 시절 자라며 유대교에서 율법적으로 가장 엄격한 바리새파의 생활을 했음을 지적한다. 그것은 22장 3절에서 "이 성에서 자라 가말리엘의 문하에서 우리 조상들의 율법의 엄한 교훈을 받았고 오늘 너희 모든 사람처럼 하나님께 대하여 열심히 있는 자"라고 했던 자기 묘사를 간략히 언급한 것이다. 그것은 5절 전반부처럼 이들도 일찍이 다 알고 있던 사실이라며, 자신의 신앙에 문제가 있을 수 없음을 처음부터 주지시키며 시작한다.

> [6]이제도 여기 서서 심문 받는 것은 하나님이 우리 조상에게 약속하신 것을 바라는 까닭이니, [7]이 약속은 우리 열두 지파가 밤낮으로 간절히 하나님을 받들어 섬김으로 얻기를 바라는 바인데, 아그립바 왕이여. 이 소망으로 말미암아 내가 유대인들에게 고소를 당하는 것이니이다.(26장)

그럼 그들이 자신의 신앙 문제에 대해 고발하는 것은 도대체 무엇 때문인지 바울은 한 걸음 더 파고 들어가며 변론을 이어간다. 여기서 자신이 심문 받는 문제의 핵심을 그는 약속에 대한 해석과 기대의 차이라고 주장한다. 하나님은 우리 유대인들의 조상과 언약을 맺으셨는데, 그 약속에 대한 소망을 갖는 것은 잘못된 것이 아니고, 성전을 떠나지 않고 밤낮으로 하나님을 예배하던 우리 이스라엘의 12지파 모두가 그 약속의 성취를 기대하고 산 것이 아니냐는 주장이다. 흥미로운 것은 당시에는 포로생활에서 돌아온 유다 지파와 베냐민 지파만이 유대민족을 구성한다고 생각하고 있었는데,[1] 예수님처럼 그리고 새 이스라엘 형성을 앞둔『사도행전』1장이 그랬듯이, 사도 바울은 굳이 "우리 12지파"의 소망이라고 표현한 것이다. 그것은 사도 바울은 유대인과 사마리아인은 물론 모든 족속을 포함한 새 12지파로 구성된 새 이스라엘 형성이 궁극적인 사역의 목적이기 때문에 그런 표현을 하게 된 것으로 보인다.

사도 바울은 우리 이스라엘 사람들이라면 밤낮으로 간절히 하나님을 받들고 섬김으로 얻기 바라는 한 가지 소망이 있다고 7절에서 강조하는데, 우리는 도대체 무엇을 얻기 위하여 열심히 신앙생활을 하는 것일까? 우리가 소망하는 바가 성경이 말하는 바와 다르다면 문제는 심각해진다. 우리 한국 기독교인들은 전세계 기독교인 가운데 유대인 못지않게 하나님을 열심히 받들고 섬기는 사람들이기에 이 질문은 더욱 중요한 것이다. 그러므로 본문에서 우리가 얻게 되는 첫 번째 교훈은 이것이다.

☜ 우리 신앙의 본질이 무엇인지 분명히 알고 하나님을 받들고 섬겨야 한다(1-7).

---

1) I. Howard Marshall, *Acts-Tyndale N.T.Commentaries* (IVP & Eerdmans, 1980), 392.

그러면서 바울은 자신은 바로 이 소망 즉 약속의 성취에 대한 기대와 믿음 때문에 고소를 당한 것이라고 재판관으로 앉아 있는 아그립바 왕에게 어필을 한다. 그런데 그 소망의 핵심이 무엇인가?

> [8]당신들은 하나님이 죽은 사람을 살리심을 어찌하여 못 믿을 것으로 여기나이까.(26장)

자신이 무죄함을 변호하면서 바울은 앞에서 이스라엘의 소망의 핵심인 부활(23:6; 24:15) 문제로 다시 한 번 파고들며, 오히려 이것을 왜 못 믿는지 반문한다. 당시 자신을 줄곧 고발해 왔던 이스라엘 최종 결정기구인 산헤드린은 이미 여러 번 언급했듯이 바리새파와 사두개파로 구성되어 있었는데, 바울이 율법 훈련을 받아왔던 바리새파에 속한 사람들은 부활을 믿었지만, 23장 6-8절에서 설명했듯, 사두개인들은 부활을 믿지 않았다. 그래서 그때처럼 바울은 다시 아그립바 왕을 비롯해 로마 당국과 결탁하여 특권을 누리던 사두개인들에게 '당신들은' 어찌하여 하나님께서 죽은 사람을 살리심을 믿을 수 없는 것으로 여기느냐며, 오히려 그들의 신앙 문제를 제기하는 것이다.

바로 이런 점에서 바울은 자신이 전하는 복음의 핵심이 예수님의 부활이고, 그것 때문에 이렇게 로마 당국에 고발을 당하고 있음을 『사도행전』의 독자에게도 명확히 하는 것이다. 기독교의 핵심은 성공과 번영과 축복도 아니고, 복잡하고 어려운 갖은 교리 체계도 아니다. 우리 죄 때문에 대신 심판받고 처형당하신 하나님의 아들 예수가 다시 살아나셔서 이 모든 죄와 죽음의 문제를 근본적으로 해결하셨다는 부활 사건이다. 물론 바울 자신도 처음부터 이해가 됐던 것은 아니라고 한다.

9나도 나사렛 예수의 이름을 대적하여 많은 일을 행하여야 될 줄 스스
로 생각하고, 10예루살렘에서 이런 일을 행하여 대제사장들에게서 권한을
받아 가지고 많은 성도를 옥에 가두며, 또 죽일 때에 내가 찬성 투표를
하였고, 11또 모든 회당에서 여러 번 형벌하여 강제로 모독하는 말을 하게
하고 그들에 대하여 심히 격분하여 외국 성에까지 가서 박해하였고, 12그
일로 대제사장들의 권한과 위임을 받고 다메섹으로 갔나이다. 13왕이여.
정오가 되어 길에서 보니 하늘로부터 해보다 더 밝은 빛이 나와 내 동행
들을 둘러 비추는지라. 14우리가 다 땅에 엎드러지매 내가 소리를 들으니,
히브리 말로 이르되, 사울아, 사울아. 네가 어찌하여 나를 박해하느냐. 가
시채를 뒷발질하기가 네게 고생이니라.(26장)

바울의 자기 변증의 논리는 이것이다. 사실은 바울 자신도 예수와 그의 부활에 대한 가르침이 잘못된 것이라고 생각하여 바리새파 신앙의 열심을 가지고 핍박을 하다가, 부활하신 예수님을 만나 전적 회심을 하고 믿게 되었다는 것이다. 그러므로 여러분도 예수를 만나면 그 부활의 문제가 이해가 될 수 있다는 것이다.

그럼 바울의 문제는 무엇이었을까? 바울도 이스라엘 사람으로서 바리새파나 사두개파를 막론하고 유대인들의 유일신 사상과 하나님에 대한 맹목적인 열심 즉 하나님 신앙을 빙자한 종교성이 그 중심을 형성하고 있었다.

회심 이전의 사울로 대표되는 유대인들의 문제는 곧 오늘날 우리 한국교회 기독교인들의 문제이기도 한데, 그 한 가지를 9절에서 보여준다. 9절

후반에 말하듯, 바울은 하나님을 위하여 '많은 일을 행하여야 될 줄 스스로 생각'하는 것이다. 물론 그것은 종교 지도자들이 잘못 가르쳐서 생긴 문제다. 토라의 본질에서 벗어난 변질된 유대교나 하나님의 뜻을 잘못 알았던 사울의 문제는 공통적으로, 하나님을 위해 많은 일을 해야 한다는 생각이다. 꼭 구원받기 위한 '행위구원론'은 아니지만, 이미 선택받은 하나님의 백성이란 자부심 속에 살던 유대인들이 신앙을 그런 것으로 본 것 역시 공덕주의가 아닌가? 그렇다고 신앙 안에서 어떤 일을 행하는 것 자체가 잘못된 것은 아니다. 무엇을 행하느냐, 그 행함이 무엇을 의미하느냐가 중요하다. 예수님도 "내 뜻을 행하려 함이 아니요 나를 보내신 이의 뜻을 행한다"(요 6:38)고 하셨는데, 아버지의 뜻은 바로 다음 절에서 "자신에게 주신 자를 하나도 잃어버리지 아니하고 마지막 날에 다시 살리는 이것"(요 6:39)이라 하셨다. 즉 잃어버린 영혼이 회심해 마지막 날에 부활에 이르도록 돕는 것은 하나님의 뜻을 행하는 것이다. 그런데 그들의 문제는 하나님께서 행하실 그 부활을 믿지도 않고, 하나님의 뜻이 아니라 자신들이 생각하는 종교적 의를 행하는 종교적 열심이었다.

오늘날 한국 기독교의 문제도 목회자들이 아버지의 뜻이 아니라 분별되지 않고 정련되지 않은 목사 자신의 뜻을 교인들에게 강요하는 것이다. 복을 받으려면 제사장인 목사에게 대를 이어 충성하고 잘 받들어야 한다는 것이다. 그리고 안식일을 잘 지키고(주일성수), 정해진 제물(십일조와 각종 헌금들)을 꼬박꼬박 바치고, 할례(세례)를 받고, 율법을 많이 읽고(성경통독 횟수), 성전 중심으로 살고, 거기에 금식과 새벽기도와 수요예배와 금요철야 예배까지 덤으로 얹어드리면 하나님이 좋아하셔서 축복을 넘치도록 부어주실 것이라는 유대교적 종교성을 기독교인들에게 주입해 넣는 것이다.

교인들도 말로는 믿음으로 산다고 하지만, 실제로는 하나님을 위한 종교적 열심과 무엇인가를 하나님을 위해 열심히 많이 행함으로 하나님께 잘 보이려고 몸부림치고 있는 것이다.

바울에게는 그 열심이 무엇이었는가? 10-11절에서 밝혔듯이 예루살렘에서 기독교인들을 잡아서 옥에 가두고 사형시켰고, 그것도 모자라 외국에까지 나가서 그들을 열심히 잡아 처형하는 것이었다. 그런데 그 일은 자신만 그런 것이 아니라, 바로 여러분이 함께 한 것이라는 점을 지적한다. 그것이 10, 12절에서 '대제사장들'의 권한을 위임받아(9:2, 14, 21) 한 것이라는 부분이 뜻하는 바이다. 즉 여러분 유대교 지도자들이 자신이 내가 기독교인을 핍박하던 일에 함께 했던 증인들 아니냐는 반론이다. 그렇다면 그러던 내가 왜 이 예수 그리스도의 도를 전하게 되었는지 내 간증을 듣고 한 번 생각해 보라는 것이다.

우리들의 근본적인 문제는, 우리의 열심을 가지고 하나님을 섬긴다는 것이 오히려 9절처럼 나사렛 예수의 이름을 대적하고, 14절처럼 하나님을 핍박하는 결과가 되고 만다는 것이다. 우리의 열심, 즉 14절 후반 말씀처럼 주님을 위해 죽도록 애를 쓰는 신앙생활이, 결국 하나님을 '박해'하는 것이고, 소위 "가시채를 뒷발질"하는 '고생'이 되고 말 수 있다는 사실을 깨달아야 한다.

가시채를 뒷발질한다는 말은 그리스 고전 문헌에서 사용되던 표현으로 특히 디오니소스 제사 의식을 대적하는 펜테우스(*Pentheus*)에 대한 경고를 다루는 유리피데스(*Euripides*)에 등장하는 표현으로 "너는 유한한 존재이고, 그는 신이다. 만일 내가 너였다면 분노를 자제하고, 무익한 반항을 하기보다는 차라리 그에게 제사를 드릴 것이다"[2)]란 표현에서 유래한 바울의 비유다. 이때 "가시채"란 것은 바늘이란 뜻도 가진 prick이란 단어의 번역으로, 사실 "kick against pricks"란 숙어에서 prick의 용법은 가시채라기보다는 지겨운 존재에 더 가까운데, 이 숙어 표현은 '소가 자기를 모는 데 쓰는 막대기를 들이 받는다'란 뜻에서 유래한 것으로, 아무 소용없는 반항을 하여 상처만 받는다란 의미다. 바울은 당시 헬라 문헌에 대해 잘 알고 있어서 이런 비유적 표현을 썼을 수도 있고, 솔로몬의 지혜서 16장 4절에도 쓰인 표현이어서, 당시 유대교인들에게 잘 알려졌을 것이라는 추정도 있다. 아무튼 바울이 그 숙어를 통해서 하고 싶었던 말은 자신의 열심을 통해 그리스도인들을 핍박한 것이 사실 하나님을 박해한 것이었으며, 그것은 그리스도의 부활의 복음을 통해 새 일을 하시는 하나님에 대해 들이받는 쓸 데 없는 헛고생이란 의미다. 그렇게 하여 지금 그리스도의 사도인 바울 자신을 고발하여 처형하려고 하는 유대 지도자들이 하는 행동도 바로 그런 것임을 빗대어 말한 것이다.

이 구절을 보며 우리는 작지만 중요한 교훈을 얻게 되는데, 지혜 없고 분별력 없는 종교적 열심, 충성심 혹은 애국심은 때로 하나님 나라와 조직과 나라를 망칠 수도 있다는 것이다. 신앙생활 측면에서 본다면, 우리의 무지한 열심의 결과가 오히려 주님을 핍박하는 결과를 낳기도 한다는 점이다.

예수님을 믿는 기독교 신앙생활을 제대로 한다면, 이미 『사도행전』 17장 25절에서 살펴본 것처럼, 하나님은 "또 무엇이 부족한 것처럼 사람의 손으로 섬김을 받으시는 것이 아니니, 이는 만민에게 생명과 호흡과 만물을 친히 주시는 이"시기 때문에, 하나님은 우리에게 하나님 자신을 위해 많은

2) P. Vellacott, *Euripides: The Bacchae and other Plays* (Harmondsworth, 1954), 205. I. Howard Marshall, *Acts*, 395에서 재인용.

일을 하라고 하지 않고, 바른 믿음으로 이 땅에 주님의 빛을 비추는 삶과 세상에 들어가 소금이 되는 삶을 살기를 기대하고 계심을 알게 될 것이다. 그것이 하늘에서 이루어진 것처럼 이 땅에 하나님 나라가 임하도록 기도하는 삶이다. 그러나 일부 기독교인들은 여전히 성경적 믿음의 삶이 아니라 종교생활을 열심히 하여, 그것을 자신의 의로 삼아 하나님 앞에 나가려 하는 것이 문제다. 일부 목회자들이 강요하는 무지한 종교적 열심 때문에 결국 예수님의 이름이 욕을 먹고 세상 사람들에게 모독을 당하기도 하는 것은 참으로 안타까운 일이다. 그렇다면 열심히 하나님을 받들고 섬기는 것보다 더 중요한 것이 무엇인지 우리는 분명히 알고 신앙생활을 해야 할 것이다. 따라서 본문의 두 번째 교훈은 무엇인가?

☞ 우리 신앙의 핵심은 예수님의 부활이고 유일한 소망은 우리의 부활이다(8-14).

지금 보고 있는 이 부분은 『사도행전』 9장과 22장에 이은 바울의 세 번째 회심 간증이다. 이 간증의 목적은 바울 구원 당시의 초자연적 상황에 대한 상세한 입증이 아니다. 9장 4절이나 22장 7절과 비교해 바울만이 땅에 엎드러진 것인지 혹은 모두가 쓰러진 것인지도 초점이 아니다. 왜 모두가 그 빛의 영향을 받았는데 바울만 눈이 멀게 되었는지 그 이유를 밝히는 것도 관심사가 아니다. 심지어 앞의 두 간증에 비해 이 회심 간증은 결론을 맺지 않고, 사도의 관심사인 자신의 소명 이야기로 넘어가는 것에 주목하기 바란다.

15 내가 대답하되, 주님, 누구시니이까? 주께서 이르시되, 나는 네가 박

해하는 예수라. [16]일어나 너의 발로 서라. 내가 네게 나타난 것은 곧 네가 나를 본 일과 장차 내가 네게 나타날 일에 너로 종과 증인을 삼으려 함이니.(26장)

바로 앞 14절에서 회심 전 바울이 기독교인들을 핍박한 것은 자신을 박해하는 것이라는 이상한 하늘의 음성을 들었다. 그래서 15절에 바울은 도대체 누구시냐고 묻자, "나는 네가 박해하는 예수다"라는 14절의 말씀을 확증시켜주는 천둥 같은 말씀을 듣게 된다. 이로써 사울이 기독교인들을 핍박한 것은 자신이 그토록 열심히 섬기려던 하나님을 박해한 것이 분명해졌다는 것이다. 그렇다면 그리스도인들은 성자 하나님의 사람들이란 말이고, 그리스도인들을 고발하고 처형했던 것은 예전에 자신이 했던 잘못처럼 하나님을 대적하는 행동이 됨을 에둘러 말하는 것이다.

그럼 지금 당신들, 유대교 지도자들에게 고발당해 옥살이 하고 있는 나 바울은 누구란 말인가? 그 성자 하나님이신 예수님께서 16-18절과 같은 사명을 주신 하나님의 종이요 보냄을 받은 자 즉 사도라는 것이다.

바울은 두려움에 떨며 땅에 엎드러져 있지만 말고, 16절처럼 "일어나 너의 발로 서라"는 명령을 받았다고 한다. 그것은 구약에서 하나님의 종 즉 선지자의 소명을 받는 장면이다. 『에스겔』 2장 1절은 "그가 내게 이르시되, 인자야, 네 발로 일어서라. 내가 네게 말하리라"고 하는데, 같은 표현이다. 이렇게 하여 바울은 주님을 만나 하나님께서 주시는 사명을 감당하라는 소명을 받게 된다. 그 소명이 하나님의 종으로서의 임직이다. 그리고 소명은 반드시 사명을 동반하는데, 그 사명은 첫째로 16절에서 볼 수 있는 것처럼 성자 하나님을 본 일과 지금의 명령과 함께 앞으로 예수님께서 바울에게 나타나셔서 보이시고 명하실 환상을 증언하는 증인이 되라는 것이다. 장차 내가 네게 나타날 일이란 회심 이후, 예를 들어 18장 9절 이하에서는 한밤중 환상 가운데 나타나셔서 두려워하지 말고 고린도에서 1년 6개월을 머물며 하나님 말씀을 가르치라는 지시나, 22장 17절 이하에서는 성전에서 기도하는 가운데 환상 가운데 나타나셔서 예루살렘에서 나가 이방인의 사도가 되라는 것과, 23장 11절에서 보듯 한밤중에 바울 곁에 서서 로마에 가서도 나의 일을 증언하라는 것 등 바울 자신이 하고 다니는 사역이 모두 하나님의 일이라는 것을 은연중 암시하는 것이다. 이런 것이 하나님의 종으로서의 삶이다. 그래서 주님은 종과 증인으로 삼는다고 한 것이다.

> 17이스라엘과 이방인들에게서 내가 너를 구원하여 그들에게 보내어, 18그 눈을 뜨게 하여 어둠에서 빛으로, 사탄의 권세에서 하나님께로 돌아오게 하고 죄 사함과 나를 믿어 거룩하게 된 무리 가운데서 기업을 얻게 하리라 하더이다.

사도 바울에게 주어진 사명의 두 번째는 17절에서 보듯 유대인들은 물론 이방인의 사도로 보내질 것이란 사실이다. 바울은 이방인의 사도로 우리에게는 분류되지만, 지금까지 『사도행전』에서 계속 보았듯이 그는 어디를 가든 끊임없이 먼저 그 지역의 회당으로 가서 유대인들에게 복음을 전했다. 그러나 이방인의 구원을 위해 보냄을 받았다는 사실도 잊지 않고 분명히 밝힌다. 유대교인으로서 특히 바리새파로 훈련된 자신의 삶에 대한 간증은 동질감을 주었지만, 지금 하고 있는 이방인의 구원을 위해 하나님으로부터 보냄을 받았다는 사명 이야기는 드디어 유대인들에게 이해할 수 없고 참을 수 없는 분노할 부분이 된다. 선택받은 유대인이 아니라 지옥의 불쏘시개감 취급했던 이방인의 구원을 위해 하나님께서 종을 보낸다는 사실을 그들은 받아들이기 힘들었을 것이다. 더군다나 18절에 의하면 바울은 자신이 '이스라엘'과 이방인들에게 보냄을 받아, 그 양쪽 모두의 눈을 뜨게 해서 지금 있는 어둠의 세계에서, 사탄의 세계에서, 죄인들의 무리에서 예수를 믿어 빛의 나라, 하나님께로, 죄사함을 받은 사람들, 거룩하게 된 무리 즉 성도가 되게 하는 사명을 받았다는 것이다. 17-18절의 말은 우리 기독교인들에게는 익숙한 표현이므로 자연스럽게 들릴지 모르지만, 당시 재판정에 재판관으로 와 있던 유대인 지도자들에게는 참으로 황당하고 기가 막힌 소리였다.

하나님께서 바울을 이방인들로부터가 아니라 '이스라엘과 이방인들에게서' 구출하겠다니, 우리 이스라엘이 이방인들처럼 그 가운데서 건져내야 할 악의 축이란 말인가 하는 생각이 들 것이다. 그런데 『사도행전』 4장 27-28절에서 이미 "헤롯과 본디오 빌라도는 이방인과 이스라엘 백성과 합세하여 하나님께서 기름 부으신 거룩한 종 예수를 거슬러 하나님의 권능과 뜻대로 이루려고 예정하신 그것을 행하려고 이 성에 모였나이다"라고 할 때 이방인과 이스라엘이 합세하여 예수님을 거슬렀다고 하지 않았는가? 그 이야기가 여기서 다른 방식으로 다시 반복 강조되고 있는 것이다. 물론 이스라엘 사람들은 이 사실을 받아들일 수 없었을 것이다. 태어난 지 며칠 안 되어 할례를 받아 하나님 백성의 표로 인침을 받은 우리 이스라엘 사람들이, 평생을 성전 중심으로 살고, 부정한 음식을 먹지 않는 규례를 지키고, 율법대로 살기 위해 안식일을 지키고 금식과 기도의 신앙생활을 한 우리 유대인들이, 어떻게 이방인들과 함께 눈이 멀고 어둠의 자식이요 사탄의 권세 아래 있는 죄인의 무리라고 할 수 있다는 말인가? 그 말은 도무지 이해할 수 없을 뿐 아니라, 분노를 불러일으키고, 정말 바울은 이단의 괴수가 맞는 것 같다는 생각이 들게 만들기에 충분했다. 게다가 이방인들을 거룩한 무리 즉 성도라 한다거나, 이방인을 이스라엘 백성이 되게 하여 자신들에게만 약속된 기업을 얻게 한다는 것은 전혀 받아들일 수 없는 것이었다. 이처럼 우리는 시각을 바꿔서, 유대인 지도자들의 입장에서 바울의 변론을 들어볼 필요가 있다. 그래야 그 재판정의 분위기를 느낄 수 있을 것이다.

여기서 바울의 논지는, 자신이 하나님의 뜻에 무지함으로 그리스도인들을 박해한 눈먼 맹인의 삶을 살았었고, 그래서 그 표징으로 예수님을 만나 자신이 잠시 눈이 멀었다가 주님의 은혜로 다시 보게 되었기에, 이제 이스라엘과 이방인들에게 보내져서 자신처럼 그런 맹인으로 사는 사람들의 눈을 뜨게 하여 어둠의 세상 즉 사탄의 권세 아래 살던 삶에서 빛의 나라의 삶 즉 하나님께로 돌아오게 하겠다는 것이다. 그게 자신의 사명이라는 것이다.

그런데 이 주장을 그는 에스겔을 하나님의 종으로 부른 소명 구절을 들이대고, 그것도 모자라 이제는 18절에 와서는 구약 『이사야서』 42장 16절을 들어 그 주장을 변증하는 것이다. 『이사야서』 42장 16절은, "내가 맹인들을 그들이 알지 못하는 길로 이끌며, 그들이 알지 못하는 지름길로 인도하며, 암흑이 그 앞에서 광명이 되게 하며, 굽은 데를 곧게 할 것이라. 내가 이 일을 행하여 그들을 버리지 아니하리니"라고 하는 18절 사상의 기초를 이루는 부분이다. 『이사야서』에서도 마지막 부분은 이 일을 통해 하나님께서 영적 맹인들을 버리지 않고 구원하겠다는 것이 궁극적 목적으로 제시되는데, 이는 본문 『사도행전』 26장 18절의 표현으로는 "나를 믿어 거룩하게 된 무리 가운데서 기업을 얻는" 것이다. 이처럼 성도 혹은 교회 가운데에 있을 하나님의 기업에 대한 사상은 『에베소서』 1장 18절에서 다시 반복될 것이다.

> [19]아그립바 왕이여. 그러므로 하늘에서 보이신 것을 내가 거스르지 아
> 니하고, [20]먼저 다메섹과 예루살렘에 있는 사람과 유대 온 땅과 이방인에
> 게까지 회개하고 하나님께로 돌아와서 회개에 합당한 일을 하라 전하므
> 로, [21]유대인들이 성전에서 나를 잡아 죽이고자 하였으나, [22]하나님의 도
> 우심을 받아 내가 오늘까지 서서 높고 낮은 사람 앞에서 증언하는 것은
> 선지자들과 모세가 반드시 되리라고 말한 것밖에 없으니.(26장)

바울은 자신이 겪은 일이 개인이 지어낸 이야기가 아니라, 19절에서는 "하늘에서 보이신 것", 즉 하나님의 계시이기에 자신은 그 명령에 거스르지 않았다고 한다. 그리고 자신에게 주어진 사명대로 자신이 주님을 만난 다메섹은 물론, 1장 8절의 말씀처럼 예루살렘과 온 유대 땅과 땅 끝의 이방인에게까지 주님의 복음을 전했다고 20절에서 말한다.

그럼 사도가 전한 복음은 어떤 강조점을 담고 있었을까? 20절 후반에서 그것은 하나님께로 돌아와 회개에 합당한 일을 하라는 것으로, 이것은 『누가복음』 3장 8절에서, 세례 요한이 외쳤던 메시지, "그러므로 회개에 합당한 열매를 맺고 속으로 아브라함이 우리 조상이라 말하지 말라"는 것과 동일한 메시지였고 예수님의 천국 복음 메시지였다.

이로 보건대 구원 받았다는 것, 하나님의 백성이 되었다는 것, 예수님을 믿는다는 것은 철저하게 회개가 전제되는 것이며, 그것은 회개에 합당한

일을 하는 변화된 삶으로 증명되는 것이 분명하다.

우리 한국 교회의 근본적인 문제는 회개 없는 믿음과, 교회에 등록하고 출석하고 세례 받고 주일성수하고 십일조하는 종교 활동에 참여하면 천국 간다는 식의 종교화에 있다. 만일 세례 요한처럼, 예수님처럼, 그리고 사도 바울처럼 회개에 합당한 일을 하라는 일관성 있는 성경적 복음을 분명히 외쳤다면 한국 기독교는 달라졌을 것이다.

그런데 이런 선명한 복음을 외치면 사람들이 좋아할까? 그런 하나님의 종은 환영받지 못하는 정도가 아니라, 세상과 부패한 교회는 참된 종을 없애려고 할 것이다.

본문에서 보듯이 이방인뿐 아니라 이스라엘 사람들에게도 회개해야 한다는 사실을 외친 결과 세례 요한과 예수님을 잡아 죽였던 것처럼, 동일한 복음을 전한 결과 바울도 21절이 말하듯이 유대인들이 잡아 죽이려고 했다. 그것은 주께서 "내가 선지자와 사도들을 그들에게 보내리니, 그 중에서 더러는 죽이며 또 박해하리라 하였느니라(눅 11:49)"고 말씀하신 대로다. 그리고 자신들의 귀를 즐겁게 해주고, 안전과 축복을 선언하는 거짓 선지자들을 따른다. 성경의 예언 그대로 말이다. 그런 사람들이 모여 대형교회를 이루는데, 거짓 선지자들은 그런 목회자를 성공한 목회자다, 능력이 있다고 추앙하고 그들이 가진 돈 주변에 빌붙을 것이다. 그들은 어떤 잘못이 있어도 치리하지도 고치지도 못하고 옳다고 편들어 줄 것이다.

그러나 18절을 설명하며, 『.이사야서』 42장 16절 후반부에서 보았듯이, 사도가 그러한 죽음의 위험 속에서 살아남은 것은 이렇게 이 재판정에 서서 높고 낮은 사람 앞에서 예수님의 복음을 증언하도록 하나님께서 도우셨기 때문이라는 것이 본문 22절의 설명이다. 사명이란 이런 것이다. 내가 왜 살아있고, 왜 여기에 서 있으며, 내 삶의 궁극적 목적이 무엇인지를 인식하는 것이다. 소명과 그에 따른 사명이 분명하면 어떤 위험에서도 우리는 담대하고 꿋꿋하게 이겨나갈 수 있다. 만일 사도 바울도 그런 사명이 없었다면 몇 년간 이어지는 감옥 생활과 총독이 바뀔 때마다, 유대 통치자와 산헤드린 멤버들이 새로 올 때마다 지겹도록 반복되는 이런 재판 과정에 저주와 불만으로 가득했을 텐데, 사도는 그 의미를 알기에 이런 상황에 증인으로 긍정적이고 적극적으로 임하게 되는 것이다.

그리고 22절에서 여러분 유대인들과 유대교 지도자들은 성전에서 나 바울을 잡아 죽이려고 했지만, 내가 지금까지 고위직이나 보통 사람들이나 가리지 않고 증언한 것은 모세 오경과 선지서에서 말한 것 외에는 말하지 않았고, 그것은 하나님께서 하라신 것을 주의 도우심으로 한 일이라고 확언하는 것이다.

지금까지 사도 바울이 외친 설교의 핵심 중 하나는 20절에서 회개에 합당한 삶을 살아야 함이었다면, 이제 23절에서는 복음의 내용과 근거가 무엇인지 간결하게 다룸으로 마무리한다. 사도가 전한 복음의 핵심은 다시 들여다봐도 한 가지, 예수님의 수난과 죽음 그리고 그에 이어지는 부활과 심판이다. 그리고 부활이 사도가 전한 복음의 정점이 되는 것이다.

> 23곧 그리스도가 고난을 받으실 것과 죽은 자 가운데서 먼저 다시 살아나사, 이스라엘과 이방인들에게 빛을 전하시리라 함이니이다 하니라.(26장)

그러나 부활이 있기 전에 그리스도는 고난 받으시고 죽음의 처형을 당하신다. 그 후에 예수님은 죽은 자 가운데서 먼저 다시 사셔서, 앞으로 『고린도전서』 15장 20, 23절의 표현으로는 잠자는 자들의 첫 열매가 되셔서 이스라엘과 이방인 모두에게 이 진리의 빛이 옳은 것임을 증거하시며 이끄실 것이다.

예수님은 바로 이런 진리의 빛을 유대인들과 이방인들에게 전하시는 분이다. 그것은 『이사야서』에서 고난 받는 종을 불러 이스라엘 백성의 언약과 이방의 빛으로 세우고(사 42:6), 그 종을 통해 이스라엘의 남은 자들을 돌아오게 하고 이방의 빛으로 삼아 하나님의 구원을 땅 끝까지 이르게 하시겠다는(사 49:6) 예언의 성취라는 것이다. 따라서 예수님이 『이사야서』에서 예언된 고난 받는 종이며 메시야라는 사실의 증명이 사도 바울이 전한 복음의 출발점이 된다.

그러므로 오늘 본문의 마지막 교훈은 무엇이라고 말할 수 있을까?

✍ 우리 신앙의 본질적 사명은 예수 부활의 복음으로 어둠을 밝히는 것이다(15-23).

이런 사도 바울이 자신의 무죄 변론을 마치자, 이후 26장 24절 이하에서 전개되는 재판관인 베스도 총독과 아그립바 유대왕의 반응이 어떠할지 궁금해지지 않는가?

사실 오늘 본문 앞 쪽, 즉 『사도행전』 24~25장은 주로 이방인 벨릭스와 베스도 총독 앞에서의 변증이었기 때문에 복음의 깊은 내용보다는 유대인 고위 인사들의 고발이 부적절하다는 것을 주장한 것이었으므로 이 책에서도 조금은 가볍게 적용적 측면 중심으로 다룰 수밖에 없었다. 그러나 본문 26장에 들어와서는 사도의 간증과 구원의 경륜이 깊이 있게 나타나고 있어서 본서의 강해도 앞 장들과 비교한다면 신학적인 의미에 더 시간을 들여서 조금 어렵게 느껴졌을 수도 있고 따분하게 보였을 수도 있다.

그렇다면 다음 장에서 살펴볼 아그립바 왕이나 하나님을 믿는다는 유대교 지도자들의 반응도 예상할 수 있을 것이다. 바울의 논증 속에 나타난 하나님의 구원의 경륜을 제대로 이해하는 사람은 감격하고 감사하며 그 은혜 가운데 하나님께 무릎을 꿇겠지만, 그것을 이해할 수 없는 사람들은 어떤 반응을 보일지 짐작할 수 있을 것이다.

이런 점에서 우리 자신을 돌아보면 좋겠다. 하나님의 구원사와 복음의 깊이 있는 내용이 강해될 때 도무지 이해가 안 될 뿐 아니라 따분하고, 그저 축복 이야기와 감동적인 이야기만 바라고 있다면 우리도 그들과 다를 바 없는 것이다. 교회는 열심히 다니고 예배도 많이 드리지만, 복음을 제대로 전하는 설교자는 싫고 그저 가볍고 재미있는 이야기와 축복만 선언하는 목사들만 좋아하고 있다면, 정말 우리는 하나님과 성경 말씀을 사모한다고 할 수 있는지 자신을 돌아봐야 할 것이다.

우리는 대통령과 검사 앞에서도 주눅 들지 않을 수 있을까?

(행 26:24-32)

아무리 잘난 척하던 사람도 검찰청에 불려가 수사를 조금만 받으면 하룻강아지처럼 덜덜 떨고 바지에 오줌을 지린다는 말이 있다. 아마도 비인격적이고 권위적인 수사 방식 때문에 그런 것 같다. 사실 과거 남영동 분실 같은 곳에는 인권을 유린하는 경찰들의 수사가 있었고, 박종철 같은 가슴 뜨거운 청년들이 차가운 시신으로 나온 적이 있기 때문인 것 같다.

본문 앞의 26장 4-23절은 법정에서 변호사 없이 자신을 변론한 사도 바울의 모습이 그려져 있다. 그런데 로마 총독과 아그립바 왕 같은 권력자 앞에서도 참으로 당당한 모습을 보였다.

23절에서 사도 바울이 자신의 무죄 변론을 마쳐가자, 재판관인 베스도 총독과 아그립바 유대왕의 반응이 따라 나온다.

24바울이 이같이 변명하매 베스도가 크게 소리내어 이르되, 바울아, 네
가 미쳤도다. 네 많은 학문이 너를 미치게 한다 하니, 25바울이 이르되, 베
스도 각하여, 내가 미친 것이 아니요 참되고 온전한 말을 하나이다.(26장)

이스라엘을 다스리는 아그립바 왕에게 잘 보이고 싶었는데, 바울이 하는

말을 듣다보니 아그립바가 매우 불쾌할 것이라는 생각이 들었는지, 베스도가 나서서 큰 소리로 바울의 말을 막아준다.

“너 미쳤구나!!”

그런데 그 이유는 공부를 너무 많이 해서, 학문이 당신을 미치게 했다는 진단이다. 너무 많은 학문이 때로 사람을 이상하게 만드는 일이 없지 않다. 지금 바울이 바로 그런 이유 때문에 저런 황당한 소리를 하는 것이라고 그는 판단을 내리고 싶었다. 로마의 행정관리로서 그에게 바울이 다메섹에서 본 환상과 그에 따른 초자연적인 현상들과 그 의미 설명이 담고 있는 영적인 메시지는 현실적으로 받아들이기 힘든 황당한 소리로 들릴 뿐이었다. 물론 모든 정치인이나 군인 혹은 행정관리가 다 그렇다는 것은 아니다. 『사도행전』 13장 7절에서 엘루마라는 마술사에 의해 사주 받아 영이 어두워졌던 총독 서기오 바울은, 바나바와 사울이 행한 일과 가르침에 놀라고 믿음을 갖게 되었던 것을 우리는 알고 있다.

이에 대해 사도는 어떻게 반응하는가? 베스도 총독에게, “각하여. 내가 미친 것이 아니라, 이것이 팩트이고, 나는 지금 맑은 정신으로 참된 진리를 합리적이고 이성적으로 밝히고 있는 중입니다”라고 말대답을 한다.

사도 바울은 베스도 총독에게 예의를 갖춰 각하라고 부르며 지금 이 중대한 증언은 미쳐서 하는 말이 아니라, 맑은 정신으로 참된 진리를 말하고 있는 것임을 분명히 한다. 그렇다고 바울은 베스도 총독과 논쟁을 계속할 필요는 없었다. 베스도가 무슨 말을 하든, 바울은 이미 로마 황제에게 상소를 했기에 그는 로마로 바울을 보내야 하는데 그와 더 논쟁하며 시간 낭비할 필요가 없었다.

게다가 지금 이 자리는 유대인 지도자들의 판단을 받기 위한 자리이지 베스도 총독과 왈가왈부할 자리가 아니므로, 총독과의 논쟁 대신 다시 아그립바 왕에게 방향을 맞춘다.

> 26전반부 왕께서는 이 일을 아시기로 내가 왕께 담대히 말하노니.

이것이 얼마나 당당한 태도인지 알겠는가? 여기 우리에게는 없고 바울에게는 있는 태도가 있다. 무엇인가? 총독 앞에서도 왕 앞에서도 전혀 꿀리지 않는 당당함이다! 지금 실제 처벌권은 총독에게 있다. 그런데 바울은 이스라엘을 다스릴 아그립바 왕이 변화되고 복음을 이해하고 받아들이기를 바라기 때문에 힘 있는 총독을 신경 쓰지 않고 아그립바 왕을 향해 말한다.

> 26후반부 이 일에 하나라도 아시지 못함이 없는 줄 믿나이다. 이 일은 한 쪽 구석에서 행한 것이 아니니이다. 27 아그립바 왕이여, 선지자를 믿으시나이까? 믿으시는 줄 아나이다.

지금까지 『사도행전』에서 진행되는 이야기만 봐도 기독교는 어느 '한 쪽 구석'에서 벌어진 일이 아니라 당시 팔레스타인 전역에서 매우 활발하게 일어나던 상황이었기에, 이스라엘 지역을 담당하고 있던 아그립바 왕이 주목하고 있지 않았을 리가 없다. 그래서 바울은 왕께서 이 일을 모르는 것이 아니지 않느냐고 한 후, 한 술 더 떠서 왕도 유대인으로서 선지자를 믿지 않느냐고 한다. 아그립바도 유대인으로 분명히 구약의 선지서를 알았을 것이고, 그렇다면 오랫동안 메시야의 도래를 가리키는 선지자들의 말씀을 당신도 알지 않느냐고 했다. 만일 믿는다고 하면 바울은 그 메시아가 바로 예수님이라는 이야기로 유도해 가려고 했을 것이다.

[28]아그립바가 바울에게 이르되, 네가 적은 말로 나를 권하여 그리스도인이 되게 하려 하는도다. [29]바울이 이르되, 말이 적으나 많으나 당신뿐만 아니라 오늘 내 말을 듣는 모든 사람도 다 이렇게 결박된 것 외에는 나와 같이 되기를 하나님께 원하나이다 하니라.(26장)

그런데 아그립바 왕은 정치가이므로 바울의 의도를 재빨리 간파한 것 같다. 여기서 믿는다고 하면 그 다음에는 돌이킬 수 없는 어떤 일이 벌어질지를 예측했을 것이다. 그래서 그는 28절에서 네가 몇 마디 말로 나를 예수 믿게 만들려고 하는 거 아니냐며 직설적으로 반응했다. 역시 무서울 것, 거칠 것 없는 유대 분봉왕다운 발언이었다.

그러자 바울도 직설화법으로 정면 돌파한다. "그렇습니다. 내가 잠깐 이야기를 하든 오랜 시간 이야기를 해야 하든 상관없이 당신 아그립바 왕이나 이 자리에서 나의 이 말을 듣는 모든 사람이 다 나와 같이 되기를 하나님께 바랍니다"라고 솔직하게 말했다.

서로 예의는 지키지만, 두 장수의 날카로운 창끝이 마주치는 소리가 들리는 듯한 장면이라 아니할 수가 없다. 이때 나와 같이 되었으면 좋겠다는 것은 죄수로서 포박당해 있는 것 말고, 그리스도의 사랑받는 제자가 되고 하나님 나라의 참 백성이 되는 기독교인이 되는 것을 말한다.

사도는 지금 심문을 받고 재판을 받는, 온 몸과 마음이 쪼그라들 수도 있는 자리인데도 이렇게 당당하게 자신이 믿는 신앙의 도리인 그리스도의 복음을 분명하게 전하는 것을 보면 놀랍다. 어떻게 그런 자리에서 담대하게 복음을 가진 자로서 선명하게 말할 수 있을까? 그것은 생각처럼 그리 쉬운 일이 아니다. "내가 왕께 담대히 말하노니"(26절)라는 구절에서 보듯이 바울은 담대했고 당당했다. 그러나 한 번은 그렇게 말할 수 있어도, 왕이 28절처럼 다시 그렇게 말할 때도 또 그럴 수 있을까? 바울은 29절처럼 대놓고 결박당한 것 빼고는 나처럼 되기 바란다고 말했다. 그건 쉬운 일이 아니다. 혹자는 그것을 바울의 긍정적 자아 혹은 건강한 자아상 때문이라고 할지 모른다. 그러나 아무리 건강한 자아상이 있어도 이런 자리에서 그렇게 말하지 못한다. 우리는 이런 사도의 모습을 통해 큰 도전을 받는다. 그러므로 우리도 그런 사람이 되고 싶은 것이다. 따라서

☞ 어떤 권력 앞에서도 겸허한 존중과 담대함을 보일 수 있는 사람이 되자 (24-29).

그럼 무엇 때문에 바울은 그렇게 당당하며 담대할 수 있었을까? 그 질문을 치열하게 계속 던지고 답을 찾아가는 것이 중요하다.

사실 지금까지 『사도행전』 전체가 계속 끌어가고 있는 전제가 있다. 『사도행전』 1장부터 계속 반복되어온 사실은, 그러나 "성령이 너희에게 임하시면"(행 1:8)이다.

바울이 29절처럼 당당하게 대꾸할 수 있는 이유는 자신의 건전한 자아상 때문이 아니라, 오직 성령의 충만함 때문이다. 그럴 때만 "이렇게 결박된 것 외에는 모두 나와 같이 되기를 원한다"(26:29)고 말할 수 있다.

시인 이은상은 교만이 아닌 자기 확립에 기초한 자존심을 중시했다. 그런 자존심이 없는 곳에는 얄미운 아첨이 있고, 더러운 굴복이 있고, 넋 빠진 우상 숭배가 있다고 했다.

예수님을 믿는다면서 힘없는 사람들, 약자들을 노예 부리듯 하고 군림하면서, 세상의 권력 앞에서는 비열하게 머리를 조아리는 것을 보면 그들이 어떤 신앙적 자부심을 갖든 그들은 성경이 말하는 하나님의 사람들과는 너무나 대조된다.

왕과 총독 그리고 많은 관료들 앞에서 쇠사슬에 묶였지만, 그리스도인으로서의 그의 정체성은 묶지 못했고 참으로 당당한 바울 사도의 모습에 우리는 감탄하게 되고 그 모습이 우리가 본받아야 할 참된 제자의 삶임을 다시 확인하게 된다.

이처럼 성령 충만은 우리를 증인되게 하고 담대하게 복음을 전하게 만든다는 것을 본문 사건은 다시 한 번 보여주고 있다. 그가 얼마나 분명하게 예수의 복음을 전했는지, 28절을 보면 아그립바 왕은 묘하게 설득되어가고 있는 자신을 발견하게 된다. 그래서 정신을 차리고 보니 네가 나를 예수 믿게 만들려고 하는 것이냐는 말을 하게 된 것이다.

우리가 복음을 전할 때, 듣는 자가 복음을 수용하든 않든 그것은 그 다음 문제이고, 전하는 자는 바울처럼 담대하고 분명하게 복음을 제대로 전해야 한다.

그럼 『사도행전』 26장이 보여주는 사도 바울이 선한 예수님의 복음의 핵심은 무엇인가? 다음 네 가지로 정리될 수 있다.

1. 우선 복음을 믿는 삶은 하나님이 약속하신 것을 바라는 것(6)인데, 그것은 선지자들과 모세가 반드시 되리라고 말했던 바로 그 것이다(22). 그것은 부활의 소망으로 연결된다. 그래서

2. 복음의 중심은 죽은 사람을 살리시는 부활(8)인데, 그리스도가 먼저 다시 살아나사(23) 부활의 첫 열매가 되심으로 확증하셨다는 것이고, 또한

3. 복음(16)은 회개에 합당한 믿음의 삶(20)을 촉구하는 것이기에, 구원 받은 사람들은 삶의 변화(28-29)로 우리는 신앙을 증명해야 한다.

4. 마지막으로 복음은 우리로 하여금 하나님의 유업을 얻을 소망 가운데 살게 한다(20)는 것이다.

이렇게 바울은 재판정을 복음을 증거하는 강단으로 만들어 버렸다. 그 결과 『사도행전』 26장은 어떻게 마무리되는가?

> 30왕과 총독과 버니게와 그 함께 앉은 사람들이 다 일어나서, 31물러가
> 서로 말하되, 이 사람은 사형이나 결박을 당할 만한 행위가 없다 하더라.
> 32이에 아그립바가 베스도에게 이르되, 이 사람이 만일 가이사에게 상소
> 하지 아니하였더라면 석방될 수 있을 뻔하였다 하니라.(26장)

재판은 파했고, 아그립바 왕과 벨릭스 총독과 그 부인 버니게는 물론 재판석에 배석했던 사람들이 다 일어나서 나가면서 서로 입을 맞춘 듯이 이 사람은 구금을 당하거나 사형에 처할 어떤 범죄 행위가 없다고 말한다. 유대인과 이방인 모두의 입을 통해 성경은 바울이 유죄 평결을 받을 어떤 잘못도 없는 무죄란 사실을 확인시켜 주는 장면이다. 예수님의 경우도 그랬듯이, 사도 바울의 경우도 그렇다는 것이다.

이것은 성경 전체에서 매우 중요한 부분이다. 복음의 증인으로 살 때 우리는 세상으로부터 오해를 받기도 하고 모함을 받아 위험에 처해질 수도 있다. 그때 26절처럼 상대편을 무시하지 않고 잘 아는 부분을 인정하고 거기서 출발하는 겸손을 보이자. 그리고 29절처럼 참으로 겸손하면서도 진지하게 상대편이 잘되기를 빌어야 한다. 그때 성령께서 주시는 담대함과 겸

순풍이 광풍으로 바뀔 때

(행 27:1-44)

얼마 전에 지상낙원이라고 세상 사람들이 부르는 아름다운 휴양지 하와이의 한 화산이 폭발하여 붉은 용암이 흘러내리며 숲을 태우고 수많은 주택들을 집어삼키며 해안으로 향하는 장면을 뉴스에서 보았다. 많은 사람들이 삶의 터전을 잃는 것을 보며, 아무리 과학이 발달했다고 하지만 자연의 힘 앞에 인간은 여전히 무력한 존재임을 재확인한다. 그 전에는 그렇게 싫었지만, 기록적인 폭염과 가뭄을 식혀줄 태풍이 한반도로 오기를 그렇게 바랬지만, 우리나라 상공의 강력한 고기압 때문에 그 많은 태풍도 죄다 일본과 중국으로 방향을 틀었다. 무더위 앞에서도 우리는 아무 것도 할 수 없는 존재다.

하물며 커다란 유람선을 타고 항해 중 파도에 조금 흔들려도 멀미하는 보통 사람들에게, 바다 한가운데서 몰아치는 폭풍과 산더미 같은 파도에 내가 타고 있는 배가 여기저기 파손되어 가고 표류할 때 갖게 되는 두려움은 얼마나 클까?

사도 바울은 지금까지 복음을 전하면서 계속 사람들에게 핍박을 받고 죽음의 위협을 받아, 주변 사람들이 탈출을 시키면 또 다시 그 위험을 무릅쓰고 복음을 전하는 삶을 살았다. 특히 같은 민족, 하나님의 선민이란 유대인들로부터 그런 위험을 겪는 것과, 이런 자연 재해 중 여러분은 어떤 것이 더 무서울 것 같다고 생각하는가?

다른 말로 해서 망망대해에서 풍랑 속에 흔들리는 것과 사람들의 모함과 위협으로 고통당하는 것 중 여러분은 어느 것이 더 무서울지 생각해 보라는 것이다.

물론 자연재해의 물리적 위협이 두렵지만, 많은 경우 사람들이 얼마나 위험한 존재인지를 잊고 지낼 때가 있다. 현재 바울은 사람들의 모함과 고발로 말미암아 로마 당국의 죄수가 되었고, 이제 로마로 호송되어 가는 중이다. 지금까지 겪은 고생만 해도 참 험한 인생을 살았는데, 현재 겪고 있는 일이나 앞길도 그리 순탄해 보이지 않는다. 복음의 증인 바울의 여정을 오늘도 함께 동행해 보자.

> [1]우리가 배를 타고 이달리야에 가기로 작정되매 바울과 다른 죄수 몇
> 사람을 아구스도대의 백부장 율리오란 사람에게 맡기니, [2]아시아 해변
> 각처로 가려 하는 아드라뭇데노 배에 우리가 올라 항해할새, 마게도냐의
> 데살로니가 사람 아리스다고도 함께 하니라. [3]이튿날 시돈에 대니, 율리
> 오가 바울을 친절히 대하여 친구들에게 가서 대접 받기를 허락하더
> 니.(27장)

1절은 황제에게 상고한 바울 일행이 드디어 이탈리아 반도 로마로 떠나게 된 것을 보여준다. 이 구절은 앞 장 마지막 절(행 26:32)과 연결을 지어 하나님의 일들이 진행되는 것임을 밝히는 것이다. 그것을 표현하기 위해 수동형인 "작정되매", 즉 결정되어 있다는 방식으로 기술된다. 바울은 로마

법정으로 보내어야 할 다른 죄수들과 함께 율리오란 지휘관에게 맡겨진다. 그는 "아우구스도대"라 번역된, 시리아 용병으로 구성된 로마의 아우구스투스 황제의 연대급 부대에 속한 장교였다.

그런데 죄수들을 배에 태워 해상으로 압송하려는 계획이었는데, 지중해와 에게해에는 바람이 셀 때는 지중해 해안가를 따라 육지 가까이에 붙어서 이동하는 항로를 택하게 된다. 먼저 탑승하게 된 배는 드로아에서 가까운 아드라뭇데노(아드라미티움, 현재의 에드라미드)란 항구에서 왔는데, 아시아라 불리던 현재 터키의 서쪽 해안 지역의 여러 항구를 들르는 배였던 것 같다. 그래서 터키 서해안 지역 즉 에게해의 동쪽 지역 항구를 따라 쭉 올라가면 그리스 북쪽 마게도냐 지역을 거치게 되는데, 거기서 데살로니가 사람 아리스다고도 배에 올라탔다. 아리스다고는 『빌레몬서』 24절에서는 마가, 데마, 누가와 함께 동역자라 소개되고, 『골로새서』 4장 10절을 보면 함께 옥살이를 했던 동료임을 알 수 있는데, 그 반가운 동역자를 그의 고향 마게도냐로 향하는 배에 올라탔다가 만나서 로마로 가는 바울의 험한 여정 가운데 함께 할 수 있는 기회를 주님께서 만들어 주셨다고 2절은 말한다. 이렇게 가이사랴 지역을 떠난 배는 다음날 시돈 항구에 정박했다. 시돈은 지중해 연안의 고대 페니키아의 도시로 두로와 현재의 베이루트 중간에 있는 항구 도시다. 거기서 이송 책임자인 로마 군대의 율리오는 친절하게도 죄수인 바울이 그 지역에 있는 그리스도인 친구들을 만나 식사도 대접받고 교제할 수 있도록 허락해 주었다.

이 모든 과정에 개입하고 계시는 하나님의 돌봄의 손길을 우리는 볼 수 있어야 한다. 1절부터 암시된 하나님의 손길은 27장 내내 끊임없이 나타나는데, 직설적으로 언급하지 않아도 우리는 하나님의 백성, 특히 복음의 증인들과 함께 하시는 그 손길을 느끼고 볼 수 있어야 한다. 그것이 영적 성숙이다. 그러므로 본문이 우리에게 첫 번째로 주는 교훈은 무엇일까?

모든 위험 가운데에도 우리를 도우시는 하나님의 손길을 깨달아야 한다(1-3).

시돈을 떠난 배는 21장 3절의 항로의 역방향을 택한다면 두로 시돈에서 구브로 즉 키프로스 섬을 우편에 두고 에게해를 가로질러 항해하는 것이 옳은데, 맞바람이 부는 늦가을이라, 구브로 해안에 붙어서 길리기아와 밤빌리아 지역을 지나 소아시아의 남쪽 연안에 있는 루기아(혹은 루시아) 시의 무라 항구에 배는 도착했다. 4-8절을 함께 보자.

> 4또 거기서 우리가 떠나가다가 맞바람을 피하여 구브로 해안을 의지
> 하고 항해하여, 5길리기아와 밤빌리아 바다를 건너 루기아의 무라 시에
> 이르러, 6거기서 백부장이 이달리야로 가려 하는 알렉산드리아 배를 만
> 나 우리를 오르게 하니, 7배가 더디 가 여러 날 만에 간신히 니도 맞은편
> 에 이르러 풍세가 더 허락하지 아니하므로, 살모네 앞을 지나 그레데 해
> 안을 바람막이로 항해하여, 8간신히 그 연안을 지나 미항이라는 곳에 이
> 르니, 라새아 시에서 가깝더라.(27장)

백부장 율리오는 6절에서 보듯이 무라 항구에서 이탈리아로 가는 알렉산드리아 배로 죄수들을 옮겨 태웠다. 기록에 의하면, 그곳에는 이집트에서 곡물과 화물을 싣고 소아시아와 이탈리아로 운반하는 배가 다닌 것으로 되어 있다. 그런데 강풍으로 인해 배는 항해가 힘들어 소아시아(오늘날 터키

지역)의 남서쪽 반도인 니도(Cnidus)에 도착하는 데 며칠이나 걸렸다. 이제 크레테 섬 북쪽을 지나는 항로가 빠른 길인데, 강풍이 너무 심해서 그레데 섬 동쪽 끝 살모네 곶을 지나서 그레데 섬을 바람막이 삼아 섬의 남쪽 해안에 붙어 로마를 향해 서쪽으로 항해를 할 수밖에 없었다. 그것도 쉬운 일이 아니었지만, 간신히 그 연안을 지나 미항 즉 아름다운 항구 혹은 좋은 항구라 불리는 대피용 항구에 정박한 것 같다. 그 항구는 라새아라는 도시에 가깝다고 했는데 미항이나 라새아는 고대 지명이라 지리적으로 정확한 것은 알 수 없고 나중에 폐허가 되어 버린 라소스란 도시 인근의 만(bay) 지역으로 추정할 뿐이다.

[9]여러 날이 걸려 금식하는 절기가 이미 지났으므로 항해하기가 위태한지라 바울이 그들을 권하여 [10]말하되, 여러분이여. 내가 보니 이번 항해가 하물과 배만 아니라 우리 생명에도 타격과 많은 손해를 끼치리라 하되.(27장)

이미 7-8절에 설명된 이유로 항해는 늦어지고 거센 풍랑으로 인해 라새아 시의 인근에 있는 미항이라는 곳에 대피해 있던 배의 출항도 계속 지연되다 보니, 이제는 더 이상 항해하기에 위태로운 시기가 되어버렸다. 그 시점을 9절은 금식하는 절기 즉 욤키푸르라 하는 속죄일이 지난 때라고 하는데, 학자들은 당시 유대인의 전통 월력에 의하면 9월말에서 10월초 사이로 추정한다. 그렇다면 항해 위험 시기에 해당한다. 특히 11월부터 3월초까지의 겨울철에는 통상 항해가 중단될 정도로 풍랑이 심했다. 그래서 바울은 지금 출항을 하면 짐과 배는 물론 사람까지 위험에 빠질 것이므로 서두르지 말자고 제안했다. 그러나 받아들여지지 않았다.

[11]백부장이 선장과 선주의 말을 바울의 말보다 더 믿더라.(27장)

죄수가 호송하는 황실군대 장교에게 이런 말을 할 수 있다는 것은, 백부장이 3절에서 보았듯이 바울을 선대하고 바울도 죄수임에도 불구하고 자신의 의견을 전할 수 있는 좋은 관계에 있었음을 알 수 있다.

아무리 관계가 좋아도 항해상 안전 문제에 있어서는 상식적으로 누구나 항해 경험이 많은 선장이나 선주의 말을 더 신뢰할 것이다. 물론 목사나 하나님의 종이라고 항해나 금융, 정치 경제 예술 모든 면에 다 전문가는 당연히 아니다. 그렇지만 바울은 26장에서 보았듯이 지금 하나님께서 그의 삶의 전반에 개입하셔서 이끌어가고 계시는 상황이었고, 그래서 어떤 신적 계시와 통찰력 속에서 이런 제안을 한 것이다. 바울의 말이 옳았음은 곧 밝혀질 것이다. 다만 그 말의 진정성을 본문 27장 후반부에서 확인할 수 있기에, 백부장이 바울의 이런 신적 감각에 따른 제안을 무시한 것은 아쉽다.

이런 점은 오늘날 우리도 일상생활 속에서 항상 겪게 되는 문제다. 목사라고 각 사람들의 전문성을 무시하고 모든 일에 다 아는 척해도 안 되지만, 때로 하나님께서 영적 지도자에게 지혜를 주실 때 그것은 방향 설정에 큰 유익이 될 것이다. 문제는 하나님의 지혜와 약속의 말씀을 담은 주의 종을 신뢰하지 않고, 세상 지혜와 세상의 경륜과 경험, 그리고 나이와 세상 지위를 더 믿는 것이다. 그렇다면 본문이 주는 두 번째 교훈은 무엇인가?

모든 위험의 해결은 경험보다 하나님의 지혜에 있음을 깨달아야 한다(5-11).

선장과 선주가 있지만, 로마제국의 화물 수송과 죄수 호송에 사용되는 배의 중요 사항을 결정할 수 있는 힘이 있었던 것으로 보이는 백부장이 거친 겨울 풍랑에도 불구하고 출항을 할 것이냐 말 것이냐를 결정하는 일에는 두 가지 중요한 요건이 작용한 것으로 보인다.

> 12그 항구가 겨울을 지내기에 불편하므로 거기서 떠나 아무쪼록 뵈닉스에 가서 겨울을 지내자 하는 자가 더 많으니 뵈닉스는 그레데 항구라. 한쪽은 서남을, 한쪽은 서북을 향하였더라.

그 하나는 11절에서 보듯이 항해 일에 전문가의 의견을 듣는 것이고, 두 번째는 12절에서 보듯이 다수결이다. 많은 사람들이 이 미항은 긴 겨울을 나기에는 불편한 작은 피항 지역이므로 그곳을 떠나 뵈닉스(Phoenix 피닉스, 현재의 Phineka 만으로 추정된다)로 가서 겨울을 난 뒤 로마로 행하자는 의견을 가졌던 것 같다. 뵈닉스는 그레데 섬의 남부 해안 서쪽 끝에서 동쪽으로 50km 조금 넘는 곳에 위치한 항구로, AD 6세기 있었던 큰 지각 변동을 겪기 전에는 본문 묘사와 동일한 모습으로 알려져 있다.

> 13남풍이 순하게 불매 그들이 뜻을 이룬 줄 알고 닻을 감아 그레데 해변을 끼고 항해하더니, 14얼마 안 되어 섬 가운데로부터 유라굴로라는 광풍이 크게 일어나니, 15배가 밀려 바람을 맞추어 갈 수 없어 가는 대로 두고 쫓겨가다가, 16가우다라는 작은 섬 아래로 지나 간신히 거루를 잡아 17끌어 올리고 줄을 가지고 선체를 둘러 감고 스르디스에 걸릴까 두려워하여 연장을 내리고 그냥 쫓겨가더니.(27장)

때마침 남풍이 순하게 불어오자 그들은 뵈닉스로 잘 갈 수 있겠다는 확신이 들어 계획대로 닻을 올리고 출항을 했다. 이것이 바로 순풍에 돛을 단 항해가 아니겠는가? 모두 자신들의 생각이 옳고 바울의 말이 잘못되었다고 생각했을 것이다. 그래도 나름대로 조심을 하기 위해 미노아 문명으로 유명한 크고 긴 크레테(혹은 크레타) 섬 해안을 끼고 항해를 했다.

그런데 14절에서 보듯 얼마 지나지 않아 섬의 내륙으로부터 큰 광풍이 불어오기 시작했다. 우리가 겪는 인생도 이처럼 모든 일이 우리 계획처럼 순풍에 돛단 듯이 잘 나가다가, 아무런 경고도 없이 갑자기 광풍이 몰아닥치지 않는가? 그들이 겪었던 바람의 이름을 우리 개역개정 성경은 유라굴로라고 했는데, 이는 동풍을 가리키는 헬라어 '유로스(*Euros*)'와 북풍을 가리키는 라틴어 '아퀼로(*Aquilo*)'의 합성어로 선원들이 말하는 북동풍이다. 그래서 NIV, NRSV와 ESV 등 주요 영어 성경은 모두 유라굴로라는 광풍이라고 하지 않고 Northeaster 즉 북동풍이라 불리는 광풍(혹은 허리케인)이라고 번역했다.

현대 상선처럼 강한 추진력의 엔진을 가진 배도 태풍급 바람과 풍랑이 일면 위험해지는데, 당시의 배들은 높은 파고와 거친 바람을 이기고 나아갈 수 없었을 것이다. 조지 클루니 주연의 「퍼펙트 스톰」이란 재난영화에 나오는 안드레아 게일호처럼 강한 추진력을 가진 배가 아니라면 아무리 용기가 출중해도 강력한 두 개의 폭풍이 만든 역대 최강의 파도를 뚫고 나가려 하지 말고, 그 파도에 순응하는 것이 지혜로울 것이다. 그러나 잘못된 파도에 엉뚱한 데로 떠밀려가기가 정말 싫거나 그러다가 파선되기 싫다면 그 파도를 뚫고 나갈 믿음의 내공과 실력을 기르기 바란다. 아니면 파도에 우선 몸을 맡긴 후 기회를 기다리는 편이 낫다.

15절처럼 바울이 탄 배는 바람에 계속 밀려가다가 크레타 섬에서 약 37킬로미터 떨어진 가우다라는 섬 근처로 지나가게 되었다. 가우다 혹은 카우다(Cauda) 섬은 현대의 가바호(Gavaho) 섬이나 고조(Gozzo) 섬으로 추정된다. 계속 항해하기에는 너무나 위험한 상황이었으므로 선원들은 배 뒤에 끌고 다니는 작은 거룻배들을 끌어올렸다. 그 거룻배는 아마도 얕은 해안가에 상륙할 때 사용되거나 때로 구명정처럼 사용했을 수도 있을 텐데, 풍랑에 모선과 부딪히면 깨질 수 있기 때문에 거룻배도 보호하고 모선도 광풍과 파도에 깨지지 않게 거룻배의 둘레를 널빤지 같은 것을 덧대고 밧줄로 칭칭 동여매었다. 위험에 빠진 그들은 자신들이 할 수 있는 최선을 다 했지만, 여전히 "스르디스에 걸릴까 두려워하여 연장을 내리고 그냥 쫓겨갔다"고 한다. 개역개정 성경의 이 구절은 무슨 말인지 이해하기가 어려운데, 우선 "스르디스(Syrtis)"는 크레타 섬의 남쪽 에게해 건너 북아프리카의 리비아에서 밀려드는 모래톱이고, "연장을 내렸다"는 것은 어떤 무거운 짐이나 도구를 버렸다는 뜻이 아니라 바람에 빠르게 밀려가는 속도를 줄이기 위해 내리는 일종의 닻 같은 것을 말하며, "쫓겨갔다"는 말은 파도에 떠밀려갔다는 의미다. 그렇다면 이 구절은, 표준새번역이 번역했듯이, "그리고 그들은 리비아 근해의 모래톱으로 밀려들까 두려워서, 바다에 닻을 내리고, 그냥 떠밀려 가고 있었다" 혹은 현대인의 성경이 간결하게 번역한 것처럼 "그리고 그대로 가다가는 모래톱에 걸릴까 두려워 돛을 내리고 바람에 밀려 다녔다"는 말로 이해하면 되겠다.

순풍에 출항할 때는 바울의 말을 듣지 않고 전문가를 포함한 다수의 의견대로 한 것이 잘한 것처럼 보였겠지만, 조금 후 급작스럽게 돌변한 사태를 통해 성경은 사도 바울의 말이 옳았음을 보여준다.

지금 바울을 태운 이 배가 겪고 있는 일은 마치 우리 인생사에 대한 작은 비유처럼 보인다. 세상 일이 순풍처럼 보이고, 당장은 우리들의 뜻을 이룰 것처럼 보일 때 우리는 하나님께서 함께 하신다며 감사기도를 드리며 즐겁게 출발을 한다. 그러나 얼마 지나지 않아 순풍이 변하여 광풍이 된다. 그런데 전혀 예상치 못했던 장소에서 예상 밖의 광풍이 불어오는 것이 우리 인생이다.

날개를 달고 하늘을 나는 이카로스의 꿈(미노아 문명과 관련된)이 이루어지는 듯할 때 마치 밀납으로 만든 날개가 태양의 열에 녹아 추락해 버리는 것처럼 말이다. 그때 어떤 자세로 어떻게 그 위기를 극복하느냐가 우리 신앙의 진실함을 증명하게 된다.

광풍이 순풍으로 바뀔 때는 누구나 감사 예배를 드리겠지만, 순풍이라 감사로 출항했는데 순풍이 광풍으로 바뀔 때 우리의 태도가 우리 신앙이 어떠한지를 보여준다. 그때 쉽게 하나님을 원망할 것이 아니라, 혹시 우리가 불순종하여 광풍을 초래한 것은 없는지 돌아보고 위기 타개를 위해 하나님의 은혜를 구해야 한다.

> 18우리가 풍랑으로 심히 애쓰다가 이튿날 사공들이 짐을 바다에 풀어
> 버리고, 19사흘째 되는 날에 배의 기구를 그들의 손으로 내버리니라. 20여
> 러 날 동안 해도 별도 보이지 아니하고 큰 풍랑이 그대로 있으매, 구원
> 의 여망마저 없어졌더라.

모든 선원이라면 당연히 풍랑에서 배를 지키기 위해 애쓸 것이다. 그러나 아무리 애를 써도 배에 물이 들이쳐 침수가 시작되면 배를 가볍게 하는

수밖에 없다. 결국 그들은 살기 위해 화물들을 바다에 버리기 시작했다. 때로는 살기 위해 우리들이 가지고 있는 것을 포기해야만 한다. 특히 우리가 지키려고 애쓰고, 가장 아끼던 것을 포기하는 것이 사는 길이다. 학자들의 추정대로 만일 그 배가 소아시아의 곡물을 로마로 수송하던 배였다면, 아무리 로마가 중시하는 무역품목이든 곡물이든, 자신들의 목숨을 건지기 위해서는 목숨보다 중요한 것이 아닌 모든 것을 바다에 던져버려야 하는 법이다. 그렇게 둘째 날이 되고 셋째 날이 되어도 나아지기는커녕 배가 점점 더 위험해지자 이제 배의 기구들까지 자신의 손으로 내버려야만 했다. 그렇게 했음에도 불구하고 폭풍우는 더욱 거세져서 해나 별도 보이지 않고 오직 비바람과 풍랑 속에 며칠을 더 버텼건만 더 이상 나아질 기미가 보이지 않았다. 그 상황을 성경은 "구원의 여망마저 없어졌더라"고 간절히 표현한다.

이것이 때로는 우리 인생의 축소판처럼 느껴진다. 우리의 최선을 다했지만 희망이 전혀 보이지 않는 최악의 상태를 누구나 한 번쯤은 인생에서 마주치게 된다. 그런데 그때가 바로 우리가 진심으로 하나님의 말씀을 들을 기회가 된다.

> 21 여러 사람이 오래 먹지 못하였으매, 바울이 가운데 서서 말하되, 여러분이여. 내 말을 듣고 그레데에서 떠나지 아니하여 이 타격과 손상을 면하였더라면 좋을 뻔하였느니라.(27장)

사실 이런 위험은 사도의 이전 예언에 대해 사람들의 불신한 결과다. 사도는 잠시 그 안타까움을 피력한다. 그럼에도 불구하고 사도는 그들을 계속 원망하거나 저주하지 않고, 22절 이하에서 보듯이 그들에게 희망을 제시한다.

> [22]내가 너희를 권하노니, 이제는 안심하라. 너희 중 아무도 생명에는 아무런 손상이 없겠고, 오직 배뿐이리라. [23]내가 속한 바 곧 내가 섬기는 하나님의 사자가 어제 밤에 내 곁에 서서 말하되, [24]바울아, 두려워하지 말라. 네가 가이사 앞에 서야 하겠고, 또 하나님께서 너와 함께 항해하는 자를 다 네게 주셨다 하였으니, [25]그러므로 여러분이여 안심하라. 나는 내게 말씀하신 그대로 되리라고 하나님을 믿노라. [26]그런즉 우리가 반드시 한 섬에 걸리리라 하더라.(27장)

이 풍파에 배는 손상을 입겠지만 여러분은 아무도 생명을 잃지 않을 테니, 22절에서 "이제는 안심하라"는 구원의 메시지를 전한다. 그 이유는 24절에 나오는데, 사도가 로마에 가서 황제 앞에 세우겠다고 약속하신(23:11) 하나님께서 친히 이끄실 것이고, 또한 한 배를 탄 여러분 모두를 내게 맡기셨기 때문이라는 것이다. 이 말은 23절에서 보듯 내가 섬기는 하나님의 사자가 오셔서 하신 말씀이었다고 함으로 그들에게 전한 이 희망의 약속 예언의 권위를 뒷받침한다. 배가 지금 이렇게 풍랑에 표류하지만 구원을 받을 것이라는 예언의 신뢰도를 높이기 위해 바울은 26절에서 한 섬의 해안에 걸릴 것이라고 구체적으로 말한다. 그리고 25절에서 말씀하신 대로 될 것이고, 나는 그 약속하신 하나님을 믿는다고 단호한 신앙고백을 한다. 여기서 우리는 본문의 세 번째 교훈에 이르게 된다. 무엇인가?

☞ 모든 위험의 해결은 하나님의 약속을 믿는 데서 시작된다(12-26).

바울을 구할 때 바울과 한 배를 탄, 즉 그와 함께 항해하는 사람 모두가 구함을 받게 된다(27:24). 이런 모진 풍랑 속에서 구사일생하는 것은 하나님의 일인데, 이 모든 것은 땅 끝까지 복음을 전하기 위한 하나님의 소위 '빅 픽처(Big Picture)'를 이루기 위한 것이었다. 그러므로 하나님의 사람과 함께 하는 사람들은 그 축복을 덧입게 된다. 아브라함이 세상의 복이 된 것처럼, 바울과 같은 하나님의 사람과 함께 하는 것이 사람들에게 축복이 되는 것이다. 그러므로 우리는 인생에서 누구와 동행하고, 어떤 사람과 함께 시간을 보내고, 누구와 함께 할 것인지 잘 선택하는 지혜가 있어야 할 것이다. 멸망에 이를 자와 함께 하는 자는 멸망의 길로 들어설 것이나, 축복의 길을 걷는 자와 함께 한다면 우리도 그 축복의 자리에 이르게 될 것이고 구원의 지혜를 발견하게 될 것이다.

> 27열나흘째 되는 날 밤에 우리가 아드리아 바다에서 이리저리 쫓겨가다
> 가 자정쯤 되어 사공들이 어느 육지에 가까워지는 줄을 짐작하고, 28물을
> 재어 보니 스무 길이 되고 조금 가다가 다시 재니 열다섯 길이라. 29암초
> 에 걸릴까 하여 고물로 닻 넷을 내리고 날이 새기를 고대하니라.(27장)

배가 미항(27:8)을 떠난 지 2주가 지나고 14일째 되던 날 밤 거친 파도와 바람에 배가 계속 아드리아해에서 이리저리 밀려다니는데, 경험 많은 선원들은 육지에 가까워지고 있음을 짐작하게 되었다. 배가 표류하던 지역으로 27절이 말하는 당시의 아드리아해는 현재의 이탈리아와 발칸반도 사이의 바다를 말하는 것이 아니라, 시칠리섬(이탈리아의 로마와 나폴리 남쪽, 그 아래 남쪽에 몰타섬이 있다)과 크레데섬(그리스 아테네 남쪽) 사이

지역으로 오늘날 지중해에서 이오니아해 남부를 말한다.

노련한 선원들은 어두워서 보이지 않더라도 파도가 해안가 암벽 같은 것에 부딪혀 부서지는 소리를 듣고 육지에 가까운 것을 알 수 있었다. 그래서 물의 깊이를 재어보니 처음에는 스무 길(NIV성경의 각주에 의하면 약 38미터)이더니, 다시 재보니 열다섯 길 즉 약 27미터로 급속히 얕아지고 있음을 알게 되었는데, 그 말은 암초에 부딪혀 배가 파선될 가능성이 높아지고 있다는 말이다. 지금 사도 바울이 겪고 있는 이 풍랑 사건을 『사도행전』은 매우 구체적으로 기록하여 그 사건의 역사성을 엿보게 한다.

그래서 배가 계속 육지 쪽으로 밀려가며 암초에 부딪혀 좌초되지 않도록 네 개의 닻을 고물 쪽에 내려 배를 정지시키는 안전조치를 한 후, 그들은 날이 밝기를 고대했다. 평상시에는 보통 이물에 닻을 내리는데, 고물 쪽에 닻을 네 개나 내린 것은 이런 풍랑 속에서 배의 안전을 확보하기 위한 오랜 경험에서 나온 전문적인 조치로 보인다.

이처럼 29절은 인간 측면에서 해야 할 최선을 다하고, 동시에 하나님께 기도하며 기다리는('고대하다'로 번역된 유코미이란 단어는 하나님께 기도하고 소원했다는 뜻이다) 균형 잡힌 모습을 보여준다. 때로 배가 당장 좌초할 위기인데도 어떤 뜨거운 신앙인은 기도만 하면 된다고 생각하거나, 반대로 어떤 행동가는 기도할 것은 잊고 오로지 사람의 최선만 다하면 된다고 생각하는 사람도 있다. 그러나 성경이 말하는 성숙한 신앙인의 자세는 우리에게 맡겨진 최선을 다하고 하나님께 기도하며 기다리는 것이다. 우리 조상들은 진인사대천명(盡人事待天命)이란 말을 자주 사용했는데, 이것은 사실 중국의 『삼국지』에서 유래된 말로 본문의 가르침과는 조금 의미가 다른 말이다. 적벽대전에서 패해 포위된 조조를 관우가 명을 어기고 화용도로 길을 내주고 도망가게 했을 때, 제갈량이 처벌하려고 하자 유비의 간청에 따라 용서해주었다. 사실 제갈량은 이미 천문에 의해 조조는 아직 죽을 운명이 아님을 알고 있었고, 그때 "내가 사람으로서 할 수 있는 방법을 모두 쓴다 할지라도 목숨은 하늘의 뜻에 달렸으니, 하늘의 명을 기다려 따를 뿐이다[修人事待天命]"라고 했던 수인사대천명이란 말에서 나온 것으로 알려져 있다. 즉 이 말은 우리가 어떤 수단을 다 해도, 사람의 목숨은 하늘에 달렸으니 하늘의 명을 기다릴 뿐이라는 수동적인 의미이고, 오늘 본문 29절이 보여주는 자세는 우리에게 맡겨진 최선을 다하는 능동성과 함께 하나님께 기도하며 기다린다는 점에서 차이가 있다. 바울과 뱃사람 모두 어두운 밤, 아무 것도 보이지 않는 풍랑이 심하게 이는 바다에서는 그것이 가장 안전한 대책이었다.

그러나 믿음이 없는 사람들에게는 풍랑이 거친 바다에서 밤이 지나기를 배 안에서 기다리는 것은 힘든 일이다. 쉬지 않고 몰아치는 파도와 바람 소리는 그들의 불안함을 더욱 부채질하였을 것이다. 무엇인가 자신들이 할 수 있는 일을 하고, 확실하게 살 수 있는 길을 찾고 싶었을 것이다. 그래서 그들은 움직이기 시작했다.

> 30 사공들이 도망하고자 하여 이물에서 닻을 내리는 체하고 거룻배를 바다에 내려놓거늘.(27장)

이것이 바로 불신앙의 모습이다. 물론 교회를 다니는 사람들도 그런 모습을 자주 보인다. 구원에 대한 하나님의 약속과 계시에도 불구하고 인간은 또 다시 자신의 길, 구원의 길을 찾아 나선다. 사공들은 고물 쪽에 닻을 네 개나 내려놓았지만, 이물 쪽에는 닻을 내리지 않았기 때문에 뱃머리에서 닻을 내리는 척하며 선원 중 일부가 상륙용 거룻배(16절에 나왔던 작은 배)를 바다에 내려놓았다. 지금 풍랑이 이는 바다에서 어디에 있는지도 정확히 알 수 없는 상황에서 배에 남겨진 다른 사람들은 어떻게 되든 상관 않고 그들은 자신들만 살겠다고 작은 배를 타고 육지로 도망치려는 행동을 한 것이다. 이 소아적 행동은 첫째로는 동료애란 눈꼽만큼도 없는 이기적인 행위이고, 둘째로는 선원으로서의 직무유기이고, 셋째로는 그냥 배에 남아 있는 것이 더 나았을 것이라고 보는 대다수의 구조 전문가들의 견해에 비추어 볼 때는 안전 불감증에 걸린 자살행위일 뿐이다. 세월호에 수백 명의 학생들이 타고 있었지만, 자기만 살겠다고 구명정에 먼저 올라탄 선장처럼, 위험 앞에 선 죄인들은 하나님께서 주시는 구원의 길보다는 자신들의 눈에 맞는 구원의 길을 찾아 나설 뿐이다.

이런 위태로운 상황에서 사도는 다시금 하나님의 구원의 길을 제시한다.

> 31바울이 백부장과 군인들에게 이르되, 이 사람들이 배에 있지 아니하면 너희가 구원을 얻지 못하리라 하니, 32 이에 군인들이 거룻줄을 끊어 떼어 버리니라.(27장)

누구도 이미 22절에서 주어진 구원의 약속이 주어진 배에 머물지 않으면 죽게 될 것이라는 사실을 그들에게 다시 선포한다. 놀랍게도 그 말을 들은 백부장은 병사들에게 명령하여 거룻배를 내리던 밧줄을 끊어 선원들이 배 밖으로 나가 자신들의 방법으로 구원을 도모하고 도망갈 길을 근본적으로 막아버렸다.

이것은 40주야를 비를 퍼부어 홍수가 나서 모두가 다 죽게 된 상황 속에서 구원의 길로 제시된 노아의 방주(창세기 7장) 곧 구원선의 원리였다. 150일간 계속된 홍수 속에서 노아와 그와 동행한 가족과 심지어 동물들도 사는 길은 구원선 안에 인내로 머무는 것이었다. 바울과 로마의 군인들과 선원들이 사는 길도 배에서 벗어나지 않고 배 안에 머무는 것이었고, 그것이 바로 하나님의 길에 머무는 것이다.

바울이 보인 믿음의 길은 단순히 배 안에 머무는 것만이 아니었다. 사도는 놀라운 믿음의 삶을 보인다. 믿음은 항상 행동으로 이어지게 되어 있다.

> 33날이 새어 가매 바울이 여러 사람에게 음식 먹기를 권하여 이르되,
> 너희가 기다리고 기다리며 먹지 못하고 주린 지가 오늘까지 열나흘인즉,
> 34음식 먹기를 권하노니, 이것이 너희의 구원을 위하는 것이요 너희 중
> 머리카락 하나도 잃을 자가 없으리라 하고, 35떡을 가져다가 모든 사람
> 앞에서 하나님께 축사하고 떼어 먹기를 시작하매, 36그들도 다 안심하고
> 받아먹으니, 37배에 있는 우리의 수는 전부 이백칠십육 명이더라.(27장)

33절은 ”날이 새어 가매“란 말로 시작한다. 즉 아직은 새벽 동이 트기 전 어두울 때였다. 아직 어둠이 가시지 않았을 때 새벽을 기다리며 하는 행동이 우리의 믿음을 증명하는 것이다. 바울은 22절에 주어진 약속대로 구원하심을 믿었기 때문에, 미래에 대한 불안함과 앞날에 대한 걱정으로 가득한 세상 사람들은 도무지 할 수 없는 행동을 보인다.

그것은 먼저 사람들에게 음식 먹기를 권하는 것이다. 이 풍랑이 얼마나 더 갈지도 모르고 내일 일이 어떻게 될지도 모르는데, 어떻게 음식물을 먹

어치울 수 있을까? 걱정과 근심으로 가득한 보통 사람들은, 오히려 먹을 것과 마실 것을 아끼고 비축하려고 하는 것이 정상일 텐데, 그렇게 마음 편히 먹을 수가 없을 것이다. 그러나 사도는 34절에서 먹는 것이 너희의 구원을 위하는 것이라고 한다. 축사하고 떡을 떼었다는 35절의 표현 때문에 빵을 먹는 것이 어떤 신비한 성찬 떡의 힘처럼 생각하고 싶겠지만, 그것은 지나친 성례전적 해석의 유혹이고 배에 타고 있는 사람들 대부분이 불신자요 이교도들인데 그들과 성찬식을 한 것으로 보고 싶은 것은 성례전주의자들의 무리한 성경읽기일 뿐이다. 그것보다는 예수님의 5병2어 사건의 의미와 연관 짓는 것이 나을 것이다.

그러나 일차적으로는 먹어야 힘을 내고 그래야 살지 않겠느냐, 그것이 오늘을 사는 길, 즉 구원의 한 과정이라며 먹으라는 것이다. 그렇게 권면하는 근거는 34절 후반에 잘 나타나 있다. 22절의 하나님의 약속에 근거해, 여러분은 머리털 하나도 잃을 자가 없을 것이라는 확신과 믿음 때문이다. 실로 그들은 로마를 향해 보내질 것이기 때문에 곧 구원받게 될 바울에게 주어진 사람들이요 한 배를 탄 사람들이었다.

하나님의 구원 약속이 있다면 미래를 걱정할 필요가 없다. 오늘 평안히 먹는 평화와 샬롬을 누려야 한다. 그것이 황량한 들판에 유리한 양 같은 무리 5천 명을 위해 5병2어를 축사하고 떼어 배불리 먹이신 예수님의 사역의 의미였다. 그 들판에서 그들은 원수 마귀 앞에서 푸른 초장의 양처럼 메시아의 구원의 잔칫상을 통해 샬롬을 경험하지 않았던가? 그것은 마지막 구원의 날에 펼쳐질 메시아의 잔칫상을 이 땅 안으로 끌어당겨, 오늘 여기서 경험하는 순간이다.

이제 그리스도의 종이요 이방의 사도인 바울을 통해 그들은 풍랑 이는 바다라는 위기에 놓여 있는 배에 탄 276명에게 하나님께 감사(축사)하고 빵을 떼어 먹여 약속된 하나님의 구원을 경험하고, 그 상징으로 지금 이 자리에서 참된 평화와 샬롬을 미리 맛보게 한다. 5병2어 기적 후에 그들은 배부르게 먹고도 12광주리나 남지 않았던가? 38절 첫 부분도 그들이 배부르게 먹었다고 그 만족을 표현하지 않는가? 그 다음에는 어떻게 할 것인가? 12광주리나 더 되게 남는 것과 같은 표현으로 이어져야 할 것이다. 38절을 보자.

그런데 여기서 잠시 참고로 한 가지 더 지적하고 싶은 것이 있다. 성례주의자나 신비주의자들이 종종 그러하듯이, 35절을 사도가 떡을 축사했다는 식으로 읽으면 안된다. 무의식적으로 그렇게 읽음으로 능력의 종인 사도가 떡에 어떤 신비한 능력을 불어넣어 기적을 행한 것처럼 생각하는 사람들을 종종 보았다. 그런데 본문을 정확히 보면 사제가 빵을 축사한 것이 아니라, 사도는 '하나님께 축사'했으며 그 말은, 최근에 번역된 대부분의 한국어 성경이나 영어 성경들이 의미를 잘 살려 놓았듯이 하나님께 감사기도를 드렸다는 뜻이다. 위기 속에서도 음식 주심에 감사하며 기도하고, 먹었다는 것이다. 아무도 마음 편히 먹을 수 없는 상황에서 35절처럼 사도가 하나님께 감사기도를 드리고 빵을 떼어먹기 시작하자 36절처럼 그것을 본 나머지 사람들도 모두 용기를 내서 음식을 먹기 시작한 것이다.

우리의 믿음의 삶은 주변 사람들에게도 영향을 줘서 풍랑 속에서 어떻게 살아야 할지 깨닫고 따르게 한다. 그것이 그리스도인이 이 땅에 존재해야 하는 이유이고, 풍랑 이는 세상 속에서 교회가 보여줘야 할 믿음의 삶의 모본인 것이다.

사도 바울로부터 시작된 믿음의 행동은 여기서 멈추지 않고, 세상 사람들은 할 수 없는 놀라운 행동으로 이어진다.

[38]배부르게 먹고 밀을 바다에 버려 배를 가볍게 하였더니.(27장)

내일 일을 모르기에 미래에 대한 불안 때문에 사람들은 먹을 것과 쓸 것을 쌓아 놓으려고 한다. 그것이 믿음 없는 죄인들의 본능이다. 그런데 미래의 소망인 식량을 버린다는 것이 쉬운 일이었을까? 게다가 혹시 이 배가 로마의 식량 운송선이라면, 그 배의 사명인 운송해야 할 밀 포대를 바다에 던져 버린다는 것이 간단한 문제였을까? 물론 그것은 파도에 흔들리는 배가 바닥이 닿아 난파를 당하지 않기 위한 방법이었지만, 밀을 버리는 것은 쉽지 않은 일이다.

그것은 엄청난 모험을 감행하는 것이다. 곡물 운송선이 곡물을 버리면 돌아간다고 해도 그 처벌을 어떻게 면할 것인가? 그러나 살기 위해서는 자신들이 가장 귀하게 여기던 것을 버려야 한다. 그렇다. 믿음은 본질적으로 우리로 하여금 모험을 감행하게 한다.

리더십에서 리더를 모험 감행자(risk taker)라 하지 않던가?[1)] 구원과 부활의 길은 십자가에서 죽는 것이고, 풍랑 속에서 사는 길은 무거운 짐을 버리고 배를 가볍게 하는 것이다. 그것이 심지어 밀이라도 말이다. 그런데 이것은 믿음의 행위다. 믿음 없이는 할 수 없는 행동이다.

이처럼 하나님의 약속에 대한 신뢰는 삶의 방식을 바꿔 버린다. 『히브리서』 11장 1절 후반부는 "모든 무거운 것과 얽매이기 쉬운 죄를 벗어 버리고 인내로써 우리 앞에 당한 경주를 하며"라고 한다. 우리를 얽어매고 있는 죄와 모든 무거운 것을 버리는 것이 믿음으로 사는 삶의 방식이기 때문이다.

1) 김덕수 『삶의 변화를 일으키는 변혁적 기독교리더십』(서울:대서, 2017), 102-104.

이 땅에서 하나님 나라를 사는 원리를 가르쳐주신 '주께서 가르치신 기도'도 우리에게 일용할 양식을 구하라고 했다. 일용할 양식(마 6:11)으로 산다는 것은 다가올 하나님의 완성된 구원의 잔치에 대한 확신으로 오늘을 사는 방식이다. 그 확신은 내일은 내일이 걱정하게 만든다는 믿음으로 이어진다. "그러므로 내일 일을 위하여 염려하지 말라. 내일 일은 내일이 염려할 것이요 한 날의 괴로움은 그 날로 족하니라"(마 6:34)는 주님의 말씀처럼 내일 일은 내일에게, 근심과 걱정은 주님께 맡기고 오늘은 나의 무거운 것과 얽매이기 쉬운 것을 다 내려놓고 기도한 후, 다가올 미래의 구원의 잔치를 확신하기에 평강을 누리는 것이 험한 이 세상을 사는 믿음의 길이다. 그것이 우리가 배워야 할 진정한 '소확행', 소소하고 확실한 행복이요, 작지만 분명한 행복의 길이다.

사도 바울의 인도에 따라 배부르게 먹고 무거운 짐들을 버려 가볍게 한 결과, 큰 사고 없이 풍랑이 이는 어두운 바다에 빛이 비치기 시작했다.

> [39]날이 새매 어느 땅인지 알지 못하나 경사진 해안으로 된 항만이 눈에 띄거늘, 배를 거기에 들여다 댈 수 있는가 의논한 후, [40]닻을 끊어 바다에 버리는 동시에 키를 풀어 늦추고 돛을 달고 바람에 맞추어 해안을 향하여 들어가다가, [41]두 물이 합하여 흐르는 곳을 만나 배를 걸매 이물은 부딪쳐 움직일 수 없이 붙고 고물은 큰 물결에 깨어져 가니.(27장)

날이 새면서 경사진 해안에 배가 가까이 밀려간 것을 알 수 있었다. 배를 그곳까지 들여가 정박할 수 있는지 의논하여 두 번째 모험을 감행하기로 그들은 결정했다. 40절처럼 닻을 끊어 바다에 버리고 돛을 펼쳐 바람을 타고 해안을 향해 배를 밀어 넣다가 두 바다물살이 만나 합하여 흐르는 곳에 이르러 배를 바닥에 걸리게 하여 정박시키는 기술을 구사하기로 결정했다. 이렇게 해안가에 배를 고의로 좌초시켜 상륙하는 것은 위기 시에 하는 특단의 행동이었다. 마치 비행기가 불시착하는 것과 다름없는 위험한 행동이었다. 결국 이물 즉 뱃머리는 해안가 바닥에 걸려 움직일 수 없게 되었고, 고물 즉 배의 뒷부분은 거센 파도에 깨어져가기 시작했지만, 비상 정박은 성공하여 이제 육지로 상륙할 수 있는 길이 열린 것이었다.

이 부분을 읽으면서 놀라운 것은, 성경이 그 상황과 불시착 과정을 현장을 중계하듯 긴장감 있게 그리고 생생하게 묘사하고 증언하고 있다는 것이다. 그 결과 이 모든 사건의 역사성과 진실성이 너무나 실제적으로 와 닿고 있다.

이제 모두 살 수 있게 되었지만, 또 다른 문제가 발생했다.

> [42]군인들은 죄수가 헤엄쳐서 도망할까 하여 그들을 죽이는 것이 좋다 하였으나, [43]백부장이 바울을 구원하려 하여 그들의 뜻을 막고 헤엄칠 줄 아는 사람들을 명하여 물에 뛰어내려 먼저 육지에 나가게 하고, [44]그 남은 사람들은 널조각 혹은 배 물건에 의지하여 나가게 하니, 마침내 사람들이 다 상륙하여 구조되니라.(27장)

군인들은 죄수들의 이송을 책임지고 있기에 혹시 이런 상황에서 죄수들이 헤엄쳐 탈출할까 염려가 되자 다 죽이려고 했다. 그러나 43절에 보듯 백부장은 바울이 비록 지금 죄수로 있지만 대단한 사람인지 알았기 때문에 바울을 살리기 위해 죄수들을 죽이자는 의견을 막는다.

한 사람 훌륭한 그리스도인으로 주변의 많은 사람들이 사는 축복, 이것이 우리가 이 땅에 존재하는 또 다른 이유가 아닐까? 당신으로 말미암아 주변 사람들이 축복을 받는가, 아니면 당신 한 사람 때문에 주변 사람들이 다 고통을 겪는가? 우리는 항상 자신을 돌아봐야 한다.

백부장은 헤엄칠 줄 아는 사람들은 헤엄쳐서 육지로 나가게 하고, 나머지 사람들은 널빤지나 배에 있던 물건을 잡고 나가게 하여 결국 배에 탔던 모두가 다 구조되었다. 이렇게 하여 22절과 34절에 예언된 대로 한 사람도 잃지 않고 모두가 구원을 받게 된다.

이 사건을 보면 하나님의 사람 바울 한 사람으로 인해 많은 죄수들이 다 살게 되었다. 이것은 그리스도의 사건이 그 원형이다. 한 사람 아담의 범죄를 인하여 많은 사람이 죽었지만, 『로마서』 5상 15절에 의하면, 하나님의 은혜로 인해 다시 말해 "한 사람 예수 그리스도의 은혜로 말미암은 선물이 많은 사람에게" 넘치게 되었다. 바로 그 예수님의 제자 바울을 통해 유라굴로 광풍 속에서도 배에 탄 모든 사람이 살게 되었듯이, 우리의 존재로 인해 많은 사람들이 구원받는 일이 일어나고 우리의 존재가 세상에 축복이 되어야 한다.

얼핏 생각하면 무죄한 바울을 옥살이 시키고 로마 법정까지 호송해가는 로마 군인들은 폭풍우와 풍랑 속에서 비참한 죽음을 당하여 정의가 이루어지고, 억울한 바울만 난파선에서도 하늘이 도와 살아났다는 영웅담으로 끝났다면 좋을 것 같다. 적어도 그것이 권선징악의 대하드라마의 결론이 되어야 하지 않겠는가? 나쁜 놈들은 천벌을 받아야 속이 시원하지 않겠는가? 그런 식으로 전개돼야 영화도 성공하는 것이고, 기독교도 잘 되지 않겠는가 하는 것이 세상의 생각이다.

그런데 성경은 죄 없는 바울을 옥살이시키고 로마로 끌고 갈 뿐 아니라 위험에 빠진 죄수들을 다 살해하려던 이방인 병사들은 물론, 밀을 무역하는 장사꾼과 선원들까지 하나님의 종 때문에 다 살게 된다는 이야기로 마무리 된다. 그것이 은혜의 이야기다. 그것이 성경이 말하는, 새 아담 예수 한 사람으로 말미암아 온 세상 사람들이 구원을 받고, 한 사람 의인으로 말미암아 모든 죄인들이 구원받는다는 복음 이야기의 구조다. 이처럼 성경이 항상 강조하는 바가 무엇인가? 여기서 27장의 마지막 교훈에 우리는 이르게 된다.

모든 위험 속에서 믿는 이의 존재가 세상에 구원과 축복이 되어야 한다(27-44).

이 시간 다시 한 번 우리 자신을 돌아보자. 우리 존재가 주변 사람들에게 구원이 되는가, 화가 되는가? 그리고 우리 교회를 돌아보자. 우리 교회의 존재가 이 지역 사회에 구원을 주는가, 불편함과 원망과 조롱이 되는가?

인과응보를 뛰어넘는 기독교 신앙

(행 28:1-14)

2011년 11월, KBS의 「역사스페셜」이라는 프로그램에서는 정초부(鄭樵夫)라는 조선시대 시인의 이야기가 다뤄졌다. 천재 화가 김홍도의 「도강도(渡江圖)」에 쓰여 있는 시도 바로 정초부의 것일 정도로 당대에 큰 명성을 날리던 시인이었다. 그는 '초부'라는 말처럼 조선시대 최하층인 천민 노비인 초부, 즉 나무꾼 정씨였다. 우리가 다 알다시피 한시는 운율이 있고 기승전결 구성을 해야 하기 때문에, 한자에 대한 깊은 이해와 함께 15가지 정도의 한시 작성법을 알아야 쓸 수 있으므로 10년 이상 공부를 해야 제대로 시 한 편을 지을 수 있다고 한다. 그렇다면 노비였던 그가 어떻게 그런 한시를 지을 수 있었고, 그것도 조선 후기 최고 시인들의 작품을 실은 『병세집(幷世集)』에 그의 시가 무려 11수나 실려 있을 정도로 명성을 날릴 수 있었을까?

그의 시집을 찾아낸 성균관대 한문학과 안대희 교수와 역사스페셜 팀은, 노비 정씨의 재주를 알아본 주인 여씨가 아들 여춘영의 글공부에 노비도 함께 배우게 해준 것으로 추정한다. 조선 후기 명문가 양반이었던 여춘영은 어린 시절 그를 노비가 아니라 스승으로, 나이 들어서는 친구로 여겼다. 결국 여씨는 정초부가 43세 때에 그의 노비증서를 불태우고 면천시켜 현재 양

평균 양근 근처 갈대울에 살 수 있게 해주었다. 신분제도가 엄격하던 시절에, 여 씨는 하인을 친구로 여겨 깊은 교우를 나눴을 뿐 아니라, 그의 시를 사대부 사회에 소개하여 기록에 의하면 동원아집(東園雅集)이라는 양반 모임에 가서 시를 나눌 수 있는 기회를 줬다. 나무꾼 정씨의 시에 감명을 받은 양반들은 그가 살던 월계협으로 직접 찾아가기도 했다고 한다. 조선 최하층 천민인 한갓 노비로 여겨졌던 사람이 양반들을 뛰어넘는 시인으로 추앙받았던 일이 있었다는 이 얘기를 들으며, 조선시대의 우리 선조들이 다 그렇게 꼭 막힌 사람들만 있었던 것은 아님을 알고 감격했던 기억이 있다.

오늘 본문을 보면 나무꾼처럼 못 배운 천민도 아니고 유대인 사회 최고의 랍비에게 제대로 훈련받은 바울이란 뛰어난 사람은 어떤 대접을 당했는지 함께 보려고 한다. 이스라엘 최고의 율법학자의 문하에서 훈련받은 사람이 반율법적 인물로 몰렸는데, 이제 난파되어 구조된 후 섬사람들에게는 어떤 존재로 여겨지게 되었는지 같이 살펴보자.

1우리가 구조된 후에 안즉 그 섬은 멜리데라 하더리.(28장)

안전하게 구조된 후 나중에 알게 되었는데 그 섬은 현재 몰타로 불리는 멜리데 섬이었다. 몰타 섬은 이탈리아 반도 남쪽에 있는 시실리 섬과 아프리카 대륙 북쪽에 있는 튀니지 사이에 있는 작은 섬으로, 현재는 전세계에서 은퇴 후에 살기 좋은 곳 상위에 올라가 있는 지역이다.

2비가 오고 날이 차매, 원주민들이 우리에게 특별한 동정을 하여 불을 피워 우리를 다 영접하더라.

전에 한국 교회가 쓰던 개역성경은 몰타 섬의 원주민을 토인이라는 다소 불편한 단어로 번역했었지만 개역개정에 이르러 원주민이라고 수정했다. 원주민이란 이 단어는 헬라어로 *barbaro*인데, 여기서 영어의 barbarian(야만인)이라는 단어가 나왔다. 당시 로마의 라틴어나 그리스의 헬라어가 아닌, 도무지 알아들을 수 없는 말을 중얼거린다는 뜻에서 나온 외국인을 무시하는 표현이다. 실제로 멜리데 혹은 몰타 섬 주민의 다수는 카르타고인으로 페니키아 말을 쓰던 사람들이다.

유대인은 물론 로마나 그리스 사람들에게는 무식한 야만인으로 여겨졌음에도 불구하고 그들은 풍랑 이는 바다의 난파선에서 헤엄쳐 탈출해 지쳐 있었고, 비바람에 온 몸이 물에 빠진 생쥐 같은 사람들을 무시하지 않고 도움의 손길을 내밀 줄 아는 친절함이 있었던 따뜻한 사람들이었다. 그들에게는 창조주로부터 부여받은 긍휼과 동정의 마음이 있었기에, 난파된 불청객 외국인들에게 불을 피워 따뜻하게 몸을 녹일 수 있도록 도와주었다.

일부 기독교인들은 우리 기독교인들만 사랑과 친절이 있고, 불신자들은 인격도 예의도 사랑도 없는 것처럼 생각한다. 그러나 실제로 시골에 가보면, 입만 살아 있는 일부 기독교인들과 달리 세상 사람들은 교회에 안 다녀도 손 대접을 잘하고 나그네를 환대할 줄 안다는 사실을 발견하게 될 것이다. 똑같은 환대를 바울과 뱃사람과 심지어 죄수들이 받은 것이다. 이런 일들은 우리 기독교인들을 부끄럽게 한다. 우리 그리스도인들이야말로 성경 말씀처럼 과연 나그네를 환대하고 친절을 베풀고 하나님의 사람으로 섬기는 삶을 살아야 하지 않을까?

몰타 섬 사람들은 그들이 죄수인지 누구인지 묻지 않고, 물에 빠지고 추위에 떠는 사람들을 위해 모닥불을 피워 그들이 그 불가로 모여 몸을 녹일 수 있도록 선을 베풀었다. 그것이 우리 기독교인들이 보여줘야 할 일인데, 야만인이라고 불리던 몰타 섬의 원주민들이 그 모습을 보여준 것이다.

> [3]바울이 나무 한 묶음을 거두어 불에 넣으니 뜨거움으로 말미암아 독사가 나와 그 손을 물고 있는지라.(28장)

바울은 그들의 친절에 가만히 앉아 있을 수 없었을 것이다. 그도 지치고 힘든 상황이었겠지만, 일어나서 땔감으로 나뭇가지를 한 묶음 모아 불에 넣었다.

그런데 나뭇더미 속에 몸을 숨기고 있던 독사가 불길에 놀라 나와서 바울의 손을 무는 일이 발생했다.

> [4]원주민들이 이 짐승이 그 손에 매달려 있음을 보고 서로 말하되, 진실로 이 사람은 살인한 자로다. 바다에서는 구조를 받았으나 공의가 그를 살지 못하게 함이로다 하더니.(28장)

이런 일을 보면 세상 사람들은 어떤 시각에서 판단하겠는가? 몰타 섬 원주민들은 난파선에서 헤엄쳐 나온 많은 사람들이 죄수들이라는 것을 로마 군인들로부터 들었을 것이다. 그런데 독사가 바울의 손을 물고 매달려 있는 것을 목격하고는 '이 사람은 살인범이 분명하다'는 판단을 내렸다. 바울이 비록 죽음의 바다에서는 구조를 받았지만, 몰타 섬 포에니족의 신화나 그리스 신화에 나오는 정의의 신 디케에 대한 개념에 의하면 죄인이라서 공의가 살려두지 않고 결국 처벌 받을 것이라는 추정을 하게 만든 것으로 보인다. 이때 디케는 정의란 뜻도 있지만, 그리스 신화에서는 인간의 행동을 심판하고 처벌하여 질서를 바로 잡는 공의의 여신의 이름이기도 한데, 기본적으로 깔려 있는 사상은 인과응보적 처벌 혹은 복수다.

그런 사상적 배경 속에서 몰타 섬 주민들은, 유대 최고의 율법사에게 훈련을 받았고 이제는 그리스도의 복음의 종 사도로 세움을 받은 바울을 살인범이라 인과응보적으로 심판을 받은 것으로 여긴 것이다. 사람들이 갖는 가장 가벼운 생각은 어떤 사람이 화를 당한 것은 반드시 그가 이전에 죄를 지었고, 현재 일은 단순한 인과응보요 하늘의 권선징악이요 정의의 여신이 살아있기 때문이라는 것이다.

불교에도 그런 사상이 있다. 「잡아함경(雜阿含經)」에서 부처가 "남을 죽이면 자기를 죽이는 자를 만나고, 남에게 이기면 자기를 이기는 자를 만난다"고 말한 것이 바로 그것이다. 그러나 더 깊이 들어가 보면 인과응보는 반드시 권선징악과 사필귀정만 있는 것이 아니라 네 가지 일이 벌어진다고 본다. 부처는 사위국 기수급고독원에서 비구들에게 과보는 4가지가 있는데, 현재는 즐겁지만 미래에 괴로운 일을 당하는 것과, 현재는 괴롭지만 미래에 즐거운 경우와, 현재도 괴롭고 미래도 괴로운 법과 마지막으로 현재도 즐겁고 미래도 즐거운 법이 있다[1]고 설파했었다.

성경도 죄의 삯 혹은 죄에 대한 심판으로의 죽음을 이야기하지만, 기독교는 단순한 업보나 인과응보 개념을 뛰어 넘는다. 『욥기』를 보면 욥의 네 친구가 가지고 있었던 사상이나 유대교 랍비들의 가르침도 사실 불교의 인과응보 개념과 유사한 것을 공유하고 있음을 알 수 있다. 특히 탈무드나 미

1) 중아함 45권 174경 『수법경(受法經)』 참조.

드라쉬에 나타난 질병을 안고 태어난 아이의 문제에 대한 랍비들의 가르침이나, 유전적 질병을 가지고 있는 태아의 문제에 대한 생각에서 그런 것이 엿보인다.

그런데 예수님은 『요한복음』에서 그 차원을 뛰어넘는 깊이 있는 신학을 제시하신다. 『요한복음』 9장 2절에서 제자들은 예수님에게, "이 사람이 맹인으로 난 것이 누구의 죄로 인함이니이까? 자기니이까? 그의 부모니이까?" 라는 질문을 한다. 토라에 기초한 삶을 살던 유대인들에게 일반적으로 깔려 있던 사상이 어떤 것인지 우리는 여기서 엿볼 수 있다. 그러자 예수님께서는 "이 사람이나 그 부모의 죄로 인한 것이 아니라 그에게서 하나님이 하시는 일을 나타내고자 하심이라"(요 9:3)는 전혀 다른 관점을 제시하셨다. 모든 일은 윤회적 업보나 이전에 지은 죄에 대한 인과응보가 아니라, 때로는 하나님께서 하시는 위대한 일을 드러내기 위한 섭리적 주권 하에서 발생한 일이라는 것이다. 맹인으로 태어난 이 사람의 경우나 욥의 사건에서 우리는 인과응보 개념과 전혀 다른 만유의 주재이신 하나님의 주권 속에서 벌어지는, 우리가 이해할 수 없는 일들에 대해 성경이 말하는 제3의 관점을 보게 된다. 이처럼 하나님께서 하시는 모든 일을 우리의 좁은 머리로 다 이해할 수 없다. 그러나 그 모든 일을 통해 하나님께서 하시고자 했던 것이 무엇인지는, 『욥기』를 끝까지 읽어보고, 『요한복음』 9장을 더 읽어보고, 또한 본문처럼 『사도행전』 28장을 끝까지 읽어보면 어렴풋이나마 짐작할 수 있을 것이다. 그러므로 우리 주변에서 어떤 어려움을 겪는 사람을 보고 단순히 그 사람이나 조상이 지은 죄 때문이라고, 하늘의 벌을 받는 것이라고 쉽게 말하면 안 된다는 사실만은 분명하다.

이런 이야기를 길게 하는 이유는 우리 한국 교회에는, 여전히 사람들의 질병을 그 사람이나 부모와 조상의 죄 때문이라는 사상이 뿌리 깊이 박혀 있기 때문이다. 이단뿐 아니라 일부 정통 교회 안에도 모든 질병을 귀신 들림과 그나 부모 혹은 조상의 죄 때문이라고 하며, 그 문제를 해결하기 위해 헌금을 바치고, 지성을 드리고, 지정한 예배를 드려야 한다는 사람들이 있기 때문이다. 이것은 무당의 푸닥거리와 다를 바가 없는 샤머니즘적 행위이지, 결코 성경적 신앙이 아님을 알고 벗어날 수 있으면 좋겠다.

> [5]바울이 그 짐승을 불에 떨어 버리매 조금도 상함이 없더라. [6]그들은 그가 붓든지 혹은 갑자기 쓰러져 죽을 줄로 기다렸다가 오래 기다려도 그에게 아무 이상이 없음을 보고 돌이켜 생각하여 말하되, 그를 신이라 하더라.(28장)

바울이 독사에 물린 것을 보고 멜리데(몰타) 사람들은 그가 죽을 것이라 생각했지만, 바울은 그 위험한 뱀을 불에 털어 버렸고 그는 조금도 상하지 않고 쓰러져 죽지도 않았다.

이것은 『마가복음』 16장이 급작스럽게 끝난 것처럼 보여 어색하게 생각한 후대 사람들이 덧붙인 부분에 나오는 복음의 증인들에게 주어진 능력에 대한 약속을 떠오르게 한다. 『마가복음』 16장 18절을 보면 "뱀을 집어 올리며, 무슨 독을 마실지라도 해를 받지 아니하며, 병든 사람에게 손을 얹은즉 나으리라 하시더라"는 구절이 있다. 갖은 환난과 핍박 속에서도 복음을 증거하던 주님의 백성에게는 꼭 붙잡고 싶은 말씀이어서 후대에 덧붙여진 것으로 보인다.

한 가지 더 흥미로운 것은 하나님의 종 사도 바울을 죽일 뻔했던 독사,

뱀을 5절에서 '짐승(*therion*)'이란 단어로 바꿔 놓았다는 점이다. 『요한계시록』 20장 2절에서 마귀요 사탄을 용 혹은 옛 뱀이라고 하는데, 하늘 전쟁에서 패한 그 용이 땅으로 내 쫓기자(계 12:9), 예수님의 증거를 가진 자들과 싸우려고(계 12:17) 바다에서 하나(계 13:1), 그리고 땅에서 또 한 짐승(계 13:11)을 불러내는데, 그 짐승을 묘사한 단어가 바로 본문 5절에서 뱀을 묘사한 짐승(*therion*)이다. 그런데 『요한계시록』 19장 20절을 보면 어린양의 혼인잔치 후 백마를 탄 존재가 오셔서 그 짐승과 그 일당들을 유황불이 타는 못에 던지는 것이 나온다. 주께서 세우신 복음의 증인 바울이 독사에 물려도 해를 받지 않는 기사는 첫 복음서인 『마가복음』 16장을 떠오르게 하고, 사도를 죽이려던 뱀을 위험한 짐승으로 묘사한 후, 그 짐승을 불에 던져 넣는 것은 『요한계시록』 마지막 부분으로 치닫고 있는 『요한계시록』 19장을 연상시키면서, 『사도행전』의 마지막 28장은 『사도행전』의 모든 이야기를 마치는 매우 치밀하게 만들어진 플롯으로 구성되었다는 것을 알 수 있다.

다시 본문 6절로 돌아가 보자. 독사에 물린 바울이 즉시 죽지 않자, 원주민들은 사람에 따라 독의 반응이 다르므로 조금 시간이 지나면 붓거나 갑자기 쓰러져 죽을 것으로 예상한다. 그런데 6절에서 보듯, 시간이 많이 흘러도 아무런 이상이 나타나지 않고 바울은 죽지도 않는다. 그러자 그들은 바울을 신이라고 한다.

앞에서도 언급했듯이, 유대 사회 최고의 율법학자에게 제대로 훈련받은 바울을 유대인들은 반율법주의자로 몰고, 몰타 섬 원주민들은 살인범으로 여기더니, 이제는 신으로 여긴다. 이것이 바로 사람들의 가벼움이다. 그러므로 우리도 세상을 살며 하나님의 일을 내 생각으로 가볍게 판단하고 정죄하지 말자. 신앙에 대한 것도 나의 얄팍한 지식과 경험으로 판단하고 쉽게 정죄하는 사람들을 많이 본다. 그럼 우리는 어떻게 살아야 할까?

우리의 얄팍한 신학으로 하나님의 일을 판단하지 않도록 주의하자 (1-5).

본문 6절에서 사람들은 자신들이 가지고 있는 인과응보와 정의의 심판이란 신학적 주제에서, 일종의 신론 방향으로 이동해 간다. 오늘날에도 우리는 주변에서 이처럼 가볍게 극단에서 극단으로 쉽게 뛰는 사람들의 생각이나, 깊이 없는 종교성을 많이 본다.

그러나 성경은 비범한 사람을 신이라고 여기는 생각과 그런 추앙을 즐기는 사람들의 문제점을 계속 지적한다. 예를 들어 『사도행전』 12장 20-23절을 보면, 헤롯이 빛나는 왕복을 입고 멋진 보좌에 앉아 연설을 할 때 사람들로부터 이것은 신의 소리라는 말을 들었는데, 그때 하나님께 영광을 돌리지 않아 벌레에게 먹혀 죽은 사건을 우리에게 알려주고 있다.

반면, 이미 루스드라에서 태어나면서부터 발을 쓰지 못하는 장애인의 믿음을 보고 사도 바울이 그를 걷게 하자, 사람들은 바나바를 제우스라 하고 바울을 헤르메스 신이라고 하고, 제우스 신전 제사장과 사람들이 몰려와 경배하려고 하자 바울이 극구 말렸던 일과 대조된다(행 14:8-18). 이제 『사도행전』의 마지막 부분에서 바울은 다시 한 번 신이라 불린다. 일상과 상식을 뛰어넘는 일이 벌어지면 세상 사람들은 그를 신이라 여기고 숭배하려는 종교성을 가지고 있다. 놀라운 일을 보면 그 일의 근원인 하나님을 보지 못하고 그 사람을 신으로 숭배하려는 경향은, 가벼움을 넘어 어리석음이요 하나님에서 벗어난 사람들의 우상숭배(롬 1:19-23)이며, 성경은 그것을 우리의 죄성에서 기인한 것이라고 한다.

살인범이라 여겨지다가 단번에 신이라 불린 그는, 실상 신의 종이었다. 우리는 그를 사도라고 하지만, 사도라는 말도 위대한 인물을 뜻하는 어떤 종교적 계급이 아니라 하나님의 뜻을 이루기 위해 세상으로 보내진 종일 뿐이다. 종은 하나님의 영광을 헤롯처럼 자신이 취하지 않는다. 그리고 사람들의 잘못된 신관을 통해 자신이 증언해야 할 복음 전파의 기회, 사역의 기회로 삼고 하나님께 영광을 돌려야 할 것이다.

앞에서 지적한 것처럼, 바울이 독사에 물리고도 해를 입지 않은 것(5-6절)이 『마가복음』 16장 18절 전반부의 약속을 연상시키는 사건이라면, 그 다음은 『마가복음』 16장 18절 후반부처럼 주의 종이 손을 얹으면 낫는 기적 사건으로 연결되어야 할 것이다. 그것이 본문 7-9절의 내용이다.

> 7 이 섬에서 가장 높은 사람 보블리오라 하는 이가 그 근처에 토지가
> 있는지라. 그가 우리를 영접하여 사흘이나 친절히 머물게 하더니, 8보블
> 리오의 부친이 열병과 이질에 걸려 누워 있거늘, 바울이 들어가서 기도
> 하고 그에게 안수하여 낫게 하매, 9이러므로 섬 가운데 다른 병든 사람들
> 이 와서 고침을 받고.(28장)

그리스도의 종 바울은 주인 예수님이 그러셨듯이(눅 4:40) 연약한 자와 병든 자들을 위해 기도해주고 치료해 준다. 몰타 섬에서 가장 유력한 지주였던 보블리오는 바울 일행에게 사흘간 머물게 하며 친절을 베풀었는데, 8절에서 보니 그의 부친이 열병과 이질에 걸려 앓아 누워 있었다. 그 사실을 알게 된 바울은 그에게 가서 기도하고 안수해 주었고, 그는 병이 낫게 되었

다. 그 소식을 들은 섬 주민들 가운데 병든 사람들이 와서 또 고침을 받는 일이 이어졌다.

> [10]후한 예로 우리를 대접하고 떠날 때에 우리 쓸 것을 배에 실었더라.(28장)

섬 주민의 선의에 치유의 기적으로 답한 바울에게, 그들은 다시 더 큰 호의로 화답을 했다. 이런 것이 그리스도인이 경험하는 아름다운 인생 아니겠는가?

비록 그들이 예수님을 믿지 않고 잘못된 신관을 가진 이교도에 야만인이라고 표현되었던 원주민들이지만, 그들은 오늘날 우리 기독교인들보다 더 후히 베푸는 삶을 살았다. 2절에서 풍랑에 지친 나그네를 영접하고, 10절에서 후히 대접하는 환대에 이어, 떠날 때에도 쓸 것까지 실어주는 그들의 모습을 보면서, 하나님을 안다는 우리 그리스도인들은 얼마나 나그네를 영접하고 환대하라는 성경 말씀(딤전 5:10, 마 25:35)을 지키고 사는지 돌아봐야 할 것이다.

우리의 우매한 종교성보다는 하나님과 사람을 섬기는 삶에 더 진력하자(6-10).

요즘은 복음의 공공성이란 표현으로, 성경이 말하는 신앙이 내 죄사함과 천국 가기란 나만을 위한 해결책이 아니고, 기껏해야 교회 안 우리 기독교인들끼리 잘 지내도록 내향성으로 끝나서는 안 된다는 것을 인식하기 시작했다. 복음의 공공성이란 말은 사실 성경적으로는 그리 적합한 표현은 아니다. 복음은 개인적으로 회개하고 예수님을 삶의 주로 모시는 개별적 경험과 관련이 깊기 때문이다. 성경이 말하는 복음은 하나님 나라의 삶으로 우리를 확장시키고, 하나님의 뜻, 즉 기독교적 가치관은 내부 지향성이 아니라 '외부 지향성'을 갖고 고아와 과부와 나그네와 이방인을 포함한 새 이스라엘 형성에 관심을 갖고 있다는 표현이 더 적합할 것이다. 그것이 복음서에서 우리 성도(교회)가 산 위의 동네가 되고 어둠 속에서 등경 위에 켜 놓은 등불이 되는 이미지로 그려지는 이유다. 따라서 그리스도의 증인으로서 우리는 헐벗고 아픈 이웃에 대한 대가 없는 희생적 사랑의 돌봄을 보여야 하고, 그럴 때 그것이 주님에게 물을 한 잔 떠드리는 신앙의 삶이 되는 것임을 잊지 말아야 한다. 우리 성도 혹은 교회는 절대로 우리끼리 잘 살라고 부름 받은 것이 아니라, 세상과 사람들을 섬기라고 부름 받았음을 잊어서는 안 된다. 그러면 우리의 교회 생활과 사역이 개인 구원만이 아니라 사회적 책임을 잊지 않는, 즉 단순한 보수성을 넘어 진정한 복음주의가 될 것이다.

이와 같은 일련의 사건을 통해 우리는 한 가지 더 큰 교훈을 얻게 된다. 오직 하나님만 믿고 내일을 위한 식량과 화물을 다 버린 주의 종들의 믿음의 모습에, 하나님은 이방인의 손을 통해서도 로마를 향한 여정에 필요한 것들을 공급해 주시는 은총을 보게 된다. 이런 점들이 중요하지, 바울이 왜 이 대목에서 복음을 전하지 않았으며, 그 결과 얼마나 많은 사람이 회심해 돌아왔느냐 아니냐는 이 단락의 강조점이 아니다.

> 11석 달 후에 우리가 그 섬에서 겨울을 난 알렉산드리아 배를 타고 떠나니, 그 배의 머리 장식은 디오스구로라. 12수라구사에 대고 사흘을 있

다가, [13]거기서 둘러가서 레기온에 이르러 하루를 지낸 후, 남풍이 일어나므로 이튿날 보디올에 이르러.(28장)

그 섬에서 석 달을 머물러 항해에 위험한 겨울이 지나가고 봄이 오자(AD 61년 3월 중순 경으로 추정한다), 바울 일행은 알렉산드리아에서 온 배를 이용해 다시 로마를 향해 떠났다. 그 배도 지중해의 겨울 폭풍 때문에 멜리데 섬에 피항 중이었을 것이다. 그 뱃머리에는 디오스구로 장식이 달려 있었는데, 그것은 선원들의 수호신으로 여겨지던 제우스의 쌍둥이 아들 카스토르(Castor)와 폴룩스(Pollux 혹은 폴리데우케스)였다. 그들의 별자리를 우리는 쌍둥이자리(Gemini)라고 부르는데, 폭풍 가운데 혹은 한밤중에 선원들은 그 별자리를 행운의 징표처럼 생각했다. 디오스구로 승배는 이집트에서 유행했었기 때문에 북아프리카 해안에 위치한 이집트의 알렉산드리아 배라면 그 장식을 하고 있었을 것이다.

바울을 호송하는 로마 병사들이 탄 배는 이탈리아 남부에 있는 시실리 섬 동해의 큰 항구도시인 수라구사에 정박해 사흘을 머물다가 레기온에 하루 더 정박했다고 한다. 수라구사는 로마인이나 그리스인들에게는 기원전 5세기에 스파르타군과 아테네를 중심으로 한 델로스 동맹 사이에 벌어진 그 유명한 펠로폰네소스전쟁의 발원지로 알려져 있지만, 미국에서는 뉴욕주 북부에 있는 도시와 대학 이름인 영어로는 시라큐스(Syracuse)라 하는 지명이다. 이런 세부 사항들은 『사도행전』의 신뢰성을 높이는 역할을 한다. 그 다음 기착지인 레기온은 시실리 섬 동부 해안 항구 수라구사 맞은편으로 장화 모양의 이탈리아 반도 엄지발가락 부분에 해당하는 지역의 항구 레기움(Rhegium)인데 현재에는 레조 디 칼라브리아라는 항구다.

그런데 27장 13절에서도 언급된 순풍이며 그토록 기대했던 남풍이 드디어 불어오자, 그들은 하루 만에 보디올(Puteoli)에 도착할 수 있었다. 보디올은 현재 포쭈올리(Pozzuoli)라 불리는 나폴리의 서쪽 항구로, 당시 이탈리아의 밀 무역 항구요 여러 섬으로 나가는 관문이었다.

보디올에 도착한 것을 특별히 언급한 이유는, 이제 위험한 항해는 끝났고, 이제 육로로 로마에 갈 수 있게 되었음을 시사하기 위함이다. 건장한 사람이라면 거기서 아피가 가도를 따라 닷새를 걸어가면 로마에 도달할 수 있는, 목적지 로마에서 200킬로미터 정도의 거리이기 때문이다.

> 14거기서 형제들을 만나 그들의 청함을 받아 이레를 함께 머무니라. 그래서 우리는 이와 같이 로마로 가니라.(28장)

바울은 닷새간의 도보 여행을 앞두고 그리스도인 형제들(로마에서 마중 나온 형제들인지 보디올 지역 교회의 성도들인지는 알 수 없다)을 만나 보디올에서 한 주간을 같이 지낸 후 함께 로마로 향한다.

'그래서' 혹은 '이렇게 해서'로 번역될 수 있는 이 한 마디에는 로마를 향한 지금까지 바울이 겪어왔던 수많은 수난과 풍파가 모두 함축되어 있다. 드디어 사도는 이제 로마를 향한 마지막 발걸음을 내딛게 된 것이다.

바울은 죄수 신분으로 로마로 호송되어야 할 사람인데, 14절은 바울이 마치 자유인처럼 느껴지게 그려놓았다. 앞에서도 보았듯이 그를 호송할 책임이 있던 로마 아우구스트 근위대 장교 율리오도(27:1) 풍랑의 위기 속에서 바울의 특별한 예지력과 치유의 기적의 능력을 보았을 뿐 아니라, 그의 인격과 영성을 경험했을 것이므로 사도에게 매우 호의적으로 대했던 것이다.

흥미로운 것은 23장 11절에서 바울이 로마에 가서 증언하도록 하겠다는 주님의 말씀이 갖은 방해와 고초에도 불구하고 드디어 성취되어 바울이 로마에 도착했다고 선언하면 되는데, 14절 본문은 '우리'가, 즉 교회가 도착한 걸로 그려 놓는다. 그것은 바울을 중심으로 한 증인 공동체의 로마 입성으로 보기 바란다는 뜻이기도 하다.

이처럼 성경은 세계 복음화의 여정, 『사도행전』 1장 8절의 약속의 성취 등을 모두 공동체적 성격으로 그리지, 사도 바울이라는 한 위대한 인물의 영웅담으로 그리지 않는다는 점을 주목하기 바란다. 그렇다면 우리가 신앙생활할 때 주의해야 할 것은 무엇이겠는가? 위대한 하나님의 사람을 보면 존경하다 못해 영웅시하는 일이 자주 벌어지는데, 하나님의 일은 어떤 위대한 영웅적 한 개인에 의한 것으로 호도하면 안 된다는 점을 성경은 말하고 있음을 주목해야 한다. 그러므로 오늘 본문의 마지막 요구는 이것이다.

☞ 우리의 위대한 한 영웅이 아니라 공동체가 주의 뜻을 이룸에 주목하자(11-14).

그럼에도 불구하고 우리는 교회의 이야기와 목회를 한 위대한 인물 이야기로 보고 싶은 세속 영웅담의 연속으로 보고, 말하고 싶은 유혹을 여전히 받는다. 즉 『사도행전』을 하나님의 약속 성취 과정보다는 위대한 사도의 행전, 즉 위인전이나 영웅담의 모음집처럼 읽으려 한다는 것이 문제다. 그것은 하나님 나라와 하나님의 백성 공동체를 기반으로 한 성경의 흐름 이해와 다른 세상 역사의 관점을 성경에 대입하는 우리의 세속적 습관이다.

『사도행전』을 1장부터 28장 마지막 장까지 제대로 읽었다면, 우리는 더 이상 『사도행전』을 사도 베드로의 영웅담에서 시작해 사도 바울의 위대한 선교 전기로 보지 않고, 하나님의 백성들에게 성령을 부어주셔서 그들을 통해 주께서 어떻게 복음을 증거하시고 교회를 세워가며 하나님 나라를 확장시켜갔는지를 보게 될 것이다. 이러한 성경의 핵심 메시지를 놓치고 『사도행전』을 단순히 인물 중심 교회사 수준으로 축소시키는 우를 더 이상 범치 않았으면 좋겠다.

이제 오늘 본문 내용을 마치고 다음, 사도행전의 마지막 부분으로 넘어가기 전에, 본문 사건을 통해 한 가지 더 생각해 볼 것이 있다.

2018년 6월 말 예멘 난민 5백 명이 인도네시아를 거쳐 제주도에 들어오자 인도주의적으로 도와야 한다는 사람들과 절대로 수용하면 안 된다는 의견으로 나뉘어 우리 사회는 대립하고 있다. 여러분은 어떻게 생각하는가? 이때 각자의 의견을 내세우면 우리는 다시 양분되어 끝없는 대립을 계속할 것이 분명하다.

그렇기 때문에 그리스도인으로서 어떤 시각을 가져야 하는가가 중요하다. 항상 그렇지만, 어떤 갈등 요소에 부딪히면, 하나님께서 그 문제에 대해 직접 말씀하시지 않을 경우 성경을 통해 어떤 관점을 갖는 것이 좋은지 종합적으로 검토하고 그에 대한 시각을 갖는 것이 중요하지 각자의 생각이 어떠한지나 어떤 일이 있다더라를 내세워서는 타결이 불가능하다.

우리가 보고 있는 『사도행전』 28장은 바울 일행이 탄 배가 광풍에 시달리다가 멜리데 섬 즉 몰타에 표류하게 된 사건에서 시작되었다. 몰타 섬 주민들의 입장에서는 다른 종교를 가진 이상한 사람들, 심지어 호송 중인 죄수들까지 타고 있던 배가 난파해 들어온 것이다. 그러면 어떻게 하겠나? 환영하고 영접할 수 있겠는가?

예멘 난민 수용을 반대하는 청와대 청원을 보면, 예멘 난민은 제2의 조두순, 유영철이라는 등, 범죄자인지 강간범인지 알지도 못하고 수용하느냐라는 매우 자극적인 것들도 있다. 조금 이성적인 예멘 난민 수용 반대 측은 3가지 이유를 내세웠는데, 먼저 우리 국민에게 위협이 되고 치안 문제가 우려된다, 둘째로 우리 국민도 살기 어려운데 우리 혈세로 그들의 의료 교육 등 지원하는 것은 잘못되었다는 주장이었고, 셋째는 우리 기독교인들의 일부도 동조하는 이유인데, 그들의 종교 즉 이슬람교이기 때문에 예상되는 문제들을 제시했다. 그것이 얼마나 사실이고, 얼마나 큰 문제를 일으킬 수 있는지는 검토해봐야 하지만, 염려가 되는 부분이 물론 있다.

반대로 이런 논리가 잘못되었다는 사람들은 이렇게 주장한다. 아랍인들은 테러리스트다, 인권 개념이 없고, 여성에게 폭력을 가하고 위협적이라면, 일제 강점기에 독립운동을 위해 중국 상해에 있던 한국 난민들에 대해 상해의 중국인들도 조선인들은 테러를 한다, 조선인들은 여자를 무시하고 때린다, 조선인들이 썩어빠져서 식민지가 된 것인데 왜 우리에게 부담을 지우느냐, 조선인들은 알고 보면 일본제국주의의 첩자로 중국에 들어온 것이라고 주장해도 할 말이 없었을 것이라고. 즉 일제 강점기에 독립운동가들도 중국 입장에서는 난민들이었다는 것이다. 사실 최초의 난민은 16세기 프랑스에서 성 바르톨로메오 축일에 벌어진 가톨릭교도들이 개신교도들을 학살한 사건으로 일어난 신구교도의 충돌이 있었는데, '낭트칙령'으로 잠시 주춤했다가 다시 벌어진 내란으로 프랑스의 개신교도인 위그노들이 대패하자 종교적 자유를 찾아 영국, 네덜란드, 미국 등지로 피난을 간 사람들을 refuge(난민)라 부른 것에서 유래한다. 그러므로 시리아 난민이나 예멘 난민이 처음이 아니라, 유대인 디아스포라가 있었고, 종교개혁 후에는 우리 개신교인들이 가장 큰 규모의 난민이었다는 사실을 잊지 않았으면 좋겠다.

다시 성경 본문으로 돌아가 보자. 로마를 향해 죄수로 호송되던 바울 일행이 탄 배가 몰타 섬에 난파했을 때, 멜리데 섬 사람들은, 2절을 보면, “원주민들이 우리에게 특별한 동정을 하여 불을 피워 우리를 다 영접하더라”고 한다. 그들은 동정, 즉 인도주의 혹은 인류애, 박애로 번역될 수 있는 필란트로피아로 환대하고, 자신들에게 다가오는 것을 허락하는 영접을 했다는 것이다. 몰타 섬 사람들도 자신들의 종교가 있었고, 풍랑에 고생하다가 난파한 사람들의 종교가 자신들과 다를 것이 분명했다. 게다가 그들이 얼마나 위험한 사람인지 확인되지 않았고 심지어 4절에서 보듯이 뱀에게 물린 것을 보고는 ‘진실로 살인범’이라고 확신할 정도였다. 그럼에도 불구하고 멜리데 섬 사람들은 바울 일행을 환대했다.

그런데 오늘날 우리는 그들을 종교가 다르니 위험할 것이라고 추정하여 내쫓아야 한다고 주장하는 것이다. 그것도 세계 난민의 날을 즈음하여.

앞에서도 언급했듯이 난민을 반대하는 사람들은, 우리도 살기 힘든데 외국인들에게 우리 혈세를 낭비할 수 없다고 한다. 그런데 우리나라 사람들이 미국이나 유럽에 이민 가서, 아니 가난한 유학생들과 심지어 한인 불법체류자들도 그들의 복지 혜택을 입으며 힘든 시절을 견뎠다. 물론 지금 영국, 이탈리아나 프랑스 등 많은 나라들이 난민을 받아들일 때의 경제적 부담 때문에 서로 미루고 그들이 지중해 상에서 죽어가고 있는 사태를 보면 이것은 우리만의 문제가 아님도 안다.

그런데 성경은 우리가 넉넉하지 않아도 나그네와 약자들을 불쌍히 여기고, 부족하지만 우리가 가진 5병2어라도 가난하고 굶주린 자에게 나누기를 기대한다. 그 경우 내 몫이 부족해지는 것은 사실이다. 그렇기에 5병2어란 주님의 기적의 도우심을 위해 기도하는 것 아닌가?

잘 생각해보면 외국 난민에게 베풀기 싫어하는 것뿐 아니라, 같은 우리 한국인에게 복지 정책을 펴는 것에 대한 반발도 갈수록 심해지고 있다. 그들이 어떤 그럴 듯한 핑계를 대도 사실 근본적인 문제는 우리의 탐욕이란 죄성 때문이다. 내가 힘들게 얻는 재물을 왜 알지도 못하는 찌질이들이랑 나누어 먹어야 하느냐란 반발심이 그 기저에 깔려 있다.

반면 지금까지 『사도행전』을 읽으면서 오직 성령이 임하면, 즉 성령 충만을 받으면 세상이 보여주지 못하던 하나님 나라의 공동체가 세워지는데, 그때는 자신이 가진 것을 사도들 발 앞에 내 놓고 가난하고 굶주린 사람들을 먹인다. 『사도행전』에 나타난 그런 성경적 교회의 모습을 통하여 이 문제에 대한 답을 찾지 못한다면 성경을 잘못 읽었거나 하나님의 마음을 이해하지 못했거나 성령 충만을 받지 못했거나, 심하게 말해서 다른 성령을 받은 것인지도 모른다. 이제 『사도행전』 초반에서 성령이 임할 때 벌어졌던 사건과, 28장에서 이방인들의 손을 통해 하나님의 종에게 베풀어진 은총이 무엇인가를 보았다면, 우리는 이런 사태 앞에서 어떻게 판단하고 어떻게 행동해야 할지 깨닫게 될 것이다.

이제 이 문제에 대해 지구 반대편 아프리카의 나이지리아 중부 플라토주에서 벌어진 이슬람 유목민과 기독교 농민 충돌이야기로 지금까지의 고민을 정리해 보려고 한다.

『창세기』 13장에서는 부족이 번성하자 양을 칠 땅이 부족해 갈등하게 되자 네가 먼저 원하는 땅을 차지하라고 양보하고 떠나는 하나님의 사람 아브람과 롯의 이야기를 우리는 읽게 된다. 그런데 나이지리아 플라토에서는 농업을 하는 기독교인 베롬족과, 유목생활을 하는 이슬람교도 풀라니족 간의 분쟁이 계속됐다. 부족이 번성하며 인구는 급증하고 경작지가 감소하자 농경민인 기독교인들이 수백 년간 이슬람 유목민들이 사용하던 토지를 점유하기 시작했고, 거기에 종교적 갈등까지 발생해 2018년 전반기에만 이미 수백 명이 죽었다. 이윽고 6월 23일 중무기로 무장한 풀라니 족의 이슬람교도 300여 명에 의해 이웃 마을에 사는 기독교인들은 공격을 받았고, 살아남은 262명의 기독교인들은 공격을 피해 살려달라고 피난간 곳이 이슬람교회인 모스크였다. 그곳에 도착한 이슬람교도들은 이맘(이슬람 성직자)에게 숨겨놓은 자들을 내놓으라고 요구하고 그렇게 안하면 모스크와 집을 모조리 태워버리겠다고 협박을 했다고 한다. 왜냐하면 기독교인 여성들은 자기 집안에 숨기고, 남성들은 모스크로 데려갔기 때문이다. 그러나 이맘은 바닥에 엎드려 그만 떠나달라고 눈물로 호소를 했고, 무장 세력은 인근 교회 두 곳에 불을 지르고 떠났다. 이렇게 이슬람 성직자가 기독교도 난민들의 목숨을 구한 것이다. 영국 BBC 방송에 의하면 이맘이 죽을 고비에서 기독교인들을 구해준 이유에 대해 "그 지역 기독교인들은 40여 년 전 이슬람교도들에게 모스크를 짓도록 허락해주고, 이슬람 마을에 땅도 준" 사실을 기억하기 때문이라고 했다. 목숨을 건진 기독교인들을 대표해 베롬족 족장은 무슬림 성직자의 용기가 아니었으면 우리는 다 죽었을 것이라며, 그 이맘은 "모스크 안으로 우리를 데리고 갔고, 우리에게 떠나라고 하거나 기도하라고 요구한 적이 한 번도 없다"며 감사의 인사를 전했다고 한다.

우리는 『사도행전』 28장 전반부에서 종교가 다른 죄수 바울 일행을 구해주고 따뜻하게 몸을 녹이도록 영접하고(2절), 친절을 베풀어 머물게 한 것을 보았다(7절). 바울은 그 마을 유지 보블리오의 부친이 아픈 것을 보고 안수하여 낫게 해주었고(8절), 그 보답으로 후한 예로 대접을 해주었고 심지어 바울 일행이 떠날 때에는 쓸 것을 배에 실어주는(10절) 상호 박애 정신을 보았다. 어떤 주석가의 지적처럼 바울도 이 사건에서는 묘하게도 그들에게는 복음을 전했다는 기록이 없다.

나이지리아 이슬람교도 가운데는 보코하람 같은 악명 높은 테러리스트가 있다는 것을 나는 잘 알고 있다. 그러나 이 사건에서 본 이슬람 지도자 같은 선한 사람도 있는 것이다. 예멘 난민 가운데도 우리나라 사람 일부가 우려하듯 위험한 사람이 있을지 모르지만, 그들 모두를 테러리스트로 여겨 친절을 베풀 수 없고 추방해야 한다는 주장에 그리스도인으로 동조하는 것은 성경의 정신에 위배됨을 알아야 한다. 종교가 다르다고 폭우 속에서 기본적인 하나님의 은총의 우산을 거두면 안 되는 것이다.

목사로서 나도 국내에 이슬람교도가 늘어날 때, 그들이 기도실을 만들어 달라, 근무 중에도 기도 시간을 허용해달라고 요구하며 점점 이슬람 종교적 세력을 확대해나갈 것에 대한 우려가 없지 않다. 그러나 이슬람 국가에 예수의 복음을 전하러 나가기까지 해야 한다면, 우리 땅에 들어온 그들을 교회가 환대하고 우리가 복음을 전할 적극적 태도를 가져야 하지 않을까? 기도실 만들어달라면 정부가 만들어주는 것을 반대하지 말고, 기독교인들이 들어가서 기도의 장소로 사용하면 안되나? 인천공항이나 일부 이슬람국가 공항의 기도실을 가보면 이슬람교 전용이라고 되어 있지 않고 그냥 기도실로 해놓았으니 기독교인들이 들어가서 기도하면 된다. 우리는 기도하지 않으니까, 그 기도실 만드는 것이 그렇게 싫은 것 아닌가? 이슬람교도만 기도하니까.

그리고 기고만장한 이슬람교도들과 달리 난민들은 마음이 가난하고 절박하기 때문에 선교적으로는 더 좋은 기회가 된다고 생각하면 안 되는가? 이슬람 사람이 우리나라에 입국하면 우리 기독교가 당하고 망할 것이란 두려움 때문에, 그들을 다시 바다로 혹은 겨우 탈출한 나라로 돌려보내야 한다는 주장을 하는 것은 옳지 않다. 왜 기독교가 이슬람에 진다고만 생각하는 걸까? 물론 이런 주장에 현실 모르는 철없는 생각이라고 반대할 사람도 있겠지만, 지금은 그러해도 이런 자세로 바꾸면 안 되나?

『사도행전』 28장 전반부를 통해 우리는 멜리데 섬 사람들이 갖고 있는 얄팍한 종교성, 즉 한 사람을 쉽게 살인범으로 여기다가 기적 하나만 경험하면 쉽게 신으로 여기는 복음 없는 사람들의 모습을 보았다. 그것은 꼭 무식한 원주민 섬사람들만의 모습이 아니다. 오늘날 대한민국의 교회 안에서도 여전히 볼 수 있는 모습이다. 그것은 천박한 종교인들의 행태일 뿐이다. 그런 무당화된 기독교 속에서 우리는 참된 기독교는 그것과 어떻게 다르며, 우리는 어떻게 성숙한 그리스도인의 태도를 가져야 하나 생각해 보았다.

또한 우리 가운데 불현듯 들이닥친 낯선 나그네들에 대해 그리스도인으로서 어떤 태도를 가져야 할지도 고민해 보았다. 세상이 복잡해지며 새로 발생하는 모든 문제 역시 복잡하여, 성경은 그에 대한 단순한 정답을 모두 제시하고 있지 않다. 그러나 모든 문제에 대한 판단의 기준을 성경은 충분히 제공하고 있음을 믿기 바란다. 그리고 성경을 읽고 기도함으로 이 모든 결정을 그리스도인답게 성숙하게 내릴 수 있는 그리스도인들, 그리고 한국 교회가 되기를 기대한다.

세상의 중심에서 복음을 외치다

(행 28:15-31)

지난 여름 한 대형 서점에 갔다가 내셔널 지오그래픽 사에서 발행한 세계지도를 얻어서 거실 벽에 붙여놓았다. 그런데 가만히 들여다보니 그 지도는 지금까지 보던 세계지도와는 조금 달랐다. 지도의 중앙에는 우리나라가 아니라 유럽과 아프리카 대륙이 있고, 지도의 좌측에는 북미와 남미대륙이, 지도 오른쪽 제일 끝에 우리나라가 일본과 함께 조그맣게 그려져 있었다.

아시아에서 가장 큰 영토를 가진 중국 사람들은 자기네 나라가 세상의 중심이라고 생각해서 중국(中國)이라고 했다는 말을 들었다. 그러나 남반구의 오스트레일리아 대륙에 가면, 호주 원주민들은 에어즈 락(Ayers Rock) 지역 사막 한 가운데 불쑥 솟아올라 있는 펑펑한 고원처럼도 보이는 붉은 바위산 울루루(Uluru)를 세상의 중심이라고 여긴다. 일본 영화 「세상의 중심에서 사랑을 외치다」란 영화 포스터로 우리나라에도 알려진 그곳을 호주 원주민들은 지구의 배꼽이라고도 부른다 한다.

그럼 『사도행전』 당시 유대인들은 어디를 세상의 중심이라 여겼을까? 이스라엘. 그것도 예루살렘을 세상의 배꼽이라고 생각했고, 이런 생각은 이어져서 그리스정교회는 예수님의 무덤교회의 카톨리콘을 세상의 중심 혹은 아담의 배꼽이라고 부른다. 성경신학에서도 이스라엘 예루살렘의 성전을 세상의 중심 정도가 아니라 하늘과 땅을 잇는 우주의 중심으로 여긴 것을 알 수 있다.[1] 그것은 신약 마지막 책인 『요한계시록』 22장을 통해서도 확인된다. (이에 대해서는 필자의 『요한계시록에서 보는 새로운 시작』이란 책의 27장을 참조하라.)

반면 당시 그리스 로마 문화권에서는 어디를 세상의 중심으로 여겼을까? 그리스 신화에서는 어떻게 볼지 몰라도, 정치 경제적으로 당시 세계의 중심은 당연히 로마라 할 수 있을 것이다. 그래서 바울은 소아시아의 상업 중심지요 거대한 항구도시인 에베소에서 어느 정도 선교적 업적을 이루자 이스라엘의 수도 예루살렘에 들른 다음, 로마에도 꼭 가봐야겠다(행 19:21)는 마음의 소원을 품었을 것이다. 그곳이 당시 세상의 중심이었기 때문일 것이다.

그러나 예루살렘성전에 가서 성결례를 마치고 제대로 복음을 전하기도 전에, 소아시아 에베소에서 그를 본 유대인들이 다시 소동을 벌여 성전에서 그는 로마의 수비대에 체포되어 안토니오 요새로 끌려가게 되었다. 그 순간에도 바울은 계단에서나마 하나님의 크신 일에 대한 복음을 전했다(행 22장). 절망스러운 순간으로 여겨지겠지만 주님께서는 한밤중에 바울에게 오셔서 "담대하라. 네가 예루살렘에서도 나의 일을 증언한 것 같이 로마에서도 증언하여야 하리라"(행23:11)고 약속해 주셨다.

그토록 사도 바울이 세상의 중심에 서서 하나님의 사랑을 외치고 싶었던

1) Gregory K. Beal, 『성전신학 *The Temple and the Church's Mission- A Biblical Theology of the Dwelling Place of God* (서울:새물결플러스, 2014), 136, 260-261.

곳, 하나님께서 그 마음을 귀히 여기셔서 그렇게 해주겠다고 약속해주셨던 당시 세상의 중심이었던 로마에 드디어 도착해 그 비전을 이루게 된 이야기가 오늘의 본문인 것이다.

> 15그곳 형제들이 우리 소식을 듣고 압비오 광장과 트레이스 타베르네까지 맞으러 오니 바울이 그들을 보고 하나님께 감사하고 담대한 마음을 얻으니라.(28장)

이 시점에서 한 가지 짚고 넘어가고 싶은 것이 있다. 바울이 로마도 보아야겠다고 한 것이나, 23장 11절에서 주님께서 바울에게 "로마에서도 증언하여야 하리라"고 하신 말씀을 통해, 그가 로마제국의 수도에 처음 복음을 전한 역사적인 첫 선교사로 생각하는 경향이 있다. 그러나 본문 14, 15절을 보면 로마에는 이미 그리스도인 형제자매들의 공동체 즉 교회가 있었다. 그들 로마교회는 사도 바울 일행이 로마를 향해 다가오고 있다는 소식을 듣고 압비오 광장까지 마중 나온 것이다.

사도 바울이 복음을 증언하러 로마에 가기 전에도 그곳에 그리스도인 공동체가 이미 있었다는 사실은 『사도행전』 18장 2절을 강해하면서도 설명했지만(2권 『사도가 사는 방식, 우리가 사는 방식』, 290쪽 참조), 『로마서』에도 전제되어 있다. 특히 『로마서』 1장 8절에 의하면, 비록 이방 세속 문화의 정점에 있는 로마교회의 교인들의 믿음은 온 세상에 소문이 나 있을 정도로 훌륭했기에 바울은 1장 11절에서 "내가 너희 보기를 간절히 원했다"고 하며, 만나서 서로의 믿음으로 피차 안위함을 얻고 싶어 했다(롬 1:12).

복음의 증인으로 부르심을 받았지만 갖은 핍박과 투옥, 게다가 풍랑과 파선과 좌초 등 갖은 고난을 겪었지만 그토록 가서 외치고 싶었던 예수 그리스도의 복음을 외쳐야 할 유대인의 땅 끝, 당시 세상으로는 세계의 중심인 로마에 이르자 하나님은 위로하시듯, 아니 두 팔 벌려 환영하시듯, 로마 교회의 형제들을 보내 환영까지 받게 해 주셨다. 로마의 형제들을 만난 것은 바울에게 이루 말로 다 표현할 수 없는 큰 감격이었을 것이다. 바로 이 순간을 위하여 얼마나 많은 고생을 하고 죽을 고비를 지나 여기까지 왔던가? 바울은 그들을 보고는, "하나님께 감사하고 담대한 마음을 얻었다." 23장 11절에서 "담대하라"고 하셨던 그 말씀이 이루어진 것이다. 하나님께 감사를 드리고 용기를 얻게 된 것, 이것이 진정한 성도의 교제인 코이노니아의 힘인 것이다.

이때 로마교회 성도들 가운데 두 그룹이 마중을 나왔다. 멀리 나온 사람들은 로마로부터 65-70km나 되는 아피아 광장까지 왔는데, 서울에서 평택시청 부근, 즉 170리길을 나간 셈이다. 또 한 그룹은 로마에서 50km(오산시청 부근)나 되는 트레이스 타베르네, 즉 아피아 가도(Via Appia) 상의 요지인 세 개의 여관(태번, 이전 개역 성경에는 삼관이라고 번역했었다) 거리까지 마중을 나왔다. 그것만 해도 120리나 되는 먼 길을 마중 나간 셈이니 얼마나 반가운 마음으로 맞으러 나간 것일까? 로마교회의 형제들은 그 먼 곳까지 나와서 바울 일행을 맞이해 로마까지 수행해 주었다.

드디어 바울이 로마에 들어섰다. 그것은 이미 여러 번 언급했듯이, 19장 21절에서 바울이 보였던 헌신의 성취였고, 23장 11절에서 들었던 주님의 약속의 말씀에 대한 순종과 성취였다. 그 명령 혹은 약속의 말씀과 함께 주님은 바울과 동행해 주셨기에, 마침내 이 영광스러운 시간을 맞이할 수 있었을 것이다.

나는 묻고 싶다. 우리의 인생에는 과연 누가 우리와 동행해 줄 것인가를. 그런 친구가 있는 것은 축복된 삶이다. 이들 로마교인들 이야기는 여기서 사라진다. 그들은 더 이상 등장하지 않고, 『사도행전』의 관심은 사도가 불신자들에게 복음을 전한 얘기에만 집중된다. 이처럼 누군가 우리와 동행해주는 것은 감사하지만, 사람들의 그런 동행이 영원히 계속되는 것은 아니다. 그들의 상황이 바뀌어 혹은 삐져서 더 이상 함께 해주지 않을 수도 있다. 그리고 우리에게는 또 다시 세상 가운데 홀로 서야 할 때가 온다.

그러나 아무도 없다고 느껴질 때 절망하지 말자. 주님은 『마태복음』 28장 20절에서 "내가 세상 끝날까지 너희와 항상 함께 있으리라"고 동행을 약속해 주셨고 그 말씀을 성취하신다. 주님은 바울에게 그 말씀대로 동행해 주셨고, 이후에도 그러실 것이다. 우리도 그 말씀을 확신하며 오늘도 여전히 담대한 발걸음을 내디딜 수 있으면 좋겠다.

> [16]우리가 로마에 들어가니 바울에게는 자기를 지키는 한 군인과 함께 따로 있게 허락하더라.(28장)

우리 즉 바울 일행 공동체가 로마에 도착했음을 16절 첫 부분은 재확인해 준다. 그러자 로마군은 죄수로 호송되어 온 바울에게 적지 않은 자유를 허락한다. 비록 지키는 군인 한 명을 붙였지만, 이것은 감옥에 감금하는 것과는 전혀 다른 상태다. 일종의 가택연금 상태로 볼 수도 있겠지만, 얼마간의 제한된 자유 생활이 주어진다. 뒤에 20절에서 사도가 자신의 상태를 묘사할 때 쇠사슬에 매여 있다고 말하는 것은 상징적인 표현이고 이처럼 사도에게는 일정 부분 제한은 있었지만 나름대로 자유로운 행동을 할 수 있도록 주님은 이끌어주셔서 보내신 목적 즉 복음 증거의 삶을 살 수 있게 만들어주신 것이다.

[17]사흘 후에 바울이 유대인 중 높은 사람들을 청하여 그들이 모인 후에 이르되, 여러분 형제들아. 내가 이스라엘 백성이나 우리 조상의 관습을 배척한 일이 없는데, 예루살렘에서 로마인의 손에 죄수로 내준 바 되었으니, [18]로마인은 나를 심문하여 죽일 죄목이 없으므로 석방하려 하였으나, [19]유대인들이 반대하기로 내가 마지못하여 가이사에게 상소함이요 내 민족을 고발하려는 것이 아니니라.(28장)

당시 세상의 중심 로마에 도착한 바울은 자신이 그곳에 보내진 사명을 잊지 않았다. 아무리 화려하고 거대한 도시에 와 있어도 자신은 세상의 중심에 다른 일로 보내진 것이 아니라, 복음의 증인으로 세상의 땅 끝에 보내진 것임을 알기에 바울은 다시 복음 증거란 사역을 재개한다. 그것은 17절에서 보듯이 로마에 살고 있던 유대인 지도자들을 초청해 예수의 복음을 전하는 것이었다. 기원전 1세기경 로마에는 여러 회당에 나오는 유대인들만 거의 5만 명이 된다는 기록이 있다. 이미 티베리오나 글라우디오 황제가 유대인을 추방한 적이 있지만, 다 내쫓은 것이 아니기에 1세기에도 많은 유대인들이 여전히 로마에 살고 있었을 것이다.

사도는 그 유대인 사회의 유지들을 만나서 입장을 표명하고 자신이 전하는 복음을 소개하려고 한 것이다.

먼저 바울은 그들을 형제라고 친근하게 부르며, 자신이 로마황제 가이사에게 상소를 하여 결국 이곳 로마까지 포로로 오게 된 상황을 설명한다. 먼저 자신은 유대교에 반하는 어떤 잘못된 일을 한 것이 없다는 점을, 그리고 예수님께서 당하셨듯이 유대인들이 예루살렘에서 자신을 이방 로마인의 손에 범죄자로 넘겨주게 된 점을 지적한다. 로마 당국은 조사 결과(24-25장) 18절에서 보듯이 로마법을 위반한 것이 아닌 무죄임이 밝혀져 석방하려고 했다(25:25)는 사실을 포함해서 말이다. 바울은 로마의 유대교 지도자들에게 이 점을 분명히 밝히고 싶었을 것이다. 물론 18절 진술에 대한 정확한 사실은 25장 11절에 의하면, 로마인 베스도 총독은 바울을 유대인들에게 넘겨주려 했고, 바울이 로마의 가이사 황제에게 상소만 하지 않았으면 석방될 수 있었을 것이라고 한 것도 로마 총독 베스도가 아니라, 유대인 아그립바 왕이었다(26:32)는 점에서 세부 사항은 조금 다르게 볼 수 있지만, 책을 읽을 때는 항상 저자의 의도를 눈여겨보며 봐야 한다.

동시에 바울은 19절처럼 이 팩트 뒤에 숨겨진 유대인들의 바울의 복음에 대한 거부를 지적하려고 한 것으로 보인다. 그렇다고 해서 조사 결과 무죄인데도 죄수 취급을 받고 죽이려고 한 것이 원통해서 로마 황제에게 우리 민족 이스라엘을 고발하려고 상소한 것도 절대로 아님을 이 구절은 담고 있다.

그럼 무엇 때문에 그 죽을 고비를 넘겨 이곳 로마까지 온 것인지, 사도는 그 사실을 유대인 지도자들에게 알리고 싶었다. 그것이 그들을 만나자고 초청한 이유였다. 거기에는 하나님의 섭리가 있고, 근본적으로는 이스라엘에 대한 소망 때문이라고 바울은 20절에서 선언한다.

> [20]이러므로 너희를 보고 함께 이야기하려고 청하였으니, 이스라엘의 소망으로 말미암아 내가 이 쇠사슬에 매인 바 되었노라.(28장)

본문의 28장 20, 23, 28절은 사도가 로마에 가려고 했고, 주님이 바울을 로마로 보내 증언하려고 했던 본질적 이유를 보여주는 중요한 구절들이다.

로마에 복음이 전해진 적이 없어서 최초의 선교사로 간 것이 아니라, 로마의 유대인들과 이방인들에게 모세의 율법과 선지자의 말을 통해 그리스도의 부활이 주는 소망을, 그리고 하나님의 거대한 구원의 플랜을 전해 하나님 나라가 무엇인지를 제대로 밝히기 위해 보내진 것이었다.

먼저 바울이 "쇠사슬에 매인" 이유 즉 죄수로 체포되어 옥살이를 한 이유도 오로지 이스라엘의 소망 때문이라고 한다. 이미 23장 6절에서 이스라엘의 소망은 죽은 자들의 부활임을 밝힌 바 있다. 예수님의 부활과 그로 인한 이스라엘의 소망이 바울이 전한 복음의 핵심임을 우리는 여기서 다시 확인하게 된다. 즉 메시아 예수를 통한 하나님의 구원의 소식을 유대 세계의 땅 끝에 사는 여러분들에게 알리기 위해서라는 것이다. 그것을 위해 나는 기꺼이 영어(囹圄)의 몸이 되었다는 것이다. 하나님의 사람은 하나님의 뜻에 따라 거대한 하나님의 구원 계획을 전하고 우리의 참된 소망이 무엇인지를 전하기 위해 부르심을 받고 보내심을 받는다. 사명 없는 소명은 없으며, 우리가 구원받을 때 우리는 모두 사명을 부여받는다. 『사도행전』 22장, 26장을 강해할 때 이미 밝혔듯이, 사명 없는 구원은 없고 목적 없는 부르심은 없다. 그럼 오늘 본문을 통해 우리 하나님의 사람들은 어떤 사람이 되어야 하겠는가?

우리는 자신이 겪는 모든 환난의 이유와 목적을 아는 사람이어야 한다(15-20).

이런 바울의 진술에 대한 로마에 거주하던 유대인 사회 지도자들의 반응은 무엇이었을까?

> [21]그들이 이르되, 우리가 유대에서 네게 대한 편지도 받은 일이 없고, 또 형제 중 누가 와서 네게 대하여 좋지 못한 것을 전하든지 이야기한 일도 없느니라. [22]이에 우리가 너의 사상이 어떠한가 듣고자 하니, 이 파에 대하여는 어디서든지 반대를 받는 줄 알기 때문이라 하더라.(28장)

놀랍게도 로마의 유대인 사회는 예루살렘이나 소아시아의 유대인 사회로부터 바울에 대한 어떤 부정적 의견을 받은 적이 없다고 한다. 그래도 22절에서 엿볼 수 있는 것처럼, 바울 일행이 전하는 기독교에 대한 소문을 그들도 들어 알고 있었을 것이다(21:21). 아무리 이스라엘의 입장에서 볼 때 땅 끝인 이 먼 곳 로마에 살고 있지만, 바울 일행이 예루살렘은 물론 소아시아 유대인 사회 어디서든지 반대를 받아왔다는 것 정도는 알고 있었을 것이다. 그렇다면 바울이 왜 예루살렘 당국자들의 눈 밖에 났는지 당연히 궁금했을 것이다.

그런데도 그들은 바울이 전하는 복음에 대해 직접 듣고 확인해 보고자 하는 열린 자세를 가지고 있었다. 흘려듣는 어떤 소문에 자신들의 마음을 경솔하게 팔지 않았다. 그것은 22절에서 바울이 전하는 기독교를 "이 파"라고 칭한 것에서 엿 볼 수 있다. 그들은 바울의 복음을 유대교의 한 종파로 여겨주는 관용과 열린 마음이 있었다. 그렇기에 그들의 가르침을 들어 보려는 마음을 가질 수 있었던 것이고, 그 결과 비록 모두는 아니지만 24절처럼 열린 마음으로 복음을 듣고 이해하는 사람들도 생긴 것이다.

그들이 보여주었던 열린 태도는 22절에서 보듯이 "우리가 너희 사상이 어떠한가 듣고자 하니"라는 말에서도 엿볼 수 있지만, 또한 23절에서 보듯이 실제로 날을 잡고 더 많은 사람들을(영어성경 NIV/ESV와 새번역 성경 등을 참조하라) 바울의 거처로 데리고 와서 아침부터 저녁까지 성실하게 바울의 강론을 듣는 실제 행동으로 옮긴 것에서 증명된다.

이때 사도 바울의 증언한 복음의 핵심은 무엇인가?

> 23그들이 날짜를 정하고 그가 유숙하는 집에 많이 오니 바울이 아침부터 저녁까지 강론하여 하나님의 나라를 증언하고 모세의 율법과 선지자의 말을 가지고 예수에 대하여 권하더라.

23절 후반에서 두 가지로 표현되는데, 우선 하나님 나라였고 그 다음으로 예수님에 대한 일들이었다. 사도는 하나님 나라를 증언했는데, 그것을 다른 말로 하면 예수에 대한 일들을 설득해 확신시키는 것이었다. 우리가 복음을 전한다, 혹은 성경을 가르친다고 할 때, 그것은 십자가의 대속 교리가 중심이겠지만, 그것뿐 이니라 예수님에 대한 일과 가르침을 다 포함하는 사도적 증언, 다른 말로 해서 하나님 나라를 전하는 것이어야 한다. 복음서의 가르침은 물론, 『사도행전』과 서신서들을 모두 봐도 이것이 사도가 전한 복음의 중심 주제였다. 그 밖에 어떤 것을 멋지게 말할지라도, 즉 신앙생활과 교회 중심 생활과 헌금 등 그 어떤 기독교적 이야기도 다 좋은 것이기는 하지만 "하나님 나라"란 복음의 핵심과 예수님의 대속적 죽음과 부활의 의미에 대한 분명한 가르침이 빠졌다면 그것은 복음을 제대로 전한 것이 아니다.

당신은 예수님의 생애와 말씀을 통하여 하나님 나라를 제대로 전하고 있으며, 당신이 듣고 있는 설교에는 이것이 분명하게 나타나 있는가? 그렇지 않다면 복음의 증인의 역할을 제대로 못한 것이고, 당신은 핵심이 빠진 설교 즉 좋은 종교적 교훈을 듣고 있는 것이지 복음 설교를 듣고 있는 것이 아니란 것을 본문을 통해 우리는 보게 된다.

그러면 사도 바울은 예수님에 대한 일들을 전하고 하나님 나라를 전하기 위해, 구약은 무시하고 신약만 강조한 것인가? 그렇지 않다. 아니 그럴 수가 없다. 당시에 그들이 가지고 있었던 성경은 구약이 아니었던가? 사도는 기독교의 구약적 연속성을 통해 복음을 전했다: 23절은 그것을 "모세의 율법과 선지자의 말"을 가지고 예수에 대하여 권했다고 말한다. 즉 유대인들의 성경인 오경과 선지서 등 구약을 통해 예수님의 복음을 강해한 것이다. 이런 강해 설교를 우리는 구속사적 설교 혹은 그리스도 중심적 설교라고도 부른다. 이 세 가지 용어는 다 같은 개념을 언급하는 것이다.

본문의 바울이 그랬듯이, 아무리 반대를 오랫동안 많이 받아도, 누군가가 우리도 믿는 바 복음에 대해 묻고 대답할 기회가 주어지면 상세히 설명하고 가르쳐줄 준비가 되어 있어야 한다. 당신은 그 준비가 되어 있는가? 부족하다면 미루지 말고 지금 준비를 하라! 어떤 교회도 기꺼이 당신에게 성경 공부와 복음 증거 훈련을 시켜줄 태세가 되어 있을 것이다.

우리는 언제나 성경 전체를 통해 복음을 증거할 준비가 된 사람이어야 한다(21-23).

그러나 아무리 사도 바울같이 위대한 주의 종이 전해도 모두가 다 믿는 것은 아니다. 바울의 복음 증거에 대한 반응은 반반이었다. 믿는 사람도 있었지만, 믿지 않는 사람도 있기 마련이다. 참된 복음이 전파된다고 모두가 구원받는 것이 아니라, 세상은 둘로 갈리기 마련이다. 전도자는 그 사실을 두려워하면 안 된다. 그것을 불편하게 여겨서도, 싫어하고 거부해서도 안 된다. 예수님도 『마태복음』 10장 34절에서 "내가 세상에 화평을 주러 온 줄로 생각하지 말라. 화평이 아니요 검을 주러 왔노라"고 하시며, 심지어 집안 식구가 서로 원수가 되는 일(마10:35-36)까지 언급하신 것은 지나친 말씀이 아니라 현실이다. 예수님 이래로 이스라엘은 그 일을 겪고 오늘 우리도 여전히 겪고 있는 것이다. 그것은 이미 구약에 예언된 것이었다.

> [24]그 말을 믿는 사람도 있고 믿지 아니하는 사람도 있어, [25]서로 맞지 아니하여 흩어질 때에 바울이 한 말로 이르되, 성령이 선지자 이사야를 통하여 너희 조상들에게 말씀하신 것이 옳도다.(28장)

그들은 바울의 이런 그리스도 중심적 구약 해석이 낯설고 쉽게 이해가 가지 않았을 것이다. 그래서 그들은 25절처럼 이해하는 사람과 도무지 받아들일 수 없는 사람 두 그룹으로 나뉜 것이다. 24절에서 "믿는다"로 번역된 단어는 원래 *peitho*로, 설득되어 확신한다는 뜻이다. 일부 사람들은 바울이 전한 복음에 논리적으로 설득되었지만, 일부 사람들은 그렇지 않았다는 것이다.

복음은 세상을 둘로 가른다. 사람들은 바울의 복음 제시에 그 말이 옳다고 설득된 그룹도 있지만, 도무지 받아들일 수 없다고 생각하는 그룹으로 양분되었다. 유대인들 사이에 불일치(서로 맞지 아니함)로 인한 갈등이 발생해 둘로 나뉜 채 흩어져 버리고 말았다.

기독교를 표면적으로만 아는 사람들은 하나님의 사랑으로 무조건 모두가 하나가 되어야 한다고 생각하지만, 화평의 복음은 검이 되어 심지어 한 집안도 둘로 나뉘게도 한다. 『마태복음』 10장을 보면 "[34]내가 세상에 화평을 주러 온 줄로 생각하지 말라. 화평이 아니요 검을 주러 왔노라. [35]내가 온 것은 사람이 그 아버지와, 딸이 어머니와, 며느리가 시어머니와 불화하게 하려 함이니, [36]사람의 원수가 자기 집안 식구리라"고 한다. 복음 앞에, 심지어 한 가족도 믿는 자와 믿지 않는 자로 나뉘어 서로 원수가 되듯이 세상은 둘로 분리되는데, 이 분열과 다툼이 발생하는 근본적인 이유를 사도는 『이사야서』를 통해서 설명한다. 바울은 선지자 이사야를 통해서 오래전에 선조들에게 말씀하신 것도 성령께서 하신 것이라 함으로써, 『사도행전』은 신구약 시대를 잇는 동일한 성령께서 역사하신 것임을 지적한다. 자신의 복음 제시를 통해 성령께서 너희 가운데 말씀하셨다는 것이다. 그러나 너희 조상들이 그랬듯이 지금 너희도 똑 같이 행동하고 있다는 것이다. 이 지점에서는 우리 조상들이 아니라 너희 조상으로 사도는 구분을 한다. 유대인들이 둘로 나뉜 상황에 대한 근본적 이유는 25절 후반부터 시작되어 26-27절에서 주어진다.

> [26]일렀으되, 이 백성에게 가서 말하기를, 너희가 듣기는 들어도 도무지 깨닫지 못하며 보기는 보아도 도무지 알지 못하는도다. [27]이 백성들의 마음이 우둔하여져서 그 귀로는 둔하게 듣고 그 눈은 감았으니, 이는 눈으로 보고 귀로 듣고 마음으로 깨달아 돌아오면 내가 고쳐 줄까 함이라 하였으니.

이 구절은 『이사야서』 6장 9-10절의 헬라어 번역인 70인역 인용인데, 구약 히브리 본문에서는 완악한 백성들에게 둔해져라, 눈 멀어져라 혹은 감아라 등 명령형으로 되어 있으나, 헬라어 번역에서는 이미 벌어진 현상을 설명하듯 그냥 서술형으로 해 놓은 것이 다르다.

이 구절은 예수님께서 하나님 나라의 비밀을 비유로 말씀하신 이유를 설명하실 때도 이미 인용하신 바가 있다. 그러나 『마가복음』 4장 12절이나 『마태복음』 13장 14-15절에서는 비유로 말한 이유가, 듣기는 들어도 혹은 보기는 보아도 깨닫지 못하게 하기 위함이란 히브리어 구약의 뉘앙스를 담고 있고, 본문에서 바울은 복음을 듣고도 깨닫는 자와 깨닫지 못하는 자 둘로 나뉘는 현상을 설명하기 위해 70인역의 방식으로 인용한다는 점에서 차이가 있다. 즉 "내가 고쳐 줄까 함이라"(행 28:27후반), "내게 고침을 받을까 두려워 함이라"(마 13:15후반), 그리고 "죄 사함을 얻지 못하게 하려 함이라"(막 4;12후반)란 부분인데, 이것은 일반적으로 쉽게 납득되기 어려운 부분일 것이다. 그것은 하나님께서 죄인들이 구원받지 못하게 막겠다는 말이 아니다.

그럼 이 인용문이 위치하고 있는 복음서의 씨 뿌리는 비유 전후 문맥과 『사도행전』 본문의 상황에서 이 말씀은 무엇을 말하려고 하는 것일까?

예수님의 복음서에서의 인용이나 사도 바울의 『사도행전』 본문에서의 인용에서의 공통점이 있는데 거기에 주목하면 된다. 그것은 예수 그리스도를 통한 하나님의 구원이란 위대한 일의 복음을 듣고도 받아들이지 않는 자에게 임하는 심판의 선언이다. 구원의 복음을 의도적으로 거절하는 사람들은 이제 영원한 맹인과 귀머거리로 남게 될 것이란 말이다. 그리고 메시아 예수의 복음에 바르게 반응해서, 회개하여 죄 사함을 얻지 않은 상태 혹은 삶의 변화 없이, 하나님의 고쳐주심 곧 구원을 받는 일은 없을 것이라는 하나님의 단호한 의지를 밝힌 것이다.

그럼 유대인들의 이런 반응에 따라 복음의 물결은 이제 어디로 방향을 전환하게 되는지를 28절은 보여준다.

> [28]그런즉 하나님의 이 구원이 이방인에게로 보내어진 줄 알라. 그들은 그것을 들으리라 하더라. [29](없음).(28장)

이 모든 사건을 통해 복음의 큰 물줄기 즉 "하나님의 이 구원"이 이제 이방인을 향해 방향이 전환되었음을 사도는 분명히 밝힌다. 이것이 주께서 바울을 사도로 로마에 보내신 목적 중 하나다. 하나님께서 구원의 복음을 이방인에게 전면적으로 열어 놓으셨는데, 그 출발점 중 하나가 유대인들의 복음 거부에서 찾을 수 있다는 것이다. 반대로 이방인들은 "그것을 들으리라" 즉 복음을 받아들이고 믿을 것임을 선지자적 선언으로 대조한다. 그것은 에스겔 선지자가 『에스겔서』 3장 6-7절에서 이미 예언했던 것과 같다.

이 선언을 하는 바울의 심정은 참으로 복잡했을 것이다. 왜냐하면 바울은 동족 유대인들을 너무도 사랑했기에, 한 번도 유대인들을 그리스도께 인도하기 위한 노력을 접은 적이 없었기 때문이다. 물론 18장 6절에서도 복음을 전할 때 유대인들이 대적하고 비방했을 때 바울은 "이 후에는 이방인에게로 가리라"고 한 적이 있었지만, 그럼에도 불구하고 사도는 어느 곳에 가든지 유대인 회당을 찾아가 유대인들에게 구원의 복음을 전하기를 그치지 않았던 것을 『사도행전』 독자 여러분은 기억할 것이다. 그러나 아침부터 저녁까지 최선을 다해 복음을 강론했건만 결국 마음이 완악하여 거절하는 것을 보고 그는 이제 이방인에게 가서 하나님의 그 큰 구원의 복음을 전하기로 하신 것을 최종적으로 확인하게 된 것이다.

이렇게 하여 하나님 나라의 미래는 유대인으로 구성된 옛 이스라엘이 아니라, 이제 이방인을 포함한 새 이스라엘에 달리게 되었다. 즉 신약교회가 이제 하나님 나라의 미래의 중심이 될 것이다. 이 모든 것은 사도 바울의 개인적 혹은 감정적 결정이 아니라, 하나님께서 이끌어 오셨던 커다란 구원 드라마의 한 부분이었던 것이다. 그것을『로마서』11장 25절에서는 "형제들아. 너희가 스스로 지혜 있다 하면서 이 신비를 너희가 모르기를 내가 원하지 아니하노니, 이 신비는 이방인의 충만한 수가 들어오기까지 이스라엘의 더러는 우둔하게 된 것이라"고 바울은 서술했다. 이 모든 하나님 나라의 복음이란 커다란 드라마 속에서 예수님은 "너희는 땅 끝까지 가서 모든 족속을 제자 삼으라"고 하신 것이고(마 28:18-20), "성령이 너희에게 임하시면 땅 끝까지 이르러 예수님의 증인이 되라"(행 1:8)고 하셨던 것이다. 따라서 복음서의 결론이『마태복음』28장 18-20절인 것처럼 이 부분『사도행전』28장 28절이『사도행전』의 결론 역할을 하고, 구속사적 클라이맥스를 형성하는 것이다.

✎ 우리는 하나님 역사의 흐름을 감지할 수 있는 사람이 되어야 한다 (24-28).

이렇게 하여 사도 바울의 이방인 사도직이 확증되고, 복음은 비로소 이방인에게 본격적으로 확산된다. 하나님께서 바울을 그토록 험한 여정을 지나 로마에 이르러 복음을 증거하게 하신 것은, 바로 이『사도행전』28장 사건을 통해 이방인 선교라는 새로운 국면이 시작되게 함으로 하나님 나라의 확장이 일어나도록 하기 위함이었던 것이다.

돌아보면 바울은 가이사에게 재판 받기 위해 로마에 죄수로 갔는데, 2년 넘게 가택 연금이 되었지만, 그것이 당시 세상의 중심이었고 예루살렘 사람들이 볼 때 땅 끝인 곳에서 마지막으로 선민이라는 유대인들에게 지속적으로 복음을 강론하며 주님 앞에 돌아올 수 있는 마지막 기회를 준 것이고, 이방인들에게는 사도 바울을 통해 복음 전파가 본격적으로 시작되는 전기를 만드신 것이다.

복음은 이렇게 유대인에게서 이방 모든 족속들에게로, 예루살렘에서 세계로 나가게 되었음을 선언함으로 『사도행전』이 마무리된다. 30-31절은 그 사실에 대한 종언이며, 『사도행전』이란 교향곡에 대한 코다(coda)다.

> 30바울이 온 이태를 자기 셋집에 머물면서 자기에게 오는 사람을 다 영접하고, 31하나님의 나라를 전파하며 주 예수 그리스도에 관한 모든 것을 담대하게 거침없이 가르치더라.(28장)

바울은 로마에서 두 해 동안 최선을 다해 복음을 전하는 사역을 함으로써 이제 이방인의 사도로 부르심을 받은 사명(행 22:21)을 성실히 수행한다. 복음의 사도로서 사명을 수행하는 사역은 어떻게 했는지는 본문 30-31절만이 아니라 앞 부분 23절을 종합해 보면 잘 알 수 있다.

그것을 23절에서는 "바울이 아침부터 저녁까지 강론했다"고 표현했다. 이때 "강론했다"(*eksetitheto*)는 말은 현대어로 말하자면 '강해했다'(영어로는 expound 혹은exposition한 것이다)는 뜻이다. 강론 혹은 강해를 한 것이 무엇을 말하는지를 설명하는 것이 23절 후반에 나오는 두 개의 분사인데, 첫째는 (하나님 나라를 증언하는) 증거하고(*diamartyromenos*), 둘째는 (예수에 대하여 권하는) 설득하는(*peithon*) 작업으로 구성된다. 본문 31절에서는 그것을 (하나님 나라를) 전파하며(*keryso*), (주 예수 그리스도에 관한 모든 것을) 가르치는(*didasko*) 두 개의 분사로 표현된다. 그렇다면 복음을 강해한다는 것은 하나님 나라를 증거하거나 전파하는 것과, 우리의 주인이신 예수 그리스도에 대한 모든 것을 가르쳐 설득하는 것이다.

이것이 바로 성경이 말하는 강해설교(expository preaching)의 본질이다. 하나님 나라와 우리 주가 되신 예수 그리스도에 대한 모든 것을 제대로 드러내고 증언하여 하나님 말씀으로 설득하고 그렇게 살도록 하는 것이 강해설교이지, 성경을 읽어 놓고 자신의 생각이고 종교적 교훈으로 일관하는 것은 강해설교가 아니다. 하나님께서 사도 바울을 땅 끝, 아니 세상의 중심으로 보내 이제 새 이스라엘을 형성할 수 있도록 구원의 복음을 강해하게 하신 이 놀랍고 큰일은 이제 어떤 방해도 소용이 없이 주님 다시 오시는 그날까지 진전될 것이다.

31절에 보듯 이제는 유대인들의 핍박도 그 어떤 방해도 더 이상 하나님의 큰 일을 막을 수 없다. 이제는 복음을 전하다가 핍박을 받고 쫓겨나서 다른 곳으로 갈 필요가 없다. 세상이 바울에게로, 복음 앞으로 나온다! 그들은 2년간 바울이 전하는 하나님 나라와 예수의 복음을 거부하지 않고 성실하게 듣는 역사가 일어나기 시작했다는 것이다.

복음의 새 물결 속에서 바울은 이처럼 이방인들에게 담대하고 거침없이 하나님 나라를 전파하고 강해한 결과, 어떤 일이 일어났는지를 우리는 『빌립보서』 4장 22절에서 엿 볼 수 있다. "모든 성도들이 너희에게 문안하되, 특히 가이사의 집 사람들 중 몇이니라." 심지어 네로 로마황제의 친인척 가운데 일부도 그리스도인이 된 것이다. 그렇다면 우리는 어떤 확신을 가지고 살아야 할까?

✎ 우리는 그 어떤 것도 복음을 막을 수 없음을 알고 전진하는 사람이어야 한다(30-31).

바울은 유대인의 땅 끝에서 복음을 전했다. 그런데 그것을 다른 말로 해서 사도는 세상의 중심 로마에서 복음을 외쳤다. 이방 세계의 센터요 세상의 가장 깊숙한 곳에서 자신의 모든 것을 걸고 복음을 전한 것이다.

우리 개역개정성경은 30절에서 "자기 셋집에 머물면서" 자기에게 오는 사람을 다 영접했다라고 간결하게 번역했지만, NRSV나 ESV 영어성경이 "at his own expense"(자신의 비용으로)라고 한 것처럼(NIV는 그 자신이 임대한 집으로 풀어 번역했다), 그는 로마 당국의 감옥 밖 가택(연금된)에 있으면서 무슨 일을 했는지[2] 선교헌금을 받았는지 알 수 없지만, 일정 소득을 통해 집세와 손님들을 대접할 비용을 스스로 지불해가며 복음을 전한 것으로 보인다.

우리는 왜 일하는가? 단지 더 잘 먹고 더 좋은 집에서 더 좋은 차를 타고 더 좋은 옷을 입기 위해서인가, 단지 자식들에게 재산을 물려줘서 편히 살게 해주고 싶은 욕심 때문인가? 아니면 은퇴 후의 세계 일주 여행을 위해서인가? 일하고 돈 벌다가 가는 것이 만족스러운 우리의 말년이 될까? 바울은 당시 세상의 복판, 아니 그 당시 유대인들의 땅 끝 로마까지 가서 자신의 삶의 모든 것을 걸고 복음을 전하며 생을 마쳤다.

나도 나이가 들어가면서, 이전에 가보지 못한 나라들을 가보고 그 나라의 음식과 문화를 경험하고 싶은 마음에 세계여행에 관심이 점점 더 많아

2) I. Howard Marshall, *Acts -Tyndale N.T. Commentaries* , (Grand Rapids: MI, IVP, 1980), 425.

진다. 물론 이것은 시간과 돈이 문제이기도 하지만, 이제는 점점 '다리가 떨릴 때 가지 말고 가슴이 떨릴 때 가라'는 어떤 여행사의 구호가 마음에 와 닿기 시작한다. 잘 걷고 아무거나 잘 먹고 잘 자고 일어나 다시 나설 수 있는, 돈과 시간만이 아니라 건강이 여행에 중요한 변수라는 사실이 조금씩 자각되기 시작하는 것이 바로 나이 들어간다는 증거일 것이다.

그러나 '열심히 일한 당신, 떠나라!'는 여행사의 구호에 위로를 받아 단지 놀러 다니는 세계여행을 위해 죽도록 일하고 저축해 휴가를 내서 여행 다니는 것이 인생의 목적이 되어 살다가 가고 싶지는 않다. 사도 바울만큼은 못 살아도, 주께서 보내신다면 복음을 듣지 못한 땅 끝의 사람들에게 복음을 전하는 일에도 쓰임 받고 싶다.

그 일을 위하여 용돈을 아껴 저축했다가, 그 돈으로 비행기 표를 사서 매년 겨울 방학이면 치앙마이에 가서 고산 지역 소수 부족에게 선교하는 김태민 선교사님과 함께 다니며 사역도 하고, 그곳에 있는 글로벌 통합성경학교에 가서 강의도 하려고 애써왔던 것이다. 그것은 교수란 직업에서는 은퇴를 하지만 그리스도인으로서는 은퇴하지 않기 때문이다.

신대원 때 데이빗 웰즈(David Wells) 교수의 추천으로 한 과목을 수강했던 오즈 기네스(Os Guinness) 박사가 나중에 쓴 책 중에 『소명』이라는 저서가 있다. 그 책에서 저자는 직업상의 종결과 소명의 종결을 혼돈하지 말라고 도전하며, 직업에서는 은퇴할 수 있으나 소명에선 은퇴가 없다고 했다. 그렇다. 그것이 우리가 가져야 할 중요한 정신이다. 그리고 저자는 윌리엄 드레이크 경의 글을 기반으로 만들어진 성공회 기도문의 한 구절을 인용해, "하나님께 영광을 돌리는 것은 어떤 위대한 일을 시작하는 것이 아니라, 동일한 일을 계속하여 완벽하게 끝날 때까지 하는 것"이라고 했다.[3)]

나도 교수로서는 은퇴할 날을 고대하지만, 주께서 부르시는 날까지 복음의 증인이란 소명은 계속 해내고 싶다.

그리스도인으로서 우리는, 기독교 사회학자들이 지적하듯이, 교회란 누에고치(cocoon)에만 안주하면 안 된다. 우리를 보호해줄 것이라고 믿고 애써서 세운 거대한 성곽에서 나와 땅 끝으로 가야 한다. 그 땅 끝은 세상 사람들이 생각하는 세상의 중심 로마다. 세상의 중심인 로마에서 우리는 외쳐야 하고, 성령의 권능을 받아 유대 기독교인들이 생각하는 땅 끝에서 우리는 참된 소망인 예수 그리스도의 죽음과 부활과 하나님 나라를 외쳐야 한다.

그래서 나도 이제 내 인생의 마지막 부분을 어떤 형태의 증인으로 살며 삶을 마무리할 것인지를 기도하며 계획하려고 한다. 여러분도 젊은 날부터 기도로 준비하면 좋겠다.

이제 길고 길었던 『사도행전』 강해가 마무리되었다. 이상한 것은 바울이 언제 황제의 법정에 섰고, 재판의 결과가 어떻게 됐는지, 어떻게 풀려나서 이방인들이 알던 땅 끝 스페인까지 갔는지(롬 15:23,28), 그리고 어떻게 순교를 했는지는 『사도행전』의 관심사가 아니라 보도가 되지 않는다. 그런 점에서 『사도행전』의 저자 누가는 역사가로서 쓴 것이 아니라, 하나님의 구원의 역사를 문학적 기법을 사용해 기록한 신학자에 더 가깝다. 『사도행전』의 관심은 오로지 복음의 증인 사도에게 나오는 자는 모두 영접을 받았고, 사도는 하나님 나라를 전파하고 주 예수 그리스도에 관한 모든 것을 담

3) 오스 기니스, 『소명 The Call』 (서울: IVP, 2000), 377-378.

대히 거침없이 가르침으로 그 어떤 방해도 이제 더 이상 소용없이 이방 세상 모든 족속 가운데 하나님 나라가 확장되고 있다는 것뿐이다.

이렇게 하여 『사도행전』을 시작할 때 주셨던 1장 8절의 주님의 약속 "땅끝까지 이르러 내 증인이 되리라"는 말씀이 성취된 것이다.

이것이 세상을 구원하려는 하나님의 구원사의 도도한 복음의 물결인 것이다. 거스를 수 없는 이 도도한 물결에 나도 여러분도, 우리 모두 동참해야 할 것을 『사도행전』 28장은 조용히 그러나 강한 목소리로 촉구하고 있는 것이다.

찾아보기

가

나

다

라

마

바

사

아

자

차

카